Über dieses Buch

»Triffst du einen Buddha, töte Buddha« – so lautet ein alter Zen-Spruch. Mit dieser Aufforderung, sich von alten Autoritäten zu lösen, schlägt Sheldon B. Kopp die Brücke von den frühen Weisheitslehren zur modernen Psychotherapie. Eine wachsende Zahl von Psychologen (wie Fritz Perls, Ronald D. Laing) erkennt heute, daß der Therapeut in unserer Gesellschaft leisten sollte, was früher der spirituelle Führer, der Guru, leistete. So trägt die Beschäftigung mit alten Weisheiten, vom Gilgamesch und I Ging bis zu C. G. Jung, viel zum Selbstverständnis der modernen Psychotherapie bei.

Der Psychotherapie-Patient lernt, indem er seine eigene Geschichte erzählt. Das Erzählen von Geschichten aus der psychotherapeutischen Praxis und dem Umfeld der Weltkulturen bildet den Kern dieses Buches. An Laotse und Castaneda, an Hesses *Siddharta* und dem Landvermesser K. in Kafkas *Schloß* (Fischer Taschenbuch Nr. 900) verdeutlicht Kopp zentrale Probleme der Therapie und Stationen des Weges der Selbsterfahrung.

Das menschliche Engagement eines modernen ›Gurutherapeuten‹, der hier seine eigene Erfahrung hineingibt, sie zugleich präzis und lässig distanziert beschreibt, macht die Lektüre so erfrischend – und so ergiebig.

Der Autor

Sheldon B. Kopp ist praktizierender Psychotherapeut und Dozent in Washington D. C. Er hat zwanzig Jahre therapeutischer Erfahrung, u. a. in Gefängnissen, Krankenhäusern, Heilanstalten. Seine Artikel erschienen in *Psychiatric Quarterly*, *Psychology today* und *Psychological Perspectives*. Buchveröffentlichungen: ›Guru – Metaphors from a Psychotherapist‹ (1971); ›The Hanged Man – Psychotherapy and the Forces of Darkness‹ (1974); ›No hidden Meanings‹ (1975).

Sheldon B. Kopp

Triffst du Buddha unterwegs...

Psychotherapie
und Selbsterfahrung

Fischer
Taschenbuch
Verlag

Für meine toten Eltern, die mir oft fehlen:
Meine Mutter, deren Stärke und Heftigkeit mich wachsen ließen,
mich fast umbrachten und mich lehrten zu überleben.
Und meinen Vater, dessen Güte und Nachgiebigkeit mich lehrten
zu lieben; mich oft im Stich ließen und mir die Freiheit gaben,
meinen eigenen Weg zu finden.

103.–112. Tausend: Dezember 1984

Ungekürzte Ausgabe
Veröffentlicht im Fischer Taschenbuch Verlag GmbH,
Frankfurt am Main, Oktober 1978

Die Originalausgabe erschien unter dem Titel
›If you meet Buddha on the Road, kill him!‹
Aus dem Amerikanischen übersetzt von Jochen Eggert

Lizenzausgabe mit freundlicher Genehmigung
des Eugen Diederichs Verlages, Düsseldorf / Köln
© 1972 by Science and Behavior Books, Palo Alto
© 1976 Eugen Diederichs Verlag, Düsseldorf / Köln

Umschlagentwurf: Jan Buchholz / Reni Hinsch

Druck und Bindung: Clausen & Bosse, Leck
Printed in Germany
880-ISBN-3-596-23374-7

Inhalt

Erster Teil: Nimm keinem Menschen sein Lied
1. Pilger und Schüler 8
2. Die heilenden Metaphern des Guru 15
3. Das Ich enthüllen 23

Zweiter Teil: Das Erzählen von Geschichten
1. Die Geschichte von einem Mann, der gegen die Götter kämpfte 32
2. Die Geschichte einer zerstörten Identität 43
3. Die Geschichte vom unzufriedenen Schüler 52
4. Die Geschichte einer Suche nach Liebe 61
5. Die Geschichte von einem Machtbesessenen 70
6. Die Geschichte vom verrückten Ritter 81
7. Die Geschichte eines Abstiegs in die Hölle 92
8. Die Geschichte einer Suche nach Zugehörigkeit . . . 98
9. Die Geschichte vom heiligen Krieger 110
10. Die Geschichte vom ewigen Juden 116
11. Die Geschichte einer Reise in die Finsternis des Herzens . 124

Dritter Teil: Fragmente aus dem Werdegang eines Narren
1. Wer fragt danach? 132
2. Das Land und das Meer 139
3. Ein wenig für ihn, ein wenig für mich 150

Vierter Teil: Triffst du Buddha unterwegs...
1. Das Lernen 162
2. Die Pilgerschaft der Jugend 171
3. Meine Pilgerreise zum Meer 178

Epilog 187
Anmerkungen 197
Literatur 206

Erster Teil:
Nimm keinem Menschen sein Lied

1. Pilger und Schüler

> Die Anfangsschwierigkeit wirkt erhabenes Gelingen.
> Fördernd durch Beharrlichkeit.
> Man soll nichts unternehmen.
> Fördernd ist es, Gehilfen einzusetzen.
>
> *I Ging*[1]

Schon immer haben sich Menschen zu Pilgerfahrten, geistigen Reisen und zur Suche nach sich selbst aufgemacht. Getrieben vom Schmerz, getragen von Sehnsucht und Hoffnung kommen sie einzeln und in Gruppen, um Trost, Erleuchtung, Frieden, Kraft, Freude oder etwas noch Unbekanntes zu finden. Sie möchten etwas lernen, aber sie verwechseln Lernen mit Unterrichtetwerden und forschen deshalb nach Helfern, Heilkundigen, Führern und geistigen Lehrern, deren Schüler sie werden wollen.

Der seelisch geplagte Mensch unserer Zeit, der zeitgenössische Pilger, will Schüler eines Psychotherapeuten sein. Wenn er ernsthaft die Führung eines solchen neuzeitlichen Guru sucht, wird er sich bald auf einer geistigen Pilgerschaft wiederfinden.

Das ist nicht weiter erstaunlich; Beklemmung, Zweifel und Hoffnungslosigkeit zeigen Krisen an, Perioden der Ratlosigkeit, die immer dann auftreten, wenn der Mensch unsicher genug ist, um innerlich wachsen zu können. Wir müssen unser Gefühl des Unbehagens immer als die Chance betrachten, »das Wachstum zu wählen und nicht die Angst«.[2]

Der *tiefe Wunsch* des Patienten nach Wachstum ist zugleich die wichtigste Antriebskraft seiner Pilgerschaft.

Der Psychotherapeut muß sich dieser Kraft in seinem Patienten nur bewußt sein und sie im Auge behalten. Dann wird er Freude an seiner Arbeit haben und nicht in Langeweile versinken. Während die Person vor ihm mit beinahe lähmenden Konflikten kämpft, muß er nur beobachten, ob das, wovon er weiß, daß es da ist, auch auftaucht: die dem Menschen eigene Sehnsucht nach Beziehung und Sinn. Er ist nur Beobachter und Katalysator; es liegt nicht in seiner Macht, den Patienten zu ›heilen‹. Er kann dessen angeborener Fähigkeit, von sich aus gesund zu werden, nichts hinzufügen. Wenn er es versucht, stößt er auf hartnäckigen Widerstand, der die

Behandlung nur verzögert. Der Patient hat bereits alles, was er braucht, um gesund zu werden ... Da er (der Therapeut) nicht für die Heilung ›verantwortlich‹ ist, kann er sich in aller Ruhe an dem Schauspiel der fortschreitenden Gesundung erfreuen.[3]

Natürlich handelt der Patient wie jeder andere (einschließlich des Therapeuten) zu oft eher aus Furcht als aus Verlangen nach Wachstum. Sonst würde er ja seinen langen Weg in überströmender Freude antreten und nicht (wie es öfter der Fall ist) in Schmerz und innerem Aufruhr. Die Leute wollen von einem Psychotherapeuten geführt werden, wenn ihre gewohnte selbstbeschränkende, risikofeindliche Art zu handeln sie nicht weiterbringt, sondern Zerrissenheit und Erschöpfung in ihr Leben trägt. Ansonsten sind wir nur allzu bereit, mit dem Bekannten zu leben, solange es zu funktionieren scheint, wie dürftig die Ergebnisse, die wir damit erzielen, auch immer sein mögen.

Der Patient behauptet zu Beginn der Therapie meistens, daß er sich ändern möchte, aber in Wahrheit will er so bleiben, wie er ist, und der Therapeut soll nur etwas unternehmen, damit er sich besser fühlt. Er will einfach ein erfolgreicherer Neurotiker werden und bekommen, was er sich wünscht, ohne das Risiko des Neuen auf sich nehmen zu müssen. Die Sicherheit des bekannten Elends ist ihm lieber als die ungewohnte Blöße der Ungewißheit.

Mit dieser nur allzu menschlichen Schwäche behaftet, nähert sich der Pilger-Patient seinem Therapeuten zu Anfang vielleicht wie ein kleines Kind, das sich an seine Eltern wendet und verlangt, daß sie sich um es kümmern. Es ist, als käme er in meine Praxis und sagte: »Meine Welt ist zerbrochen, Sie müssen sie mir wieder zusammenfügen.«

Deshalb beginne ich meine Arbeit immer mit zwei Vorsätzen: Ich will auf mich selbst achten, und es soll mir Vergnügen machen. Die treibende Kraft unserer Interaktion muß der Patient sein. Es ist, als stünde ich im Türrahmen meiner Praxis und wartete. Der Patient kommt herein, stürzt auf mich los und versucht verzweifelt, mich in sein Hirngespinst, daß ich mich um ihn kümmern muß, hineinzuziehen. Ich trete zur Seite. Der Patient fällt hin, enttäuscht und verwirrt. Jetzt hat er die Möglichkeit, aufzustehen und etwas Neues zu versuchen. Wenn ich bei diesem psychotherapeutischen Judo geschickt genug bin, und er mutig und ausdauernd genug ist, wird er vielleicht neugierig auf sich selbst, lernt, mich zu sehen wie ich bin und fängt an, seine Probleme selbst zu lösen. Möglich, daß sich seine Halsstarrigkeit in zielstrebige Entschlossenheit verwandelt, daß er seine Bemühung um Sicherheit aufgibt und statt dessen nach dem

Abenteuer greift.

Man wird fragen: »Wie kann denn die Anwesenheit eines Therapeuten einen solchen Menschen bei seiner Suche unterstützen?« Er kann auf viele Arten nützlich sein. Zunächst begegnet er dem bis dahin selbst-zentrierten Patienten, der nur seine eigenen Probleme sehen kann, als ein weiteres, sich mühsam durchkämpfendes menschliches Wesen. Er kann interpretieren und beraten, er gibt die für das innere Wachstum notwendige emotionale Bejahung und vor allem, er kann zuhören. Er nimmt nicht einfach nur auf, sondern *hört* aktiv und zielbewußt *zu* und reagiert mit dem Instrument seines Handwerks, mit der Verletzlichkeit seines eigenen zitternden Ichs. Damit erleichtert er es dem Patienten, seine Geschichte zu erzählen und sich damit vielleicht zu befreien. Der Therapeut schafft eine »traumartige Atmosphäre ... und in ihr hat ... der Patient nichts, auf das er sich stützen kann, außer ... seiner eigenen, so fehlbaren Urteilskraft«.[4] Diese Beschreibung habe ich aus C. G. Jungs Einleitung zur englischen Fassung des *I Ging* entwendet; dort ist sie Teil einer Beschreibung, mit der Jung die Nützlichkeit dieses dreitausend Jahre alten *Buches der Wandlungen* darstellt, aus dem ich einige Zeilen als Einleitung dieses Kapitels benutzt habe.

Zuerst versucht der Patient, den Therapeuten so zu benutzen, wie viele andere im Lauf der Jahrhunderte versucht haben, das *I Ging*, das älteste Buch der Weissagungen, zu benutzen. *Das Buch der Wandlungen* besteht aus Bildern der Mythologie und der sozialen und religiösen Institutionen seiner Entstehungszeit. Die Menschen des Ostens haben zu oft versucht, sich dieser Bilder als Orakel zu bedienen, genau so, wie manche Christen die Bibel öffneten und wahllos irgendeinen Vers herausgriffen, in der Hoffnung, gezielten Rat für ihre Probleme zu finden. Auch der Patient in der Psychotherapie mag zunächst versuchen, den Therapeuten dahin zu bringen, daß er ihm sagt, was er tun muß, um glücklich zu sein, und wie er leben kann, ohne für sein eigenes Leben voll verantwortlich sein zu müssen.

Aber das *I Ging*, die Bibel, der heutige Psychotherapeut und andere Gurus sind recht armselige Orakel. Weit bedeutsamer sind sie als Quelle des Wissens über die Unklarheit, die Unlösbarkeit und die Unvermeidlichkeit der menschlichen Situation. Ihr Wert liegt darin, daß sie eine Bilderwelt anbieten, die zwar festgelegt ist, aber nicht stereotyp; Bilder, »über die man meditieren und in denen man seine Identität entdecken kann«.[5] Zu diesen Quellen muß der Suchende gehen und dann dem Echo zuhören, das diese Bücher der Weisheit oder sein Guru zurückwerfen. Der Helfer gibt nur »eine einzige andauernde Ermahnung, den eigenen Charakter, Einstellungen und Motive genau zu prüfen«.[6]

Der Sucher kommt in der Hoffnung, etwas Endgültiges, Dauerndes, keinem Wechsel Unterworfenes zu finden, auf das er sich verlassen kann. Statt dessen wird ihm der Gedanke angeboten, daß das Leben nichts weiter ist, als was es zu sein scheint, ein Sack voller Wechselhaftigkeit, Mehrdeutigkeit und Vergänglichkeit. Das mag oft entmutigend sein, lohnt aber letztlich doch die Mühe, denn es gibt sonst nichts. Der Pilger wünscht sich eine endgültige Lebensweise und erfährt statt dessen:

> Der SINN, der sich aussprechen läßt,
> ist nicht der ewige SINN.
> Der Name, der sich nennen läßt,
> ist nicht der ewige Name.[7]

Er darf nur behalten, was er bereit ist loszulassen. Mit der offenen Hand kann man das kühle, strömende Wasser aus dem Fluß schöpfen; mit der geschlossenen Faust gelingt es nicht, wie groß der Durst auch sein mag, der dieses verzweifelte Zugreifen bewirkt. Am Anfang, unter dem großen Druck seiner Aufgabe, fällt es dem Pilger oft schwer, dieses geduldige Nachgeben zu lernen. Das zeigt sich deutlich in der alten Zen-Erzählung von den drei Schülern, deren Meister ihnen aufträgt, eine Zeitlang in absolutem Stillschweigen zu verbringen, wenn sie erleuchtet werden wollen. Der Erste sagt sofort: »Ich werde nicht sprechen«. »Wie dumm du bist«, sagte der Zweite, »warum hast du gesprochen?« Und schließlich der Dritte: »Ich habe als Einziger nicht gesprochen.«[8]

Der Pilger, ob nun der Psychotherapiepatient oder der Wanderer früherer Zeiten, liegt mit sich selbst im Streit, kämpft mit seiner eigenen Natur. Alle wirklich bedeutenden Schlachten trägt er in sich selbst aus. Wir scheinen uns alle als Reiter auf Pferden zu betrachten.[9] Das Pferd verkörpert das kraftvolle, animalische Leben, das kein Verstand behindert und kein Zweck leitet; der Reiter ist das selbständige, unvoreingenommene Denken, eine Art reine, kühle Intelligenz. Zu oft lebt der Pilger wie ein Reiter, der den Willen seines Pferdes brechen will, um es ganz in seine Gewalt zu bekommen, so daß er sicher und bequem reiten kann, wohin er will. Mancher glaubt auch, daß er nur die Wahl hat zwischen dem ungezügelten Leben des reiterlosen Pferdes und dem eintönigen Weg des isolierten, pferdelosen Reiters und versucht gar nicht erst, sich Gehorsam zu erzwingen. Wer sich mit keinem von beiden abfinden mag, dem bleibt nichts anderes übrig, als ein Reiter zu sein, der um Gewalt über sein störrisches Pferd kämpft. Könnte er doch sehen, daß es keinen Kampf mehr gibt, sobald er begreift, daß er ein *Zentaur* ist! Wenn er jemals seine wahre Natur verwirklicht und den Kampf hinter sich läßt, wird er sich vielleicht fragen, warum der Therapeut ihm die einfachen Wahrheiten, die ihn befreit hätten, nicht gleich verraten hat. Als Therapeut weiß ich jedoch, daß der Patient zwar lernt, ich aber nicht lehre. Außerdem: was gelernt werden soll, ist so unbegreiflich einfach, daß man es nicht zu fassen bekommt, ohne es vorher durch *Kampf*, *Aufgabe* und *Erfahrung* kennengelernt zu haben. Wie ein Zen-Meister seinem Schüler sagte, als er erleuchtet war: *Hätte ich dich nicht dazu gebracht, auf jede erdenkliche Art zu kämpfen, um den Sinn (des Zen) zu finden, hätte ich dich nicht endlich zum Nicht-Kämpfen und zum Nicht-Streben geführt, von wo aus du mit deinen eigenen Augen sehen kannst, du hättest jede Aussicht, dich selbst zu entdecken, verloren.*[10]

War der Pfad der Erleuchtung in der Vergangenheit ein religiöser Weg, so folgt ihm der heutige Psychotherapiepatient in recht profaner Umgebung. Aber in welchen Metaphern der Pilger seine Suche auch erfährt, jede Reise, bei der es um die Frage nach einem letzten Sinn geht, ist eine allegorische Wanderung durchs Leben, die das übrige Alltagsleben des Pilgers erneuern und bereichern kann. »Gestärkt von Verlangen und Hoffnung, beladen mit Zweifel und Angst, bedrängt von Versuchungen und beschützt von geistigen Mächten verfolgt er den Weg des Lebens, immer auf der Suche nach einem ›besseren Land‹.«[11]

Die Frühzeit der Pilgerschaft ist eine farbige Geschichte von Reisen aus geistlichen und weltlichen Anlässen zu jenen heiligen Orten, wo ein Gott wohnte, ein Prophet erschienen oder ein Held den Märtyrertod gestorben war. Die heidnischen Griechen gingen auf die Pilgerschaft und auch die Bewohner der übrigen Kulturen des Mittelmeerraumes, Völker des Orients, Ägypter, Juden und Christen.

Sogar die primitiven Ureinwohner Australiens kannten rituelle Wanderungen zu heiligen Orten, deren Ursprung in ihren Mythen beschrieben ist:

Die beiden Djanggau Schwestern kamen über das Wasser ... Von einer Insel aus folgten sie dem Licht der aufgehenden Sonne nach Nordosten. Sie schufen die ersten Menschen, die Wasserlöcher und die heiligen Orte des Rituals.

Zuerst besaßen nur die Schwestern all die heiligen Objekte und Riten. Der Mensch hatte nichts. Deshalb stahl er sie. Aber die

Schwestern sagten: »*Ach, sollen sie die Sachen nur behalten. Jetzt kann der Mensch diese Arbeit machen und sich selbst um alles kümmern.*«[12] Auch heute noch pilgern solche Völker zu den heiligen Orten ihres Rituals, um nach dem Rechten zu sehen.

Im Osten sind Pilgerreisen schon seit langem und bis heute der übliche Weg, religiöse Gelöbnisse zu erfüllen. Buddha selbst ist »der große Pilger«[13] genannt worden. Im Islam verbreitete Mohammed, Allahs Prophet, daß es die Pflicht eines jeden Mohammedaners sei, wenigstens einmal im Leben Mekka zu besuchen. Dadurch ist die Geburtsstadt Mohammeds zum Zentrum des religiösen Lebens der mohammedanischen Welt geworden.

Auch Christen glauben seit langem, daß sich die Mühe der Pilgerschaft lohnt. Vom Ende des 11. Jahrhunderts an unternahmen sie mehrere große Kreuzzüge. Tausende nahmen das Kreuz auf sich, gaben ihre Häuser auf und wagten den Schritt ins Ungewisse, um die Liebe Gottes oder ihren eigenen materiellen Vorteil zu suchen. Was ihre Beweggründe auch waren, sie gingen in der Begleitung anderer Suchender, fanden die Gemeinschaft mit anderen, indem sie ihre Geschichten austauschten, sich einander bekannt machten und den Sinn ihres Lebens zu ergründen versuchten.

Auch vor den Kreuzzügen (und danach) war es ein verbreiteter Brauch, zu den Totenschreinen örtlicher Heiliger zu pilgern. Manche waren krank und suchten Heilung; Geheilte kamen, um ein Dankbarkeitsgelöbnis zu erfüllen. Viele gingen, um ihre Sünden zu sühnen, als sichtbarer Ausdruck ihrer Bußfertigkeit. Einige machten sogar eine Form des sozialen Protests daraus, indem sie einen andersdenkenden Helden ehrten. »Aus einem Rebellen einen Heiligen zu machen, war der wirksamste Protest gegen den König.«[14]

Was auch der Anstoß zu solchen Reisen war, sie erlaubten den Pilgern neue Einsichten in den Sinn ihres Lebens, »bekehrte sie zu einem besseren Leben, zumindest für eine Weile.«[15] Die Metapher dieser Reise ist eine *Brücke*, und wenn der Pilger sie überquert, »greift von hinten ein Teufel nach ihm, und drüben erwartet ihn der Tod.«[16] Aber es gibt auch Gefährten und Helfer unterwegs. Ein Pilger hilft dem anderen, so wie der Blinde den Lahmen trägt; zusammen können sie die weite Reise machen, die keiner von ihnen allein bewältigen würde. In Aufopferung und Hingabe kann man diese Brücke überschreiten, aber der Aufruf zum mühsamen Pilgerdasein wird vielleicht auch überhört oder abgelehnt. Christus mahnt:

Gehet ein durch die enge Pforte. Denn die Pforte ist *weit, und der Weg ist breit, der zur Verdammnis abführt; und ihrer sind viele, die darauf wandeln.*

Und die Pforte ist *eng und der* Weg ist *schmal, der zum Leben führt;
und wenige sind ihrer, die ihn finden.*[17]

Eine Reise kann auch eher eine Flucht als eine Suche sein. James
Joyce, der heimatlose Ire, ging nach Paris, um dort seinen Platz zu
finden, verbrachte den Rest seines Lebens im Exil und schrieb über
Dublin, die Heimat, aus der er geflohen war. Irgendwer hat einmal
gesagt, sein Gottesbegriff müsse eher eine *Pier* gewesen sein als die
Brücke der Pilgerschaft; denn eine Pier ist eine Brücke, die nirgendwohin führt.

Wir müssen suchen. Jeder muß ausziehen, seine Brücke zu über-
queren. Das Wichtigste ist, überhaupt anzufangen. »Eine tausend
Meilen weite Reise beginnt vor deinen Füßen.«[18] Aber vergiß nicht,
der Aufbruch verbürgt nicht den Erfolg. Es gibt den Anfang, aber es
gibt auch die Ausdauer und das ist: wieder und wieder und wieder
anfangen. Du solltest am Anfang einen *professionellen Pilger als
Führer* haben. Diese Menschen mit ihrer lebenslangen Berufung
(oder Buße) sind leicht zu erkennen: »er trägt viele Zeichen, ist
Zeuge vieler Wunder und Held vieler Abenteuer.«[19]

Und denk daran, daß du auch zu Hause bleiben kannst, sicher in der
vertrauten Illusion der Gewißheit. Mach dich nicht auf, ohne dir
über folgendes klar geworden zu sein: »Der Weg ist nicht ohne
Gefahr. Alles Gute ist kostbar, und die Entwicklung der Persönlichkeit gehört zu den kostspieligsten Dingen.«[20] Der Weg wird dich
deine Unschuld, deine Wunschbilder und deine Gewißheit
kosten.

2. Die heilenden Metaphern des Guru

> Er findet einen Genossen,
> bald trommelt er, bald hört er auf.
> Bald schluchzt er, bald singt er.
>
> *I Ging*[1]

Mancher geht allein auf Pilgerschaft, mancher in Begleitung anderer Suchender. Auch wer allein loszieht, findet oft hilfreiche Gefährten auf seinem langen Weg. In der unruhigen Zeit, wo wir uns aufmachen, um nach dem Sinn unseres Lebens zu fragen, scheint es für die meisten von uns ratsam zu sein, uns an einen Helfer, einen Heilkundigen oder Führer zu wenden, der uns den Weg zeigen kann (oder uns wenigstens vor den Sackgassen bewahrt, in die wir so gerne hineinlaufen). »Man bemüht Priester und Magier in großer Zahl.«[2]

Solch ein geistiger Führer wird manchmal *Guru* genannt. Lehrer dieser besonderen Art helfen anderen durch Übergangs- und Einführungsriten, wobei sie ihre Schüler scheinbar in eine höhere Ebene geistigen Verstehens einführen; tatsächlich aber leiten sie ihn lediglich dazu an, seine unvollkommene und endliche Existenz in einer letztlich nicht zu bewältigenden Welt zu akzeptieren. Gurus erscheinen auf den ersten Blick oft »als die idealen Träger endgültiger Wahrheiten, aber [in Wirklichkeit sind sie] einfach nur ... *besonders menschliche* Mitmenschen.«[3] Selbst der heutige Psychotherapeut kann nur so weit helfen, wie er selbst mitpilgert.

Der Guru hat viele Gestalten; er erscheint im Gewand des einfachen Lehrers oder als wandernder Heilkundiger. Je nachdem, wann und wo er auftaucht, betritt er die Szene mit der dramatischen Überzeugungskraft des Propheten, des Weisen oder auch des Magiers. Man begegnet ihm meistens ebensosehr mit Mißtrauen und Angst wie gläubig und respektvoll; und doch erfüllt er die geheimen Wünsche und Erwartungen einer Zeit und eines Volkes. Er gebietet Ehrfurcht und erregt Beklemmung, weil er sich in seiner Sendung so radikal von allen Regeln und Traditionen entfernt hat. Sein Erscheinen ist von der Aura des Revolutionären umgeben, er rüttelt an der traditionellen Autorität patriarchalischer Herrschaft und widersetzt sich der starren, bürokratischen Fixierung der Machtverhältnisse. Unbeeindruckt von gesellschaftlichen Konventionen, als sein eigener Herr und Meister, durchdringt er die überkommene Lebensweisheit einer Gruppe und stößt ihre Ansichten über den Sinn des Lebens um. Ein Teil seiner Durchschlagskraft rührt daher, daß er die vergessene Sprache der Weissagung spricht, die poetische Sprache der Mythen und Träume. »Sind die Mythen äußerer Ausdruck der entscheidenden Kämpfe und Freuden und der Vieldeutigkeit des menschlichen Lebens, so ist der Traum seine innere Stimme.«[4] Der Guru lehrt indirekt, nicht dogmatisch oder durch trockene Vorträge, sondern mit Hilfe von Parabeln und Metaphern. Dabei wendet er sich nicht vorwiegend an das logisch-rationale Denken oder an die Fähigkeit, Wahrnehmung empirisch-objektiv zu überprüfen; die Metaphern zu erkennen heißt, eine Situation in ihrem vielschichtigen Zusammenspiel konkreter und symbolischer Bedeutungen intuitiv zu erfassen. Diese innere Dimension der Parabel, mit wachsender Verständnisbereitschaft des Schülers immer weitere Sinnebenen zu entfalten, zeigen die Lehr-Erzählungen der Sufis, zum Beispiel die Geschichte vom Wassermelonenjäger:

Es war einmal ein Mann, der sich verirrte und in das Land der Narren kam. Auf seinem Weg sah er die Leute, die voller Schrecken von einem Feld flohen, wo sie Weizen ernten wollten. »Im Feld ist ein Ungeheuer«, erzählten sie ihm. Er blickte hinüber und sah, daß es eine Wassermelone war.

Er erbot sich, das ›Ungeheuer‹ zu töten, schnitt die Frucht von ihrem Stiel und machte sich sogleich daran, sie zu verspeisen. Jetzt bekamen die Leute vor ihm noch größere Angst, als sie vor der Melone gehabt hatten. Sie schrien: »Als Nächstes wird er uns töten, wenn wir ihn nicht schnellstens loswerden«, und jagten ihn mit ihren Heugabeln davon.

Wieder verirrte sich eines Tages ein Mann ins Land der Narren, und auch er begegnete Leuten, die sich vor einem vermeintlichen Ungeheuer fürchteten. Aber statt ihnen seine Hilfe anzubieten, stimmte er ihnen zu, daß es wohl sehr gefährlich sei, stahl sich vorsichtig mit ihnen von dannen und gewann so ihr Vertrauen. Er lebte lange Zeit bei ihnen, bis er sie schließlich Schritt für Schritt jene einfachen Tatsachen lehren konnte, die sie befähigten, nicht nur ihre Angst vor Wassermelonen zu verlieren, sondern sie sogar selbst anzubauen.[5]

Die Wahrheit befreit niemanden; Einstellungen werden nicht durch Tatsachen verändert. Ein dogmatischer Guru bringt seinen Pilger-Schüler allenfalls dazu, sich verbissen an seine unseligen

Überzeugungen zu klammern, die ihm zumindest die Sicherheit des vertrauten Elends geben; offen für das Risiko des Unbekannten und nie Versuchten wird er dadurch nicht. Deshalb warnt der Renaissance-Magier Paracelsus den Guru davor, einfach »die nackte Wahrheit« zu enthüllen. »Er soll Bilder, Allegorien, Gleichnisse, wundersame Rede oder andere verborgene Umwege benutzen.«[6]

Die früheste Form des Guru ist der Schaman, der zuerst in den Sammler- und Jägersippen der Altsteinzeit auftrat (und heute bei ihren Nachkommen, den Eskimos und Indianern). Bevor Gott und seine Priester in den stabileren Gesellschaften der Jungsteinzeit erschienen, war der Schaman der geistige Führer der nomadisierenden Jagdhorden.

Solch ein Guru beginnt seine qualvolle Pilgerschaft in seiner Jugend als tief beunruhigter Einzelgänger. Während er sein eigenes Leid bewältigt, entwickelt er allmählich die Fähigkeit, anderen auf ihrer geistigen Reise zu helfen. Anders als die Priester späterer Zeiten, die nach festgelegtem Zeremoniell ihre Rituale und Beschwörungsformeln erlernten, wurde der Schaman durch Visionen inspiriert, die er während seiner Pilgerschaft hatte. Die Kraft seiner wachsenden Selbstbewußtheit und die Spontaneität seiner Improvisationen übertrugen sich auf die Jäger der Sippe und gaben ihnen, was sie am meisten brauchten: Mut und Phantasie (ebenso entsprach später der Priester mit seinen rituellen Beschwörungsformeln und seinen festgelegten sozialen Geboten dem Bedürfnis des Bauern nach einer Sicherheit, die man erhielt, indem man seine persönliche Freiheit dem Gemeinwohl opferte).

Eine Reise in die Tiefe seines Selbst verleiht der inneren Schau des Schamanen die Kraft, auch andere Menschen zu bewegen. Gewöhnlich in einem tranceartigen Zustand, erlebt er den Kampf in seiner Seele als eine Auseinandersetzung mit der Geisterwelt. In der Literatur, der Religion und in den Mythen aller Kulturen sind die Motive und Konflikte, die der Mensch nicht als sein eigen anerkennen mag, als Götter, Dämonen, Geister und Visionen dargestellt worden. Ein junger Eskimo, der gerade erst Schaman geworden ist, berichtet sein Umwandlungserlebnis, das er während einer Nachtwache in der Wildnis hatte:

Ich wurde schwermütig. Manchmal mußte ich weinen und fühlte mich unglücklich, ohne zu wissen warum. Aber dann, urplötzlich, änderte sich alles. Ich fühlte große, unerklärliche Freude, Freude, die so stark war, daß ich nicht anders konnte, als zu singen. Ich sang ein mächtiges Lied, in dem nur Raum für ein Wort war: Freude, Freude! Ich mußte die ganze Kraft meiner Stimme aufbieten.

*Mitten in diesem wunderbaren und überwältigenden Taumel
wurde ich ein Schaman und wußte selbst nicht, wie es geschah.
Aber ich war ein Schaman. Ich sah und hörte auf vollkommen neue
Art und Weise. Ich hatte die Erleuchtung erlangt, das Licht des
Geistes und des Körpers. Jetzt konnte nicht nur ich durch das
Dunkel des Lebens blicken, sondern dieses helle Licht strahlte auch
von mir selbst aus, nicht wahrnehmbar für Menschen, aber sichtbar für die Geister der Erde, des Himmels und des Meeres, die jetzt
herbei kamen, um meine verbündeten Mächte zu werden.*[7]

›Wiedergeboren‹ im Prozeß der Selbstheilung kehrt der Schaman
nach seiner Pilgerschaft in die Gemeinschaft seines Stammes zurück. Jetzt ist er gerüstet, die gewöhnlichen Jäger zu befreien, indem
er jedem von ihnen die innere Schau seiner eigenen Erleuchtung
offenbart.

Auch wenn Unheil den Stamm heimsucht, kann er den Menschen
helfen, ihr selbstverschuldetes Unglück zu überwinden, und Vertrauen und inneren Frieden wiederherzustellen. Dabei versetzt er
sich gewöhnlich in Trance und läßt seine verbündeten Geister in
ihrer poetischen und abgründigen Sprache (die auch die Sprache der
Gurus ist) aus seinem Mund sprechen. Er fragt den Träger des
Unheils, was das Unglück herbeigeführt hat, und die Macht seiner
bloßen Anwesenheit läßt den Geplagten bekennen, daß er Schlechtes gedacht und Böses getan hat. Jetzt machen die verbündeten
Geister des Schamanen verschleierte Anspielungen und fördern so
endlich die ganze Geschichte zutage.

Zu einer Frau etwa, die unter den Männern böses Blut verursacht,
weil sie anscheinend untreu ist, könnten die Geister sagen: »Ich
sehe ein leuchtendes Ding, das in deinem Unterleib gebrochen ist.«
Die Arme glaubt sich durchschaut und reinigt sich in einem Schwall
von Geständnissen, wobei sie durch die Gruppe ermuntert wird.
Danach spricht sie sich mit den anderen Mitgliedern des Stammes
aus und bereinigt den Hader. Solch eine Läuterung sichert den
inneren Frieden des Stammes durch die von metaphorischen Anstö-
ßen hervorgelockte Geschichte des gequälten Suchers und durch
konstruktive menschliche Interaktion, vermittelt durch die inspi-
rierende Kraft des Schamanen, die ihm das Vertrauen auf seine
visionäre Kraft gibt.

Ein weiteres Beispiel für Gurus, die durch Metaphern lehren, ist der
Zaddik, der geistige Führer der Chassidim. Der Chassidismus »war
eine mystische Bewegung im Judentum des 18. und 19. Jahrhunderts, eine Bewegung voller Charme, Vitalität und echtem Bezug zu
den Menschen, die das Leben eines verzweifelten Volkes berührte

und erneuerte.«[8]

Zermürbt durch die Gewaltherrschaft der Kosaken, hatten sich die Juden in ihrer verzweifelten Sehnsucht nach einem Hoffnungsschimmer falschen Erlösern und den Meistern der kultischen Esoterik der kabbalistischen Geheimlehre zugewandt. Sie kämpften um ihr Vertrauen in das Bündnis mit Gott, um den Glauben, daß ihr Leiden einen Sinn hatte. Sie fanden sich betrogen und verraten, allein gelassen in einer geistigen Wüste, unfähig, die rätselhaften Prophezeihungen der Kabbalisten zu verstehen, an die sie so gern geglaubt hätten.

Eine Reaktion auf diesen verzweifelten Wunsch nach Führung war das Auftreten des Baal Schem, des ersten Zaddik. Jetzt brauchte die Menschen nicht mehr von der magischen Autorität der priesterlichen Hüter unverständlicher Geheimwahrheiten abhängig zu sein. Dieser neue Guru verkündete, daß die Wahrheit allen Menschen offenbar sein werde und jedermann seinen Glauben erneuern könnte, wenn er dem Zaddik auf die Pilgerschaft folgte. Er gestand seine menschliche Unzulänglichkeit freimütig ein, aber er vertraute seinem Gefühl und erwartete das gleiche von denen, die seine Führung suchten. Nicht länger sollten sie verwirrte Pilger sein, die wie Kinder vor den Toren des Tempels stehen; der Sinn, den sie suchten, würde jedem zugänglich sein, und es sollte keine Unterscheidung von Heiligem und Weltlichem mehr geben. Fortan sollte das tägliche Leben geheiligt sein, und jeder sollte für das Stück Existenz, das Gott ihm anvertraut hat, selbst verantwortlich sein.

Der chassidische Guru schloß sich den anderen Pilgern auf ihrer Suche an, statt ihnen die autoritären Lehren der Hohepriester und Zauberer feilzubieten. Einer dieser Zaddiks beschreibt seine Führerschaft, indem er seine chassidischen Pilger mit einer Schar von Wanderern vergleicht, die sich im tiefen, dunklen Wald verlaufen hat. Sie stoßen auf ihren Guru, der schon länger als sie im Wald umherirrt. Ohne seine eigene Hilflosigkeit zu sehen, bitten sie ihn, daß er sie aus dem Wald herausführt. Er kann nur antworten: »Das kann ich nicht. Aber ich kann euch die Wege zeigen, die noch tiefer ins Dickicht führen. Danach laßt uns dann gemeinsam den Ausweg suchen.«[9]

Wie der Schaman lehrte der Zaddik durch Metaphern, auf Umwegen. Er verlangte von den Schülern nicht, daß sie ihm ähnlich würden, sondern sich selbst. Er bot ihnen keine unumstößlichen Wahrheiten an, sondern sich selbst. Er hatte keine Lehre, er war die Lehre. Seine Gottesfurcht erneuerte das Vertrauen der Chassidim; sie sahen seinen Mut, auch einmal als Tölpel dazustehen, und wagten es deshalb, sie selbst zu sein. Die Geschichten, mit denen er sie lehrte, legten keine Lebensregeln fest; sie geben jedem Suchenden nur das, was er mitbrachte.

Wenn sie zum Beispiel untereinander wetteiferten, wer von ihnen am meisten vom Leid geplagt war und daher das größte Anrecht hatte, sich zu beklagen, dann erzählte der Zaddik ihnen die Geschichte vom Sorgenbaum. Am Tag des jüngsten Gerichts darf jeder all seinen Kummer an einen Ast des großen Sorgenbaumes hängen. Wenn jeder einen Zweig gefunden hat, an dem sein ganzer Jammer baumeln kann, beginnen sie, langsam um den Baum herumzugehen. Jeder darf sich das Bündel Sorgen aussuchen, das er seinem eigenen vorziehen würde. Am Ende nimmt sich jeder lieber wieder das eigene Bündel vom Baum, als das eines anderen zu tragen, und jeder geht weiser als er kam.

Weil der chassidische Guru keine Lehre mitteilte, sondern selbst die Lehre war, wurde die bloße Beziehung zwischen ihm und dem Schüler zum Medium der Heilung. Was immer der Zaddik in einem bestimmten Augenblick tat, war das Einzige, was ihn gerade interessierte, und er legte sein ganzes Wesen hinein. Daher kamen seine Anhänger nicht zu ihm, um großartige Wahrheiten zu hören, »sondern um zu sehen, wie er seine Schuhriemen schnürte.«[10]

Als ein letztes Beispiel für den Guru, der durch Metaphern lehrt, so daß seine Schüler nur erfahren, was sie ohnehin schon wissen, will ich den Zen-Meister erwähnen. Die ursprüngliche buddhistische Lehre entstand in Südindien, wo sie dazu beitrug, die Menschen von der Fessel des hinduistischen Kastensystems und von der im Yoga geforderten Beherrschung von Geist und Körper zu befreien. Als die Lehre sich nordwärts nach China ausbreitete, erlaubte sie den Menschen, die traditionellen sozialen Konventionen, in denen sie gefangen waren, zu durchschauen. In Japan schließlich entlarvte der Geist des Zen die Absurdität des Hanges zu zeremonieller Vornehmheit und hob deren Beschränkung auf.

Eine bevorzugte Methode der Unterweisung im Zen ist das *Koan*. Der Schüler bekommt ein Problem gestellt, über das er meditieren soll, ein Problem, das mit hergebrachten Methoden oder mit dem Intellekt nicht zu lösen ist. Damit muß der Zen-Pilger kämpfen, bis er entweder verzweifelt *aufgibt* oder sich *ergibt* und erleuchtet ist. In einem klassischen Beispiel fragt der Meister den Schüler, was »der Ton des Klatschens einer Hand« sei. Solche Scheinprobleme werden häufig als Antwort auf die Forderung des jungen Mönchs nach Erklärungen gestellt. Ironischerweise verwirrt er sich selbst gerade mit diesem Verlangen nach Klarheit. Wenn er zum Beispiel fragt: »Wie kann ich jemals frei werden?«, antwortet der Zen-Meister vielleicht nur: »Wer hat denn jemals einen Sklaven aus dir gemacht?«[11] Oder wie in dem folgenden Gespräch:

Ein Mönch fragte: Was bedeutet das Kommen des ersten Patriarchen aus dem Westen?
Meister: Frag den Pfahl dort drüben.
Mönch: Ich verstehe nicht.
Meister: Ich auch nicht; nicht mehr als du.[12]

Nur über solche Umwege kann der Meister den Pilger zum Hier und Jetzt seines täglichen Lebens zurückführen, damit er erkennt, daß es keine Wahrheit gibt, die nicht schon für jedermann sichtbar ist. Diese Art von Unmittelbarkeit ohne Kampf treffen wir in der traurig-schönen Parabel von dem Zen-Meister, der eines Tages auf seinem Weg einem wilden, menschenfressenden Tiger begegnet. Er versucht zu fliehen, findet sich jedoch nach ein paar Schritten am Rand eines hohen und steilen Felsens. Der Tiger ist ihm auf den Fersen, und so bleibt dem Meister nichts anderes übrig, als sich an einer schwachen Winde, die dort am Rand wächst, über den Abgrund zu hängen. Oben der Tiger, der ihn fressen will, unten der sichere Tod eines tiefen Sturzes auf kantige Felsbrocken. Die dünne Winde beginnt nachzugeben, der Tod steht unmittelbar bevor. Da sieht der Meister, dessen Leben nur noch an einem Faden hängt, eine wunderschöne, reife Wilderdbeere. Schnell pflückt er die saftige Frucht, nimmt sie in den Mund, und dann hört man ihn sagen: »Köstlich, diese Erdbeere, und so süß.«

Der Guru spricht in Metaphern zu seinem Schüler, um ihn auf sich selbst zurückzulenken. Er gibt dem Suchenden nur, was er bereits besitzt, und nimmt ihm dafür, was er nie hatte. Was der Guru dem Suchenden an Wissen voraus hat ist, *daß wir alle Pilger sind*. Es gibt keine Lehrer und keine Schüler. Im schlimmsten Fall kann sich die fundamentale Menschlichkeit des Guru in seiner unvermeidlichen Fehlbarkeit zeigen. Die Würde des Guru und die der Schüler, die einmal seinen Platz einnehmen werden, sind von dem gleichen Verfall bedroht, der die Kehrseite alles menschlichen Wachstums ist. Wenn das Charisma des Guru in dem Versuch, seine Kraft zu erhalten, in Routine erstarrt, kann es genauso selbstgefällig werden, wie das Establishment, gegen das es sich ursprünglich wandte. Überheblichkeit mag den Guru dazu verleiten, sich selbst zu erhöhen; vielleicht wird er auch von seinen Jüngern umgebracht, die einen Gott aus ihm machen wollen, um selbst mehr zu sein. Leere rituelle Parodien können schließlich alles sein, was von einer einst spontanen und lebendigen Lehre übrig bleibt. Die Verdinglichung seiner Metaphern durch seine Nachfolger mag den fadenscheinigen Eindruck der Kontinuität erwecken, obwohl die ursprüngliche, Leben schenkende Substanz einer inspirierten Lehre längst verschwunden ist.

Der Guru muß seine Nachfolger dazu bringen, sich von ihm zu befreien; das ist seine Mission. Seine Metaphern und Parabeln zwingen den Pilger, der Schüler sein möchte, seine eigene Intuition zu gebrauchen, um den Sinn in seinem Leben zu finden. Der Guru steht in einer Tradition, die lehrt, daß man Traditionen brechen muß, daß man sich verlieren muß, um sich zu finden.

3. Das Ich enthüllen

> Betrachtung meines Lebens
> entscheidet über Fortschritt oder Rückzug.[1]
> Verdeckter Drache. Handle nicht.[2]
>
> *I Ging*

Der Guru lehrt durch Metaphern und Parabeln, aber der Pilger lernt, indem er seine Geschichte erzählt. Die Identität jedes Menschen erwächst aus den Mythen, Ritualen und Legenden seines Kulturkreises, vermischt mit dem Epos seiner persönlichen Geschichte. In beiden Fällen ist es die unwiderstehliche Kraft des Geschichtenerzählens, die den Menschen vom Tier unterscheidet. Die paradoxe Kluft zwischen Kraft und Verletzbarkeit, das, was den Menschen zum Menschen macht, beruht darauf, daß er weiß, wer er jetzt gerade ist, weil er weiß, wer er gewesen ist und wer er werden möchte. All das entspringt aus dem Wunder seiner Fähigkeit, seine Geschichte zu erzählen.

Wenn Rabbi Israel ben Elieser, der Baal-schem-tow, sein Volk vom Unglück bedroht sah, pflegte er einen bestimmten Teil des Waldes aufzusuchen und dort zu meditieren. Er entfachte ein Feuer, sagte ein bestimmtes Gebet, und das Wunder geschah, das Unglück wurde abgewendet.

Später, als sein Schüler, der berühmte Maggid von Mesritsch, aus den selben Gründen Gelegenheit hatte, beim Himmel Fürsprache für sein Volk einzulegen, ging er an dieselbe Stelle im Wald und sagte: »Herr des Weltalls, höre! Ich weiß nicht, wie man ein Feuer anfacht, aber ich weiß das Gebet noch zu sagen.« Und wieder geschah das Wunder.

Sein Nachfolger, der Mosche Löb von Sasow, sagte, als er in den Wald ging, um sein Volk zu retten: »Ich weiß nicht, wie man ein Feuer entfacht, auch kenne ich das Gebet nicht, aber ich weiß den rechten Ort noch, und das muß genügen.«

Schließlich fiel die Aufgabe, das Unglück abzuwenden, dem Rabbi Israel von Rižin zu, der zu Hause im Lehnstuhl sitzend, den Kopf in die Hand gestützt zu Gott sprach: »Ich kann kein Feuer entfachen und ich weiß das Gebet nicht; nicht einmal die Stelle im Wald kann ich mehr finden. Ich kann gerade noch die Geschichte erzählen, das ist alles, es muß genügen.« Und es genügte. Gott erschuf den Menschen, weil er Geschichten liebt.[3]

Der heutige Pilger ist von den lebeneinhauchenden Mythen abgeschnitten, die dem früheren, in Stämmen lebenden Menschen halfen. Er ist ein ganz diesseitiger Einzelner, der die Erweckung eines toten Gottes feiert. Als Gott noch lebte und Verbindung zu den Menschen hatte, war die Psychologie nicht mehr, als eine »mindere Abart des Geschichtenerzählens und Mythenbildens.«[4] Heute muß jeder sich bemühen, seine Geschichte zu erzählen, wenn es ihm darum geht, seine Identität zurückzugewinnen.

Sollte er sich auf die psychotherapeutische Pilgerschaft machen, so läßt er sich auf ein Abenteuer im Erzählen ein. Alles hängt davon ab. Das »Prinzip des Erklärens ist, daß die Geschichte irgendwie – wie auch immer – erzählt wird, damit man ihren Anfang finden kann.«[5] Die Grundannahme ist, daß das Erzählen allein schon Rat schafft. Die zweite Begegnung mit seiner Lebensgeschichte kann den Menschen von einer Kreatur, die in ihrer Vergangenheit gefangen ist, in eine solche verwandeln, die von ihr befreit wird. Aber das Erzählen ist noch nicht alles. Jeder muß unterwegs auf seiner Pilgerschaft einmal Gelegenheit haben, seine Geschichte zu erzählen. Jeder, der eine Geschichte erzählt, braucht einen anderen, der zuhört. Dieser andere braucht kein Guru zu sein, er muß nur dem Bedürfnis des Augenblicks genügen können. Ein altes Sprichwort sagt, daß immer, wenn sich zwei Juden treffen, von denen einer ein Problem hat, der andere automatisch zum Rabbi wird. Manchmal genügt es aber nicht, wenn einfach nur jemand da ist, der zuhört. Ein Mensch braucht nicht nur jemanden, der seine Geschichte hört, sondern jemanden, der mitfühlt. Dieses Bedürfnis aller Menschen hat ergreifend Gestalt angenommen in der Legende von den sechsunddreißig Gerechten.[6]

Nach der antiken jüdischen Tradition gibt es zu jeder Zeit sechsunddreißig verborgene Gerechte, geheime Heilige, von denen der Fortbestand der Welt abhängt. Stirbt einer von ihnen, so nimmt ein neuer seinen Platz ein. Die Gerechten unterscheiden sich nur durch das herzzerreißende Ausmaß ihres Mitleids von anderen Menschen. Und nur solange sie existieren, solange ihr Mitleid anhält, wird Gott die Welt der gewöhnlichen Menschen bestehen lassen. So untröstlich sind die Gerechten in ihrem Schmerz über das Leiden der Menschen, daß nicht einmal Gott sie erleichtern kann. Doch als ein Akt der Gnade »stellt der Schöpfer, gepriesen sei sein Name, von Zeit zu Zeit die Uhr des jüngstens Gerichts um eine Minute vor.«[7]

Man erzählt von einem Jungen, dessen greiser Großvater ihm berichtet, daß der letzte Gerechte gestorben ist und keinen Nachfolger hat. Der Junge soll diesen Platz einnehmen. Bald, so sagt der Großvater, wird ein Leuchten von ihm ausgehen, die Aura seiner zukünftigen Bedeutung. Der Junge ist voller Ehrfurcht, aber er fragt sich bestürzt, was er als Gerechter wohl tun muß. Der alte Mann versichert ihm, er brauche nur er selbst zu sein, er brauche überhaupt nichts zu *tun*, um seine Bestimmung zu erfüllen. Vorderhand genüge es, weiterhin einfach ein braver kleiner Junge zu sein.

Aber das Kind macht sich Sorgen über seine Rolle und entwickelt die fixe Idee, daß Gott seinem Großvater den Tod ersparen wird, wenn er nur lernt, ein Gerechter zu sein. Er stellt sich großartige Selbstfolterungen und Opfer vor, die vielleicht von ihm verlangt werden könnten. Muß er sich von einem Mongolenpony, an dessen Schwanz er sich klammert, über den harten Erdboden schleifen lassen, oder wäre es vielleicht noch verdienstvoller, auf dem Scheiterhaufen von läuternden Flammen verzehrt zu werden?

Er ist entsetzt, aber bereit, alles zu tun, was von ihm verlangt wird. Er beschließt, klein anzufangen, den Atem anzuhalten, solange er kann. Weil das aber anscheinend nicht genügt, fügt er seiner Hand eine schmerzhafte befriedigende, stigmatisierende Brandwunde zu. Der Großvater ist tief beunruhigt, wenn auch gerührt, als er hört, daß der Junge sich darin übt, an seiner Stelle zu sterben. Um ihn über seinen ungeheuren Irrtum aufzuklären, erzählt er ihm, daß selbst ein Gerechter nichts in der Welt ändern kann. Er kann niemanden retten. Ein Gerechter braucht das Leid nicht zu suchen; es ist in der Welt, für ihn wie jeden anderen. Er muß nur offen sein für das Leid der anderen und wissen, daß er nichts ändern kann. Ohne seine Brüder retten zu können, muß er bereit sein, ihren Schmerz mitzufühlen, damit sie nicht allein leiden müssen. Das macht zwar für die Menschen keinen Unterschied, aber für Gott.

Der Junge geht und versucht zu verstehen, begreift aber nicht den Sinn und Wert des Ganzen. Doch später an diesem Tag hat er seine Gottesbegegnung. Er fängt eine Fliege und hält ihr Leben in der Höhlung seiner Hand. Plötzlich empfindet er selbst den Schrecken und das Zittern dieser Fliege, ihre Angst ist seine eigene. Als er sie aus seiner zitternden Hand freiläßt, fühlt er plötzlich ein Glühen und weiß, daß er jetzt ein Gerechter ist. Liebe ist mehr, als nur offen zu sein für die Qual der anderen; sie ist die Bereitschaft, mit dem Wissen zu leben, daß wir nichts tun können, um den anderen von seinem Schmerz zu befreien.

Als Psychotherapeut bin ich nicht mehr bereit, jemanden als Patienten anzunehmen, dessen Schmerz mich nicht auch berührt. Wenn jemand mich um Hilfe bittet, der nicht zu der Art von Menschen gehört, die für mich persönlich wichtig werden können, schicke ich ihn weg. Ich bin kein Gerechter; ich lebe nicht für Gott, sondern für mich. Jede Stunde, in der ich einen Patienten behandle, ist auch eine Stunde meines Lebens. Viel davon ist schon vorüber. Von dem Übrigen ist einiges schon angefüllt mit der Leere meiner Einsamkeit, diesem Schmerz in jedem von uns, der von Zeit zu Zeit erleichtert werden kann, dem man aber nicht endgültig entkommt, außer durch den Tod. Daneben gibt es Enttäuschungen, die ich nicht vermeiden kann, Frustrationen, die ich mir nicht aussuche, und Verluste, denen ich hilflos gegenüberstehe. Manches Unglück verursache ich natürlich selbst, aber anderes fällt vom Himmel auf meinen ungeschützten Kopf, zerschlägt meine Freuden und verdunkelt mein Glück. Es käme mir gar zu verwegen vor, nicht soviel Rücksicht auf mich selbst zu nehmen, wie ich kann. Deshalb arbeite ich nur noch mit Patienten, die mir das Gefühl geben, daß ich meine Zeit sinnvoll verbringe. Es gibt Patienten, denen ich helfen zu können glaube, die ich aber trotzdem wegschicke, weil ich fühle, daß ihre Nähe nicht gut für mich ist. Es könnte eine berufliche Befriedigung sein, mit ihnen zu arbeiten, aber keine Freude, wenn ich nicht offen für ihren Schmerz bin. Es ist ein schlechtes Geschäft, ich mache es nicht mehr.

Wenn ich mit einem Patienten arbeite, höre ich mir nicht nur seine Geschichte an, sondern erzähle ihm auch meine. Wenn wir irgendwohin kommen wollen, müssen wir einander kennenlernen. Eine der Annehmlichkeiten des Therapeutendaseins ist, daß es einem hilft, ehrlich zu bleiben. Es ist ein bißchen so, als bliebe man sein ganzes Leben lang in Behandlung. Es hilft mir, dem Erzählen und Wiedererzählen meiner Geschichte für den Rest dieser Pilgerschaft, die mein Leben ist, treu zu bleiben. Andere Forschungen auf dem Gebiet der Selbstenthüllung bekräftigen meine eigene Erfahrung, daß die Selbstoffenbarung des Guru den Pilger zu immer größerer Offenheit ermutigt.[8] Aber ich arbeite nicht, um dem Patienten zu helfen, sondern um mir zu helfen. Der Wunsch, meine Geschichte mitzuteilen, kommt aus meiner eigenen Mitte. Daß es sich für den Patienten als so hilfreich erweist, ist nur eine glückliche Zugabe. Wenn ich den Fehler mache, ein Stück von mir selbst zu geben, *mit der Absicht*, mehr aus dem Patienten herauszubekommen, weist er meine Bemühungen als unecht, selbstgerecht und manipulativ zurück. In den letzten Jahren vertraue ich deshalb meistens lieber meinem Gefühl, tue, wonach mir gerade ist, und versuche nicht, die Wirkung meines Tuns auf den Patienten zu kontrollieren. Wenn er mißtrauisch ist und darüber spekuliert, ob ich gerade ich selbst bin oder nur therapeutische Techniken anwende, findet er mich völlig desinteressiert an solchen Unterscheidungen. Schon fast genauso lange, wie ich mich nicht mehr darum kümmere, ob ich nun selbstsüchtig oder selbstlos bin, frage ich mich nicht mehr, ob ich als Mensch oder technisch handle. Wo ist der Unterschied? Was kann die Antwort auf solche Fragen mir wohl nützen? Ich versuche, mich von dem Rat Carl Whitakers leiten zu lassen, den Patienten nicht zu säugen, wenn er danach schreit, sondern nur, wenn ich reichlich Milch habe.[9]

Bei der wechselseitigen Selbstenthüllung zwischen Guru und Pilger soll natürlich der Suchende den Vorrang haben. In mancher Hinsicht bin ich ein Experte, der dafür bezahlt wird, daß er seine Dienste anbietet. Der Patient weiß stets besser als ich, wo wir in jeder Sitzung anfangen sollten, wenn er sich dessen vielleicht auch nicht bewußt ist. Deshalb beginnt jede Sitzung damit, daß ich schweigend und aufmerksam abwarte, bis er die Interaktion einleitet. Seit ich Patient war, habe ich keine Sitzung mehr selbst eröffnet. Ich fungiere als Rückschläger; mit jeder Bewegung beantworte ich die Worte, Gesten und die Körperhaltung des Patienten. Das ist aber nicht einfach ein Spiel, und ich kann mich nicht im Vertrauen auf die heilende Kraft meiner Metaphern bewegen, ohne fest in meinem eigenen inneren Gefühl zentriert zu sein. Ich muß damit anfangen, zusammen mit dem Patienten auf den »transparenten Weg«[10] zu gehen, ich muß mir selbst transparent werden. Ohne auszuwählen, was ich akzeptieren will, muß ich mein wechselhaftes Sein sich beständig meinem Bewußtsein öffnen lassen. Ich muß bereit sein, in mir selbst auf häßliche, böse und peinliche Gedanken zu stoßen, sonst kann ich auch nicht meine liebenswerten, empfindsamen und netten Seiten finden. All diese guten/schlechten, starken/schwachen, göttlichen/lächerlichen Janusköpfe muß ich sehen, wenn ich auch Zeit haben möchte, ohne Maske zu leben. Trage ich sie zu lange und versuche sie dann abzulegen, werfe ich vielleicht mein eigenes Gesicht mit fort. Wenn ich mir selbst transparent genug bin, und diese versteckten Seiten meines Ich mich nicht mehr so erschrecken, dann werde ich auch für andere transparent. Zeige ich mich offen, ohne mich darum zu sorgen, wie der andere darauf reagiert, werden einige sich angesprochen fühlen, andere nicht. Aber wer wird mich lieben, wenn keiner mich kennt? Ich muß es wagen oder allein leben. Es genügt schon, daß ich allein sterben muß. Wie groß das

Risiko auch ist, ich bin entschlossen, die Maske fallen zu lassen, wenn das bedeutet, daß ich vielleicht alles bekomme, was für mich da ist.

Meine freie Entscheidung, transparent zu sein, ist eine Verpflichtung zu lebenslangem Kampf. Bevor ein Mensch frei werden kann, muß er sich erst für die Freiheit entscheiden. *Dann* beginnt die harte Arbeit. Und wenn diese Verpflichtung den Patienten dazu ermuntert, dieselbe Verpflichtung einzugehen, können wir einander ermutigen weiterzumachen. Wir gehen gemeinsam den Weg des Pilgers, tauschen den äußeren Schein gegen Offenheit und Einsamkeit gegen Gemeinschaft.

Wie bei allen Problemen zwischen mir und dem anderen muß ich damit anfangen, mit mir selbst ins reine zu kommen. Wie bei jedem wichtigen Geschehen zwischen Menschen ist es »der wirksamste Weg zu authentischer Selbstenthüllung des anderen, selbst das Risiko des Anfangens auf sich zu nehmen.«[11] Weil ich glaube, daß die einzige wirkliche Gefahr in dem liegt, was verborgen ist, muß meine Offenheit mir selbst gegenüber der Offenheit für den anderen vorausgehen. Oft zeige ich mich dem anderen, ohne sicher zu wissen, was dabei herauskommt. Was dann zum Vorschein kommt, kann für mich genauso überraschend (entsetzlich oder erfreulich) sein wie für den anderen. Grundsätzlich hat aber das Bewußtsein dessen, was aus mir herauskommt, vor allem die Funktion, mir die Freiheit und Verantwortung der Wahl zu geben, für (oder gegen) welches Gefühl ich mich im gegebenen Fall entscheide. Ich fühle mich *nicht* dem Ethos der Selbsterfahrungsgruppen verpflichtet, zu jeder Zeit und blindlings offen zu sein. Ich behalte mir jederzeit das Recht auf Privatheit vor und gestehe anderen (auch meinen Patienten) das gleiche Recht zu. Ich weigere mich, an der Brutalität teilzunehmen, die sich als unbeschränkte Offenheit verkleidet. Die Philosophie des »hier-und-jetzt«, des »mach du deinen Kram, und ich mach meinen« ist nicht mein Fall, es sei denn, ich bin bereit, die Konsequenzen meines Tuns zu tragen, vermeide es, andere unnötig zu verletzen und weiß, daß ich von Zeit zu Zeit immer wieder wie ein Tölpel handle, ganz gleich, wie weit ich mich schon kenne.

Zwischen diesen mehrdeutigen Parametern lerne ich den anderen kennen und er mich. Wir erzählen einander unsere Geschichten und sind bewegt von den Geschichten anderer. Als Kind war ich oft sehr einsam, und hätte ich nicht Geschichten von anderen in den Büchern, die ich las, gefunden, ich glaube, ich wäre gestorben. Nicht zuletzt aus Dankbarkeit habe ich einige dieser Geschichten, die mir überleben halfen, zusammengetragen. In ihnen tritt der Pilger in vielen Gestalten und Gewändern auf. Als Zeugnis meiner eigenen Suche habe ich einen Epilog angeschlossen, in dem die Träume enthalten sind, die die Geschichte meiner eigenen, immer noch andauernden Pilgerschaft nacherzählen.

Zweiter Teil:
Das Erzählen von Geschichten

1. Die Geschichte von einem Mann, der gegen die Götter kämpfte

Das älteste erhaltene Werk der erzählenden Literatur ist das *Gilgamesch-Epos*.[1] Man kann nicht mehr feststellen, wie viele Generationen sich die Episoden geistiger Abenteuer dieses langen epischen Gedichtes erzählt haben, bevor es schließlich niedergeschrieben wurde. Sicher wissen wir nur, daß die Erzählung von Gilgamesch vor ungefähr viertausend Jahren, etwa zu Beginn der mesopotamischen Kultur, in Keilschrift und in einer antiken semitischen Sprache, die wir Akkadisch nennen, auf zwölf Tontafeln geschrieben worden ist. Vor weniger als hundert Jahren wurde sie im British Museum entziffert. Man hat sie als archäologische Entdeckung gefeiert, aber sie ist weit mehr: eine bewegende Geschichte, die mir zeigt, daß dieser König der Sumerer mein Bruder ist, obwohl er vor Tausenden von Jahren kam und wieder verschwand.

Gilgamesch ist stattlich, stark und weise, ein großer Krieger, zwei Drittel Gott, ein Drittel Mensch. Er regiert die Stadt Uruk, deren hohe Mauern er mit seiner Macht, mit Sinn für Stil und mit tyrannischer Grausamkeit erbaut hat. Die Bewohner von Uruk sind beunruhigt von seiner Macht und erschreckt von seinem Hochmut. Sie klagen:

> Nicht läßt Gilgamesch den Sohn zum Vater.
> Am lichten Tag und bei Nacht trotzt er dem Volke.[2]

Er ist zwar ihr Beschützer, aber er unterdrückt sie, bis sie es nicht mehr ertragen. Deshalb rufen sie die Göttin Aruru an und bitten sie, einen Doppelgänger von Gilgamesch zu erschaffen, der ihm an Stärke und »Herzensungestüm«[3] gleicht. In ihm soll Gilgamesch seinen Meister finden, besiegt werden und dann die Leute von Uruk in Frieden lassen.

In ihrer Weisheit erschafft Aruru einen Doppelgänger, der Gilgameschs zweite Hälfte, eine Tiernatur verkörpert und seinen Stolz brechen soll, indem er ihm zeigt, daß er auch nur ein Mensch ist. Jeder von uns hat einen solchen Schatten, vor dem er flieht. Jeder wird vom Gespenst eines Doppelgängers gejagt, der all das verkörpert, was er an sich selbst nicht wahrhaben will. In dem Maße, wie ich mein verborgenes Zwillings-Ich ablehne, wird sich meine Persönlichkeit in die groteske Maske einer neurotischen Karikatur verdrehen. Für Übermenschen wie Gilgamesch, die über der Natur stehen wollen, ist der Doppelgänger ihr tierisches Ich. Aus Lehm formt Aruru Enkidu, der nichts über Land und Leute weiß und bekleidet ist wie Sumukan, der Gott der Pflanzen und Tiere.

> Mit Haaren bepelzt am ganzen Leibe...
> So frißt er auch mit den Gazellen das Gras,
> Drängt er hin mit dem Wilde zur Tränke,
> Ist wohl seinem Herzen mit des Wassers Getümmel.[4]

Jeder hat seinen Enkidu, seine zweite Hälfte, sein verborgenes Ich. Je weniger Verbindung man zu seinem Doppelgänger hat, desto mehr wird das Leben zu einer leeren, unbefriedigenden Posse. Wenn ein solcher Mensch als Pilger/Patient zu mir kommt, versuche ich, wie die Göttin Aruru, ihn mit seinem Doppelgänger vertraut zu machen, damit sie einander umarmen können. Der starke Mann, der roh und gefühllos sein Leben lebt, muß seiner eigenen weichen Hilflosigkeit begegnen; ohne seinen schwachen und passiven Schatten kann er niemals zärtlich oder gütig sein. Ein anderer Halbmensch, Herr Sonnenschein, lebt in der Gefahr, sich ein Leben lang mit seiner Beschwichtigungspolitik selbst zu erniedrigen. Um frei zu werden, sich durchzusetzen, wo es nötig ist, muß er erst das rücksichtslose und gefährliche Doppel seiner unentdeckten Wut kennenlernen.

Der mächtige Gilgamesch trifft seinen Doppelgänger so: Ein Fallen aufstellender Jäger stößt auf Enkidu und flieht voll Entsetzen. Er läuft zurück ins Dorf und berichtet seinem Vater atemlos von dem dicht behaarten Tiermenschen, der mit den Tieren lebt und die Fallen der Menschen zerstört. Der Vater rät ihm, Hilfe bei dem mächtigen Gilgamesch in der Stadt Uruk zu suchen. Gemeinsam hecken sie einen Hinterhalt aus, um den Wilden zu überwältigen. Sie wählen eine schöne Hure aus, bringen sie an das Wasserloch, zeigen ihr Enkidu und geben ihr die folgende Anweisung:

> Dies ist er, Hure! mach frei deine Brust,
> Deinen Schoß tu auf, daß deine Fülle er nehme!
> Scheue dich nicht, nimm hin seinen Atemstoß!
> Sieht er dich erst, so wird er dir nahn.
> Dein Gewand entbreite, daß auf dir er sich bette,
> Schaff ihn, dem Wildling, das Werk des Weibes:
> Dann wird sein Wild ihm untreu, das aufwuchs mit ihm
> in der Steppe.[5]

33

Sie tut, was man ihr sagt, und Enkidu fängt Feuer. Sie lieben sich sechs Tage und sieben Nächte. Als Enkidu befriedigt ist und zu den Tieren zurückkehren möchte, muß er sehen, daß sie vor ihm fliehen, weil sie jetzt wissen, daß er nicht einer von ihnen ist. Er sieht ein, daß er nicht länger bei ihnen bleiben kann; er ist ein Mensch geworden.

Es fasziniert mich, daß im *Gilgamesch-Epos* zwar die Einsicht in die Doppelnatur des Menschen im Zentrum steht, die zweifache Natur seiner Geschlechtlichkeit aber doch nicht verstanden wird. Der Mythos von der Schlechtigkeit des Weibes wird aufrecht erhalten. Das Weibliche ist das »gefährliche Geschlecht«[6]; es ist seine Aufgabe, die Begierde der Männer zu erregen, aber es verrät sie dabei und raubt ihnen ihre Kraft. Läßt man die Weiber in Freiheit, so können sie sich selbst als Waffe gegen die Männer benutzen. Man muß sie festbinden, damit sie statt dessen als Werkzeug dienen können.

Ich will hier nicht die Ansicht vertreten, daß die männlichen und weiblichen Persönlichkeitsmerkmale im Grunde gleich sind. Im Interesse der Befreiung der Frauen (und natürlich auch der Männer) müssen wir versuchen, die biologisch gegebenen Merkmale (gesetzt es gibt sie) von den erlernten zu unterscheiden, denn nur die erworbenen Erscheinungsformen der Geschlechter erhalten die diskriminierende Sexualpolitik aufrecht. Welcher Natur diese fundamentalen geschlechtlichen Unterschiede auch sind, jeder muß sich seine eigene doppelte Sexualnatur zu eigen machen.

Im *I Ging* wird die ursprüngliche Kraft des Männlichen als aktiv, stark, geistig und leicht-gebend dargestellt und mit durchgezogenen Linien symbolisiert. Die weibliche Ergänzung der männlichen Kreativität wird durch unterbrochene Linien ausgedrückt. Es ist die dunkle, erzeugende, bergende Kraft der Erde, die blutvolle Ergänzung der überlegenen Männlichkeit. Für all den engstirnigen Weiberhaß, den diese Entgegensetzungen einschließen, bietet uns das *I Ging* ein Stück Weisheit in der Art und Weise, wie die Gegensätze einander gegenübergestellt werden. Dem Gesetz des Tao liegt der Gedanke des Wandels zugrunde. Die offensichtlichen Gegensätze Yang und Yin, das Männliche und das Weibliche, das Helle und das Dunkle, das Feste und das Nachgiebige, sind Kräfte, die aus dem Wandel entstehen. Ein Pol kann nicht ohne den anderen sein, eine Wahrheit nicht ohne ihr berechtigtes Gegenteil. Und geht man nur weit genug in irgendeine Richtung, so durchläuft man schließlich einen vollen Kreis. Kein Mann ist wirklich Mann, bevor er sich mit seinem weiblichen Doppelgänger vereinigt hat. Ebenso ist es mit

Frauen und ihrem männlichen Schatten. Wer sein geschlechtliches Gegenüber nicht kennt, ist nur eine absurde Karikatur der Identität, die er erstrebt. Er haßt das andere Geschlecht und mißtraut ihm, weil er das verborgene andere in sich nicht kennt. Was diesen Aspekt angeht, so lehrt uns das Gilgamesch-Epos durch die verzerrte Darstellung der Frau.

Enkidu kehrt zu der Dirne zurück, und sie überredet ihn, mit ihr nach Uruk zu gehen. Sie machen sich auf, um den heiligen Tempel, die geweihte Wohnung der Götter zu besuchen, und um den mächtigen Gilgamesch zu finden und herauszufordern.

Als sie die Stadt erreichen, sind die Straßen voll von festlich gekleideten jungen Leuten, die einen Feiertag begehen. Auf dem Marktplatz treffen sie Gilgamesch, der gerade den Tempel betreten will, in dem das Fest der ersten Nacht gefeiert werden soll. Dabei wird Gilgamesch als der König von Uruk die Bräute geringerer Männer deflorieren. Enkidu fordert ihn heraus, indem er ihm den Weg versperrt und ihn nicht eintreten läßt. Der Kampf geht los. Die beiden Kämpfer ringen wütend miteinander, zertrümmern den Türpfosten und lassen den Tempel erzittern, aber als sich ergänzende Hälften sind sie gleich stark. Sie müssen einander anerkennen, und als sie den Kampf abbrechen, sind sie bescheidener, umarmen einander und schließen Freundschaft.

Gilgamesch schlägt seinem aus Erde gemachten Gefährten vor, im heiligen Wald gemeinsam eine Zeder zu fällen. Es wird eine gefährliche Expedition sein, denn sie müssen den bösen Wächter des Waldes töten. Er heißt »Chumbaba, sein Brüllen ist Sintflut, ja, Feuer sein Rachen, sein Hauch der Tod.« Bewaffnet mit Äxten, Bögen und Schwertern brechen die beiden zum Land der Zedern auf, gefaßt auf die Begegnung mit dem Ungeheuer Chumbaba, dem »Schrecknis... für die Leute.«[7] Unterwegs gestehen sie einander ihre Schwäche und Angst ein und können sich deshalb gegenseitig trösten und Mut zusprechen. Erleuchtet von prophetischen Träumen, beschützt durch die Gebete von Gilgameschs Mutter und bewacht von den Göttern halten beide durch.

Sie wandern ohne Unterbrechung, bis sie den Rand des heiligen Waldes erreichen. Dort schlafen sie, um im Morgengrauen aufzustehen und mit ihren Äxten die Zeder zu fällen. Bald erscheint der schreckliche Chumbaba und will sie töten. Gilgamesch ruft Schamasch den Sonnengott an. Einst ein hochmütiger Tyrann ist er jetzt ein ganzer Mensch geworden, weil er sich mit seiner Tiernatur, mit seinem Gefährten Enkidu verbunden hat. Deswegen können ihm jetzt auch die Kräfte der Natur bei seiner heiligen

Aufgabe helfen. Schamasch ruft Stürme herbei; sie sollen dem Ungeheuer auf die Augen schlagen, es blenden und festhalten, daß es nicht mehr vor und zurück kann. Chumbaba bittet um Gnade, aber die beiden achten nicht darauf. Sie töten ihn und schlagen ihm den Kopf ab.

Helden kehren nach Uruk zurück. Voller Stolz wäscht sich Gilgamesch, zieht seine prächtigen königlichen Gewänder an und setzt sich seine Krone auf. Ischtar, die Göttin der Weiblichkeit, ist so beeindruckt von diesem Anblick, daß sie ihm anbietet, ihr Gemahl zu werden. Sie verspricht ihm ein Leben in Pracht und Überfluß, aber Gilgamesch lehnt ab. Er wirft ihr vor, daß sie launisch ist und ihre früheren Liebhaber grausam behandelt hat. Sie hat einen Vogel geliebt und ihm danach die Flügel gebrochen, ein Pferd, das sie später auspeitschte, und schließlich einen Schäfer, den sie in einen Wolf verwandelte, so daß er jetzt von seinen eigenen Hirtenknaben gejagt und von seinen eigenen Hunden gebissen wird.

Rasend über diese Beschimpfungen fliegt Ischtar zum Himmel, um sich bei ihrem Vater zu beklagen. Aber Anu erklärt ihr, daß sie diese Behandlung selbst durch ihre Grausamkeit herausgefordert hat. Sie besteht darauf, daß er den Himmelsstier schickt, um Gilgamesch zu vernichten. Falls er sich weigert, droht sie damit, die Türen der Unterwelt zu zerschlagen und alle Toten frei zu lassen, so daß mehr Tote als Lebende in der Welt sein würden. Anu warnt, daß sieben Jahre Hunger über das Land kommen werden, wenn er nachgibt und den Himmelsstier schickt, aber Ischtar überzeugt ihren Vater davon, daß sie genug Lebensmittel und Futter gespeichert hat, um die Menschen vor dem Hunger zu schützen. Da gibt Anu nach. Der Stier, der allein schon mit seinem Schnauben zweihundert Männer töten kann, steigt auf die Erde hinunter, um Gilgamesch und seinen Kampfbruder anzugreifen. Enkidu springt auf, packt ihn am Schwanz und hält ihn fest, so daß Gilgamesch ihm sein Schwert in den Nacken stoßen kann. Dann weiden sie ihn aus und legen ihn vor Schamasch dem Sonnengott nieder.

Ischtar tobt. »Weh über Gilgamesch, der mich beschmäht hat! Den Himmelsstier erschlug er!«[8] Als Enkidu hört, daß Ischtar die ganze Heldentat Gilgamesch allein zuschreibt, reißt er dem Stier eine Keule aus und schleudert sie ihr hin, wobei er versichert, daß er mit ihr genauso verfahren würde, wenn er nur könnte. Ischtar schart alle Dirnen zum Begräbnis des Stieres um sich. Gleichzeitig ruft Gilgamesch alle Handwerker und Waffenschmiede zusammen und macht einen Triumphzug durch die Stadt. Das Volk jubelt ihm zu:

Gilgamesch ist der herrlichste unter den Mannen!
Gilgamesch ist der gewaltigste unter den Helden![9]

In der Nacht hat Enkidu einen prophetischen Traum. Er träumt, daß
die Götter in einer Ratsversammlung über die beiden, die vermessen genug waren, den Himmelsstier und Chumbaba, den Wächter
des heiligen Waldes zu erschlagen, zu Gericht sitzen und beschließen, sie zu bestrafen. Bevor der Rat beschlossen hat, wer von den
beiden der Schuldigere ist und sterben muß, erwacht Enkidu und
erzählt Gilgamesch seinen Traum. Gilgamesch findet, daß beide
gleich schuldig sind, stolze Heldentaten vollbracht und herausfordernde Reden geführt zu haben. Ihm ist klar, daß Enkidu seine
zweite Hälfte ist, und er schwört, daß er den Rest seines Lebens in
Trauer verbringen wird, wenn Enkidu sterben muß. Enkidu erkrankt schwer, und als der Tod sich nähert, blickt er noch einmal
zurück auf sein Leben. Er verflucht den Jäger und die Hure, die
ihn verleitet haben, die Wildnis zu verlassen, und gibt ihnen die
Schuld für seine schreckliche Lage. Da erscheint Schamasch und
erinnert ihn daran, daß diese Leute ihn auch mit Gilgamesch
vereinigt und zum Ruhm gebracht haben. Jeder Gewinn hat seinen Preis. Enkidu hört aufmerksam zu und versteht. Sein empörtes Herz wird still.
Über zwölf Tage hin wird Enkidu immer schwächer, und schließlich
stirbt er. Gilgamesch beklagt ihn wie einen jüngeren Bruder, wie
einen Teil von sich selbst, der nun für immer verloren ist. Als sei es
das erste Mal, wird ihm klar, daß er selbst eines Tages sterben wird.
Kraft, Mut und Reichtum helfen ihm nicht; nichts kann ihn vor dem
Tod bewahren. Er ist entsetzt von diesem Wissen.
Bald darauf bricht er zum Berg Mâschu auf, um Utnapischtim zu
suchen, von dem man sagt, er bewahre das Geheimnis des ewigen
Lebens.
Am Bergtor wird er von dessen Wächter, einem Skorpionmenschen
angerufen. Als er hört, daß Gilgamesch das Geheimnis des ewigen
Lebens von Utnapischtim erfahren will, warnt er ihn, daß kein
Mensch je durch den langen Tunnel der Dunkelheit gelangt ist, der
zu ihm führt. Trotzdem geht Gilgamesch weiter und betritt den
Tunnel. Nach vielen Stunden erreicht er einen üppigen Garten mit
Bäumen, die Edelsteine tragen. In einem Gasthaus trifft er die
Schenkin Siduri, die ihn mitfühlend nach den Umständen seiner
Reise fragt. Er berichtet von seinem Stolz und von dem Verlust, mit
dem er dafür bezahlt hat. Sie möchte ihn die Aussichtslosigkeit
seines Unternehmens sehen machen und sagt:

Gilgamesch, wohin läufst du?
Das Leben, das du suchst, wirst du nicht finden!
Als die Götter die Menschheit schufen,
Teilten den Tod sie der Menschheit zu,
Nahmen das Leben für sich in die Hand.
Du, Gilgamesch – dein Bauch sei voll,
Ergötzen magst du dich Tag und Nacht!
Feiere täglich ein Freudenfest!

*

Solcher Art ist das Werk des Menschen.[10]

Aber Gilgamesch ist hartnäckig und will sich nicht von seinem Vorhaben abbringen lassen. Er erfährt, daß er, um Utnapischtim zu finden, über das »Gewässer des Todes« bis zu einer Insel fahren muß, die noch nie ein Mensch betreten hat. Urschanabi, der Schiffer Utnapischtims, ist auch gerade in dem Gasthaus und erklärt sich bereit, Gilgamesch überzusetzen. Aber es gibt dafür Bedingungen: Gilgameschs Hände dürfen das Wasser des Todes nicht berühren, und er muß im Wald hundertzwanzig mit Ruderblättern versehene Stangen besorgen, denn jede darf nur einmal benutzt werden. Sie brechen auf und sind einen Monat lang unterwegs. Als alle Stangen verbraucht sind, befestigen sie Gilgameschs Kleider als Segel am Mast. Schließlich kommen sie an, und Gilgamesch erzählt Utnapischtim seine Geschichte und von seinem Wunsch, ewig leben zu können. Aber Utnapischtim macht ihm klar, daß nichts ewig dauert. Auf Gilgameschs Bitten erzählt er, wie er selbst unsterblich geworden ist. In ferner Vergangenheit hatte er auf Geheiß der Götter eine Arche gebaut und seine Frau und allerlei »beseelte Samen«[11] an Bord gebracht. Dann kam eine große Flut, die erst nach sieben Tagen wieder sank. Die Arche kam auf einem Berg zum Stillstand und Utnapischtim entdeckte, daß alle Menschen wieder zu Erde geworden waren. Es sandte eine Schwalbe aus, die aber keinen Platz zum Ausruhen fand und wieder zur Arche zurückkehrte. Danach schickte er einen Raben, und als der nicht zurückkam, wußte er, daß das Wasser gesunken war. Die Götter segneten ihn und seine Frau mit den Worten:

Ein Menschenkind war zuvor Utnapischtim;
Und Göttern gleicht fortan Utnapischtim und sein Weib.[12]

Gilgamesch sieht ein, daß die Götter ihm nicht das Gleiche gewähren werden; er ist enttäuscht und müde. Sieben Tage und sieben Nächte schläft er, und als er aufwacht, bedauert ihn Utnapischtim, weil er so versunken ist in den Gedanken an seinen Tod. Er verrät ihm ein Geheimnis der Götter: auf dem Grund des Meeres wächst eine Pflanze, die neues Leben gibt. Gilgamesch bindet einen schweren Stein an seine Füße, springt ins Wasser und findet endlich die Pflanze, aber bevor er das magische Kraut essen kann, wird es ihm von einer Schlange weggeschnappt. Sobald sie die Pflanze heruntergeschluckt hat, löst sich ihre alte Haut ab, und darunter erscheint eine neue. So lernten die Schlangen, ihre alte Haut abzustreifen und ihr Leben dadurch zu erneuern.

Gilgamesch setzt sich hin und weint, weil er einsieht, daß all seine Bemühungen, Alter und Tod zu überwinden, zu nichts geführt haben. Er nimmt seine endgültige Enttäuschung als ein Zeichen dafür, daß es nutzlos ist, Unsterblichkeit zu suchen. Er muß seinem Tod ins Auge sehen wie alle Menschen. Er macht sich auf den Heimweg nach Uruk, wo er aus dem Rest seines Lebens das Beste zu machen versuchen muß.

Wie jeder Pilger sucht Gilgamesch im Grunde den Sinn des Lebens. Wir leben alle in einer tragikomischen Situation, führen ein Leben, das teilweise absurd ist, einfach deshalb, weil wir es nicht selbst gemacht haben. Wir werden in eine Welt voller Mißklang hineingeboren, in eine Familie, die wir uns nicht ausgesucht haben, in Lebensumstände, die wir uns besser gestaltet wünschten, und wir werden sogar mit einem Namen gerufen, den wir nicht selbst gewählt haben.

Heutige Pilger, deren geistige Reise gemäß ihrer psychotherapeutischen Erfahrung verläuft, sind in einem freudianischen Zeitalter aufgewachsen, das sie dazu anregt, sich intensiv mit ihrer Kindheit zu beschäftigen, der sie die Schuld an ihrer gegenwärtigen Misere zuschreiben. Wie bei uns allen war ihre Kindheit nicht gerade vollkommen.

Kinder sind im Grunde unvermeidlich hilflos und abhängig, gleichgültig, welche Hilfsmittel sie entwickeln, um in dieser maßlosen Welt zurechtzukommen. Auf die eine oder andere Art erweisen sich die Eltern immer als eine Enttäuschung. Der Frustrationen sind viele, und das Leben ist von Natur aus nicht kontrollierbar.[13]

Hilflos wie wir alle als Kinder sind, unfähig, die Welt zu ändern und für uns selbst zu sorgen, müssen wir Mittel erfinden, die zumindest den Anschein erwecken, daß wir nicht gar so machtlos sind. Die Phantasien, die in der Kindheit entwickelt und bis zum Eingang der psychiatrischen Praxis mitgeschleppt werden, heißen im Zeitalter Sigmund Freuds »Neurosen«. Aber wie das *Gilgamesch-Epos* zeigt, haben die Menschen sich schon immer an Illusionen geklammert, die sie vor einem Leben in dem quälenden Bewußtsein ihrer unbedeutenden, vorübergehenden Existenz und ihrer Unfähigkeit, etwas an der Sinnlosigkeit des Leidens zu ändern, schützen sollten.

Wir sind Eintagsfliegen, diese niedlichen Insekten mit spitzen Flügeln und schlanken, etwas hängendem Hinterleib, die nur einen Tag lang leben. Die ausgewachsene Eintagsfliege lebt nur ein paar Stunden, gerade lange genug, um sich zu paaren. Sie hat weder Mund noch Magen, weil sie gar nicht so lange lebt, daß sie essen müßte. Die Eier, die sie zurückläßt, reifen, nachdem die Eltern gestorben sind. Was soll das alles? Was ist der Witz von dem Ganzen? Es gibt keinen. Es ist einfach so und Schluß. Es ist weder gut noch schlecht. Das Leben ist schlicht *unvermeidbar*.

Der Pilger/Patient hält daran fest, daß es einen Sinn geben muß, hinter den er nur noch nicht gekommen ist (sonst müßte er ja glücklich sein). »Warum?«, fragt er, »passiert mir das alles?« Er meint, wenn er nur verstehen könnte, wenn der Therapeut es ihm nur erklären würde, dann könnte er das Leben nehmen wie es ist und wäre glücklich. Jedoch: »der Sinn des Lebens kann zwar aufgedeckt, aber niemals erklärt werden.«[14] Der Clou ist, *es gibt keinen Clou*.

Vielleicht am schwersten ist es für den Patienten, anzuerkennen, daß er ganz *gewöhnlich* ist. Er, der Therapeut und alle, die er sonst noch kennt, sind gleich. In einer Welt von dreieinhalb Milliarden Seelen, unzähligen längst toten und unendlich vielen, die noch geboren werden (falls es uns nicht gelingt, uns in die Luft zu jagen oder unsere Umwelt zu vergiften), wie wichtig sind da die kurzlebigen Frustrationen oder Befriedigungen eines jeden von uns?

Der Patient bietet ein Geschäft an: Er wird mich zu etwas *Besonderem* machen, wenn ich nur ihn etwas Besonderes sein lasse. Das ist natürlich eine Versuchung für mich. Aber nichts da! Jedesmal, wenn ich dumm genug bin, mich auf diesen Handel einzulassen, bedaure ich es. Irgendwie läuft es immer darauf hinaus, daß er doch noch besonderer sein will als ich dabei werde. Natürlich glaubt er nicht, daß ich sehr wohl glauben kann, daß ich nichts Besonderes, sondern ganz gewöhnlich bin. Das kann nicht sein, dann dazu erscheine ich ihm nicht unglücklich genug. »Was fühlen Sie *wirklich*?« bohrt er weiter. Vielleicht lüge ich *ja*, um ihn zu erleichtern. Vielleicht wende ich wirklich nur eine Technik, einen therapeutischen Kniff an, um ihm zu helfen. Wenn ich mich nicht auf diesen Pakt des Besondersseins einlasse (jedenfalls nicht mehr als ganz kurz von Zeit zu Zeit), dann versuche ich damit nur, mir selbst zu helfen, auf mich aufzupassen, meine Gesundheit zu erhalten.

Ich spreche oft vom Tod, von seinem und meinem, und vom Tod der Menschen, die wir lieben. Ich erlaube ihm nicht, sich vor der Tatsache zu verstecken, daß wir beide sterben werden, und daß es für jeden von uns viel zu früh sein wird. Wir werden lange tot sein. Und das ist alles. Da gibt es keinen Sinn. Dies ist eine zufällige Welt und die Zeit ist knapp. Die Zeit verrinnt, während er sich beklagt, sich bemitleidet, versucht, etwas Besonderes zu sein, für sein Unglück entschädigt zu werden.

An diesem Punkt sollte ich klarmachen, daß all dies mir auf meiner eigenen Pilgerschaft, während ich meinen Beruf ausübe, lebhafter gegenwärtig ist als in meinem übrigen Leben. Jede Sitzung hat einen Anfang, eine Mitte und ein Ende; wir treffen uns immer nur kurz, und am Ende der gesetzten Zeit hören wir auf. Eines Tages trennen wir uns; nach der Therapie sehen wir uns nie wieder. Und das war's dann. Im Bewußtsein dessen bleibe ich in Berührung mit der vergänglichen Natur jeder therapeutischen Begegnung, mit der Flüchtigkeit jedes Zusammentreffens und mit der Kürze meines eigenen Lebens. *Die zentrale Tatsache meines Lebens ist mein Tod.* Nach einiger Zeit löst sich alles in Nichts auf. Immer, wenn ich den Mut habe, dem ins Gesicht zu sehen, werden meine Prioritäten klar. In so einer Zeit tue ich nichts *mit der Absicht,* etwas anderes damit zu erreichen. Ich verschwende keine Energie an Illusionen. Mein Image spielt keine Rolle. Ich frage mich nicht, ob ich richtig oder falsch handle; ich tue was ich tue und bin was ich bin, basta! Mein bevorstehender Tod ist der Angelpunkt, um den sich alles dreht. Was jetzt gerade geschieht, ist alles was zählt. Die Therapie ist wie ein beständiges Memento mori. Weil die Sitzung einen festgelegten Anfang und Schluß hat, werden wir ständig daran erinnert, daß sie zeitlich begrenzt ist. Es gibt nur *dich* und *mich* und *hier* und *jetzt.*

Wir wissen im voraus, daß es nicht andauert, und wir sind damit einverstanden. Alle Beziehungen sind vorübergehend. Aber es ist so furchtbar schwer, bei meiner Frau, meinen Kindern, meinen Freunden, den Leuten, die ich am meisten liebe, so schwer, daran zu denken, daß wir so wenig Zeit haben. Wir fahren uns fest, machen uns etwas vor, versprechen, Dinge zu tun, irgendwann, bald. Es gibt eine Menge Dinge, zu denen wir nie kommen; und wenn doch, dann gibt es immer noch so verdammt viel Verschwendung dabei, so viel unnötigen Abstand zwischen uns und den anderen, mit denen zusammen wir unser Leben zu machen versuchen. In der Therapie ist das oft ganz anders. Weil ich immer daran denke, daß die Zeit definitiv und willkürlich begrenzt ist, habe ich mehr Ausdauer, diese Momente ernst zu nehmen. Weil ich jeden Augenblick in dem

Mikrokosmos der psychotherapeutischen Pilgerschaft mit wachem Bewußtsein aufnehme, bin ich gegenüber meinen Patienten mit größerer Zuverlässigkeit ein gegenwärtiger, freier, freundlicher Mensch als in meinem übrigen Leben. O ja, ich versuche, immer so zu sein, aber wenn ich nicht arbeite, halte ich mich viel eher selbst zum Narren, fröne meiner Grausamkeit und gehe auf den Überheblichkeitstrip.

Zu oft vergesse ich, daß ich sterben werde, daß wir alle an derselben unheilbaren Krankheit leiden. In solchen Zeiten, wo ich nicht daran denke, daran zu denken, lasse ich es einfach sausen. Die Reise des Gilgamesch erinnert mich an »die Absurdität von Leben und Tod, heroische Wehmut, bedauernde Rückschau auf verpaßte Gelegenheiten, Trauer über nicht erreichte Vollkommenheit ... [und daran, daß sogar] die Liebe der Freunde uns nicht vor dem Schimpf des Todes bewahrt.«[15] Die Pilgerschaft meines Bruders Gilgamesch hilft mir, nicht zu vergessen.

2. Die Geschichte einer zerstörten Identität

Die Frauen sind schuld an allem Übel in der Welt. Das sagt uns die Bibel.

Gott stellte Adam im Garten Eden zur Rede und fragte ihn mit Donnerstimme: »Hast du nicht gegessen von dem Baum, davon ich dir gebot, du solltest nicht davon essen?«[1] Aber Adam, zitternd und sich seiner Nacktheit schämend, wand sich heraus: »Das Weib, das du mir zugesellt hast, gab mir von dem Baum, und ich aß.«[2] Gott war zornig, weil Adam auf seine Frau gehört hatte, anstatt seinen Geboten zu gehorchen, und verdammte ihn dazu, von jetzt an sein Brot im Schweiße seines Angesichts zu essen. Er wollte nicht länger mit einem Mann zu tun haben, der sich von seiner Frau beherrschen ließ. Auch Eva wurde aus dem Paradies verbannt und außerdem noch dazu verurteilt, dem Mann für immer untertan zu sein. Gott sagte zu ihr: »Ich will dir viele Schmerzen schaffen, wenn du schwanger wirst; du sollst mit Schmerzen Kinder gebären; und dein Verlangen soll nach deinem Manne sein, und er soll dein Herr sein.«[3] Aber es gibt eine apokryphe Interpretation des Schöpfungsmythos, wo angenommen wird, daß die Erschaffung Evas aus einer Rippe des schlafenden Adams Gottes *zweiter* Versuch war, ihm eine Gefährtin zu verschaffen. Beim erstenmal schuf er »den Menschen ihm zum Bilde, zum Bilde Gottes schuf er ihn; und schuf sie einen Mann und ein Weib«[4], und zwar gleichzeitig. Es gibt eine alte hebräische Tradition, nach der bei dieser ersten Schöpfung eine Frau namens Lillith entstand; sie war die erste, die sich für die Befreiung der Frau einsetzte. Als Adam ihr sagte, daß sie ihm gehorchen muß, gab sie zurück: »Wir sind gleich; wir sind von der gleichen Erde gemacht.«[5] Als sie das gesagt hatte, erhob sie sich in die Luft und verwandelte sich in einen kinderfressenden Dämon. So früh schon wurden Frauen, die sich dem Willen des Mannes nicht unterwerfen wollten, als Hexen angesehen.

Bis auf den heutigen Tag sind die Frauen das Lieblingsobjekt politischer und sozialer Unterdrückung durch die Männer geblieben. Andere Gruppen erscheinen und verschwinden wieder, aber die Frauen bleiben unterdrückt, auch wenn sie nicht mehr in der Minderzahl sind.

Die Pilgerschaft der Frauen ist ihr Versuch, ihren Status als vollwertige Menschen wiederzugewinnen, als dem Mann von Natur aus ebenbürtig akzeptiert zu werden, und nicht länger als Müllplatz projizierten Übels, das die Männer nicht als ihr eigenes anerkennen wollen, mißbraucht zu werden. Als Mann bin ich natürlich auch gelegentlich an dieser Verschwörung beteiligt, die die Frauen erniedrigt und unglücklich macht. Aber ich finde keinen Geschmack mehr an dieser angeblichen Überlegenheit; ich bin dem Kampf für die Freiheit verpflichtet, die der Erfolg der Frauenbewegung beiden, Frauen und Männern, einbringen würde. Aber bei aller guter Absicht bin ich immer noch eher Teil des Problems als Teil der Lösung. Obwohl ich die Frauenbefreiungs-Bewegung unterstütze, versuche ich nicht, für sie zu sprechen. Die Frauen sind nicht mehr stimmlos; sie sprechen jetzt mit Nachdruck für sich selbst.[6]

Als Psychotherapeut bin ich besonders an dem Teil einer zerstörten weiblichen Identität interessiert, der durch destruktive Beziehungen innerhalb der Familie entstanden ist. Die meisten Probleme der Frauen wurzeln in den politischen und sozialen Verhältnissen, und solche Probleme müssen eher durch Revolution als psychotherapeutisch gelöst werden. Besonders Psychoanalytiker sind mit Recht angeklagt worden, daß sie die Frauen eher dazu bringen, sich den repressiven sozialen Verhältnissen anzupassen, als sie zu ändern. Sie haben den Protest unglücklicher Frauen mit gutem Grund unterdrückt und sie als ›Neurotiker‹ eingestuft; das ist genauso sinnlos, als würde man den im Ghetto gefangenen Schwarzen diese Diagnose stellen.

Meinen weiblichen Patienten schlage ich stets vor, die Aspekte ihres Problems herauszufinden, die alle Frauen angehen, Hilfe bei ihren Schwestern zu suchen, Treffen der Frauenbewegungen zu erkunden, wenn sie Lust dazu haben, und für die politischen Probleme politische Lösungen zu finden. Wenn möglich, beginne ich erst danach, mit ihnen an den persönlichen, psychologischen Aspekten ihres Identitätskampfes zu arbeiten.

Meine Arbeit mit Willo war eine wertvolle Gelegenheit, eine unglückliche junge Frau auf ihrer Pilgerschaft zu Freiheit, Selbstachtung und richtiger Einschätzung ihres Eigenwerts zu begleiten und zu führen. Wir haben einander geholfen, und sie hat mich etwas von der Qual verstehen lassen, die eine Frau erduldet, die darum kämpft, zu werden, was sie ist. Ich werde sie selbst sprechen lassen. Sie hat gelernt, es auf eine zugleich ergreifende und kraftvolle Art zu tun.

Auf ihren eigenen Wunsch habe ich ihre Identität nicht hinter einem Pseudonym versteckt. Sie ist stolz auf das, was sie geworden ist, und gern bereit, die bewegende Erfahrung ihres schmerzvollen Kampfes mit anderen geistigen Pilgern zu teilen.

Willo wuchs auf in dem Gefühl, daß ihre Mutter sie nicht unterstützte. Ihr war die Rolle eines rätselhaften Dekorationsstücks für ihren tief dem Streben nach beruflichen Leistungen verpflichteten Vater aufgezwungen worden. Als erwachsene Frau spielte sie zu oft die diskreditierende Rolle der Unterstützung ihres Mannes, dem sie für den armseligen Lohn der ›Sicherheit‹ bei seinen Angelegenheiten half. Natürlich ließ sie ihn dafür bezahlen. Jahrelang praktizierte sie all die selbsterniedrigenden, versteckten Boshaftigkeiten, die die Frauen entwickelt haben, um ihre Unterdrücker auf subtile Art zu schikanieren. Es ähnelt sehr dem passiven Widerstand gegen die weiße Vorherrschaft, die die Neger so lange als ›Nigger‹ praktiziert haben, bevor sie aufstanden, um Schwarze zu werden.

Zu Beginn der Therapie konzentrierte Willo sich in ihrem Kampf meistens darauf, ihre Beziehungen zu Männern auf neue Art zu begreifen. Als Teil ihrer Suche nach einer Identität als erwachsene Frau mußte sie es aufgeben, sich als braves Mädchen oder liebe Frau irgendeines Mannes zu verstehen; sie mußte ihr eigenes Gesicht tragen. Es gab viel zu lernen und vielleicht noch mehr zu verlernen, aber wenigstens war der Feind ausgemacht: erst als der grausame, gefühllose Mann und dann als ihr eigener beharrlicher Wunsch, von Daddy behütet zu werden. Sie erfuhr sich selbst als ein Niemand, nur geboren, um die hilflos in der Falle sitzende Enttäuschung ihres Vaters zu sein, der an keinem Kind wirklich interessiert war, das seine Männlichkeit nicht verewigen konnte. Lange und schwer mußte sie arbeiten, um sich aus dem Sumpf dieser ihre Identität zerstörenden Erfahrung zu befreien. Die Beziehung zum Vater wird zwar in feministischen Analysen der Erniedrigung des weiblichen Ich am häufigsten als Grund genannt, aber der Sinn eines jungen Mädchens für das, was sie in den Augen der Mutter darstellt, ist ein ebenso entscheidender Parameter für die Entwicklung ihres gebrandmarkten Selbst. Willo konnte sich leichter ihren Groll und ihre Wünsche als Tochter ihres Vaters bewußt machen, als das subtiler verkleidete, heimtückisch verschwommene Unbefriedigtsein, das ihre Rolle als Mutters Mädchen einschloß. Die aufgestauten Gefühle erstickten die Feude in ihr; sie konnte diese Gefühle nicht herausschreien, ihre Wut war nicht ihr Eigentum.

Um ihr eine lebendige Begegnung mit diesen schwer erfaßbaren Gefühlen der Verletztheit, der Wut und der Sehnsucht zu ermöglichen, schlug ich vor, einen Brief an ihre Mutter zu schreiben, den sie nicht abzuschicken brauchte. Es sollte ein Versuch sein, den nie gewagten Anspruch auf Zuwendung zu erheben, sich auszusprechen mit der gequälten Stimme, die niemand je gehört hatte.

Wochenlang drückte sich Willo, in Panik versetzt von dem Gedanken, ihre eigenen, gefürchteten Gefühle zu erfahren, die beim Schreiben dieses Briefes entfesselt würden. Sie brachte vor, daß sie noch nicht geschrieben habe, weil es hoffnungslos sei, jemals gehört zu werden. Als Antwort auf einen solchen Brief konnte sie sich nur noch mehr von demselben Selbstmitleid, der versteckten Zurückweisung und dem ganzen Sein vorstellen, dem ihre früheren Versuche, ihre Mutter zu erreichen, begegnet waren. Ihre Unfähigkeit, auf die Mutter einzuwirken, hatte sich in ein Gefühl der Machtlosigkeit verwandelt, eine Senkgrube lähmender Vergeblichkeit.

Ich erklärte ihr, daß dieser Brief nur ein Phantasietrip sein sollte und kein Politikum, und daß sie deshalb Mutters Antwortbrief ja auch selbst schreiben konnte. So würde sie sich vielleicht von dem Zwiespalt befreien, auf den sie sich gewöhnlich zurückzog, indem sie ihre verzweifelt zärtliche Sehnsucht ihren deprimierenden Erwartungen gegenüberstellte. Ich empfahl ihr, zu überlegen, ob sie nicht zwei verschiedene Antworten ihrer Mutter schreiben wollte. Der erste sollte die Art von Widerhall darstellen, die in der Vergangenheit immer so niederschmetternd gewesen war, wenn sie versucht hatte, sich ihrer Mutter zu nähern. Wenn sie das loswurde, konnte sie vielleicht einen zweiten Brief schreiben, mit der Art von Antwort, die sie sich immer gewünscht und nie bekommen hatte. Auch wenn sie sich die Möglichkeit dieser beiden verschiedenen Antworten nur vorstellte, konnte sie das dazu befreien, den stummen Ruf endlich laut zu rufen.

Eines Tages schließlich leitete Willo die Sitzung damit ein, daß sie mir Kopien der drei Briefe überreichte, die sie sich endlich abgerungen hatte. Ich hatte dieses Experiment nicht empfohlen, um mehr klinische Information für mich selbst zu sammeln, sondern eher, um Willo eine Gelegenheit zu geben, in direkte Berührung mit ihren Gefühlen zu kommen. Deshalb gab ich ihr die Briefe zurück, ohne sie zu lesen. Wenn sie einwilligte, sie mir vorzulesen, würde sie ihre Gefühle noch einmal und auf eine wieder neue Art erleben, und ich konnte an ihrem Erlebnis, den verlorenen Teil ihrer Seele zurückzuverlangen, teilnehmen. Wieder vertraute sie mir und begann den ersten Brief zu lesen, unterbrach nur manchmal, wenn sie zu sehr weinte, um sprechen zu können:

Liebe Barbara,
*ich wollte schon »Mutter« schreiben, aus Gewohnheit... aber
Barbara erscheint mir angemessener, weil Du nie wirklich eine
Mutter für mich gewesen bist, so wie ich es für angemessen halte.
Eine Mutter sollte ihre Kinder nähren und schützen, nicht fressen.
Eine Mutter sollte ihre Kinder lieben und berühren, physisch und
seelisch. In unserem Haus, da war immer so was, da wurden die
Kinder nicht versohlt... ich fand das immer großartig, ich dachte,
ein Kind zu schlagen sei ein Vertrauensbruch... aber so wie es bei
uns war, das war doch nur ein weiterer Ausdruck dafür, daß wir uns
überhaupt nicht berührten... nicht im Zorn und nicht in Liebe.
Stattdessen wurden wir durch einen leisen, grämlichen Ärger
diszipliniert, der plötzlich in Tiraden ausbrechen konnte, die isolie-
rend und destruktiv waren und die ganze Person anklagten. Wenn
jemand böse mit mir ist, dann empfinde ich heute noch, daß sie mich
für völlig wertlos halten und loswerden wollen. Ich erlebe eine
Panik, an deren Rand ich mein ganzes Leben verbracht habe.
Ich habe immer gedacht, Du bist das Opfer, eine schwache, kraft-
lose Frau, der das Leben ein paar schwere Schläge versetzt hat. In
Wirklichkeit warst Du ein gottverdammtes Luder, das jeden mit
seiner angeblichen Hilflosigkeit manipuliert hat. Aber wenn ich
zurückblicke, dann warst Du sicher ein Sieger, dem nur Trümmer
blieben. Deine Besitztümer haben Dir immer mehr bedeutet als
jeder andere... komisch, ich habe »jeder« gesagt... aber für Dich
waren sie ja lebendig... zumindest so lebendig wie Du selbst. Du
hast immer so viel Pflege und Sorge an das Haus verschwendet, an
das Auto, das Boot... und natürlich an den Pudel... der bedeutet ja
auch keine Gefahr... Zeit, Zeit, Zeit... Zeit und Geld und Kram...
das ist Dein Leben. Ich habe nie verstanden, warum Du immer
herumrennst und Zeit sparst... ich hatte nie den Eindruck, daß Du
irgendwas damit anfängst... Du liest nicht, Du denkst nicht... was
ist überhaupt wichtig für Dich... nicht Dein neuer Mann, Bill...
der ist doch nur ein weiteres nicht bedrohendes Objekt in Deinem
Leben, das Dir das Gefühl gibt, nicht allein zu sein... aber Du bist
ALLEIN, UND ES IST DEINE EIGENE GOTTVERDAMMTE
SCHULD... Es hätte anders sein können... als ich klein war, habe
ich Dich wirklich gebraucht, und wenn Du für mich da gewesen
wärst, anstatt mich auf dem Altar meines Vaters zu opfern...
könnten wir jetzt eine wunderbare Beziehung haben. Eine reife
Mutter–Tochter Beziehung und nicht das, was jetzt ist.
Wenn ich an Dich denke, wird mir ganz eklig und... es ist als wenn
Du innerlich ganz zerfressen wärst, und wenn ich Dich warm und*

*liebevoll umarme, stürzen Deine Mauern, die nur noch Fassaden
sind, ein... Du bist eine Variation auf Dorian Gray, nur bei Dir
passiert es innen... Du bist wie Bakterien, die nicht bei Wärme und
Liebe... und wirklichem Interesse leben können. Ich habe zu teuer
dafür bezahlt, daß ich so getan habe als hätte ich eine Mutter... ich
habe keine... und ich werde meine Tochter nicht auf Deinem Altar
opfern.*

Sie keuchte vor Qual und Wut, und es dauerte eine Weile, bis sie
weiterlesen konnte und ich fähig war, mehr zu hören. Der zweite
Brief war eine spöttische, bewußt grausame Parodie auf all die
leeren Antworten, die ihre Mutter je gegeben hatte. Sie begann mit
nervtötendem, näselndem Greinen vorzulesen:

Liebe Willo!
*Dein letzter Brief hat mich sehr aufgeregt. Wenn Du etwas älter
bist, Willo Ann, dann wirst Du sicher die Dinge, die ich tue, besser
verstehen. Es ist nicht so einfach, wie ihr jungen Leute glauben
wollt. Wenn Deine Kinder älter sind, wirst Du sehen, wie es
wirklich ist. Bill und ich sind am Wochenende zum Boot runterge-
fahren... Ich hatte einen Schokoladenkuchen und sechzig Dutzend
Kekse gebacken. Einen Teil davon habe ich in kleinen Tüten
eingefroren, so daß ich immer ein Dutzend herausnehmen kann,
wenn ich welche brauche. Wir haben einen neuen Kühlschrank für
das Boot gekauft, er ist wunderbar. Wir können jetzt für das ganze
Wochenende genug zu essen mitnehmen. In der Nacht sind wir
rausgefahren, um uns die Hafenlichter anzusehen. Bill nimmt sich
im August frei, damit wir eine Kreuzfahrt machen können. Er hat
dieses Jahr sehr schwer gearbeitet und braucht wirklich Erholung.
Wir haben jeden Abend, wenn er nach Hause kam, im Garten
gearbeitet und versucht, ihn wieder in Schuß zu bringen. Er war so
verkommen, weil wir so wenig Regen hatten.*
*Ich habe Dir ja schon erzählt, wir haben das ganze Haus neu
anstreichen lassen. Es war aber auch wirklich nötig. Es sah doch
schrecklich aus. Ich habe im Gästezimmer wunderschöne Raffgar-
dinen aufgehängt... das war alles sehr teuer, und die Anstreicher
arbeiten ja so langsam. Ich hätte es selbst schneller gemacht und
wahrscheinlich besser, aber ich habe einfach nicht mehr die Energie. Na, jedenfalls ist es schön, daß es gemacht worden ist.*
*Wir hören gar nichts mehr von Deinem Bruder. Ich glaube er ist
immer noch in Maine.*
Ich habe ein neues Rezept für getürkten Türkischen Honig gefun-

den. Einfach toll, sage ich Dir. Wenn ich das Rezept finde, schicke
ich es Dir. Es geht ganz schnell, und man kann ihn dann einfrieren.
Gleich muß ich wieder in die Schule. Das ist nicht gerade eine
schöne Aussicht. Die Kinder sind anders geworden. Die Stadt ist
nicht mehr so wie früher. Sie kommen nicht mehr aus den netten
Familien wie früher. Viele Mexikaner und Farbige. Wenn sie mich
nur für Hauswirtschaft nehmen würden! Das ist ganz einfach, weil
ich es schon mal gemacht habe, dann noch mal ein paar Jahre
drangehängt, und ich kann mich zurückziehen.
So, grüß die Kinder von mir.

Alles Liebe
Mutter

Willo und ich lachten und kicherten in der neu entdeckten Vertraut-
heit einer Verschwörung nichtsnutziger Kinder. Nachdem wir
unseren Rachedurst gestillt hatten, gingen wir zum dritten Phanta-
siebrief über, zu der Antwort, auf die sie immer gehofft hatte, die nie
kam, und ohne die sie auch in Zukunft würde auskommen müssen.
Diesen Brief las sie mit weicher, leiser Zärtlichkeit in der Stimme:

Liebe Willo,
ich war sehr traurig über Deinen Brief. Du hast so vieles geschrie-
ben was ich weiß, aber vor mir selbst zu verbergen versucht habe.
Ich weiß, daß ich keine besonders gute Mutter war . . . ich kann nicht
einmal behaupten, daß ich mich sehr darum bemüht habe. Mein
Leben war meist so voller Angst und Beklemmung, und ich war
eigentlich nicht reif genug, um Mutter oder auch nur Ehefrau zu
sein. Ich glaube, ich habe nur wiederholt, was meine Mutter tat und
erlebte; aber irgendwer muß diesen Kreislauf ja mal anhalten. Es
tut mir leid, daß ich es nicht sein konnte. Ich freue mich, daß Du für
Dich etwas Echtes zu finden versuchst . . . ich habe Angst, daß es für
mich zu spät sein könnte. Ich bin an einen Beruf und an eine Ehe
gebunden, die mich nicht befriedigen, aber mir wenigstens mate-
rielle Sicherheit geben. Ich klammere mich an Dinge, weil ich den
Schrecken, einmal arm, alt, häßlich, dumm und allein zu sein vor
Augen habe.
Du warst ein so niedliches kleines Mädchen; schade, daß ich nicht
fähig war, mich für Dich zu freuen, als Du klein warst! Deine
Tochter erinnert mich so sehr daran wie Du warst. Du mußt diese
Zeit richtig würdigen; sie kommt nie wieder, ich weiß es.
Die jungen Leute sind heute besser dran. Sie haben so viele
Möglichkeiten, die für mich damals gar nicht denkbar waren.

*Vielleicht rationalisiere ich aber auch nur, warum ich nicht besser
auf mein Leben aufgepaßt und etwas Vernünftiges daraus gemacht
habe. Du hast recht, ich habe mich an die falschen Dinge verkauft.
In mancher Hinsicht war mein Leben so starr, weil ich es nicht
einfach geschehen ließ; ich habe die Situation immer manipuliert.
Das läßt mich nun mit einem sehr leeren, sehr einsamen Leben
zurück. Wie seltsam, alles was ich gefürchtet habe, ist wirklich
eingetroffen.*
Ich hoffe, daß es noch nicht zu spät ist.

In Liebe
Mutter

Wir weinten beide. Ich dankte ihr, daß sie mich so nahe hatte
kommen lassen und mich so viel gelehrt hatte.

Als Willo im Laufe der Therapie ihre eigenen Wünsche kennen und
schätzen lernte, wagte sie es mehr und mehr, sich zu öffnen und ihre
tödliche Sicherheit aufzugeben: sie griff nach ihrer Freiheit. Wie
freute sie sich über die warme Aufnahme bei einer Schwestern-
schaft mitfühlender Pilger! Als ihre beachtliche kreative Phantasie
aufblühte, war einer der Wege, auf denen sie ihr Recht geltend
machte, ihr Streben nach einer eigenen Karriere. Das folgende
Stück ist Teil einer *Absichtserklärung*, ein Essay, den sie für das
Graduierten-Studienprogramm verfassen mußte, für das sie sich
bewarb:

*Ich habe den Grad eines Bachelor of Arts erhalten, indem ich die
richtige Anzahl Marken auf Abschriften geklebt und sie an ein
staatlich anerkanntes Institut geschickt habe, welches mir darauf-
hin den Titel zuerkannte. Das war eine Erfahrung von Sinnlosigkeit, Richtungslosigkeit und Endgültigkeit. Wenn ich mich an Sie
wende, um als graduierte Studentin zugelassen zu werden, bitte ich
damit gleichzeitig um blindes Vertrauen. Als Weberin improvisiere
ich gern, gebe nur die Kette vor und lasse das Muster sich selbst aus
der dynamischen Spannung zwischen den Fäden entwickeln. Ich
glaube, daß in der Umgebung, die dieses Studienprogramm bietet,
zwischen meinem intellektuellen und meinem emotionalen
Wachstum diese dynamische Spannung entstehen wird, und daß
ich, WILLO, wirklich meine eigene These sein werde.*
*Ich will den Essay damit anfangen, wovon ich fühle, daß es mich am
meisten behindern wird, denn der Sinn meiner Absichtserklärung
ist es, das Gefühl meiner Unzulänglichkeit als Frau zu überwinden,
um dadurch ein System zu entwickeln, in dem ich anderen helfen
kann, dasselbe zu erreichen.*

Mein Handicap hat seine Wurzeln in der Gesellschaftsstruktur, aber für meine persönliche Entwicklung fängt es mit meinem Namen, Willo, an. Die Leute fragen mich oft, wie ich zu diesem schönen und ungewöhnlichen Namen gekommen bin. Jahrelang hatte ich dann immer eine schlagfertige Antwort zur Hand: »Ich sollte der erste Sohn meines Vaters werden; als ich ankam mußten sie sich für Willis jr. etwas neues einfallen lassen.« Meine Eltern hätten diesen Namen in ein weibliches Willa umwandeln können, aber sie haben ihn zu Willo neutralisiert. Ich brauchte Jahre, um die Ironie und die Wut in dieser so leicht hingeworfenen Anekdote zu erfahren. So viele Jahre habe ich mich als der »geschlechtslose Sohn« eines emotional impotenten Vaters herumgequält. Aus nagendem Selbsthaß wütete ich gegen andere. Ich habe mich selbst auf jede Art herabgesetzt, weil meine Eltern und die Gesellschaft mir zeigten, was ich als Frau wert war, und weil ich mich selbst als Zweiter-Klasse-Mann sah.

Meine Kühnheit, mich für dieses neue Studienprogramm zu bewerben, läßt mich erkennen, daß ich begonnen habe, mich aus dem Morast der Unzulänglichkeits- und Wertlosigkeitsgefühle selbst herauszuziehen. Mir ist inzwischen klar geworden, daß der Schmerz, den ich habe und auch weiterhin werde ertragen müssen, um mich selbst lieben zu lernen, mein größter Vorteil sein wird.

Der besondere Wert, der an Ihrem Institut auf die symbiotischen Grundannahmen gelegt wird, »daß Individuen nicht losgelöst von dem sozialen Kontext, in dem sie leben, verstanden werden können, und daß das Verständnis sozialer Strukturen und Prozesse teilweise von der Kenntnis der Persönlichkeitsdynamik abhängt«, ist für mich entscheidend. Ich fühle, daß ich den »wesenhaften Kern« der Psychologie begreifen muß, um daraus die Mythen zu destillieren, durch welche die Frauen innerlich versklavt und eingeengt werden. Mein Studium wird eine Odyssee der Selbsterkenntnis und Selbstannahme sein. Ich möchte diese Erkenntnisse später in der Therapie anwenden, mit Frauen und Männern, einzeln und in Gruppen zusammenarbeiten und jedem von ihnen helfen, sich mit seinem eigenen besonderen Dilemma auseinanderzusetzen.

3. Die Geschichte vom unzufriedenen Schüler

Siddharta[1] ist Hermann Hesses lyrischer Roman, seine poetische Nacherzählung einer der Legenden von der geistigen Wanderung des Buddha. Das Sanskrit-Wort *Siddharta* bedeutet »Der sein Ziel erreicht hat«. Es ist der Eigenname Gotamas, des letzten der Buddhas. Hesse sagt uns, daß seine Erzählung von Siddhartas Pilgerschaft auch seine eigene Geschichte ist: »All diese Geschichten handelten von mir, reflektierten meinen eigenen Weg, meine geheimen Träume und Wünsche, die Bitterkeit meines Schmerzes.«[2]

Die Erzählung beginnt damit, daß Siddharta, der schöne Sohn eines Brahmanen, merkt, daß er zwar alle anderen glücklich macht, aber selbst nicht glücklich ist. Er hat viel Zeit mit Kontemplation, Meditation und mit dem schweigenden Aussprechen des Om verbracht. Er hat all das gelernt, was sein Vater und die weisen Brahmanenlehrer ihm beigebracht haben, und doch ist sein Inneres »nicht voll, der Geist ... nicht begnügt, die Seele nicht ruhig, das Herz nicht gestillt.«[3] Er ist rastlos und unzufrieden, sein *Wissen* über das Atman (das universelle Bewußtsein) befriedigt ihn nicht. Er möchte das Atman *erleben* und sieht, daß man »den Urquell im eigenen Ich«[4] finden muß.

Er und sein Vater ringen mit dem Zorn und der Sorge der Trennung, als Siddharta beschließt, mit den Samanas, den wandernden asketischen Suchern, in den Wald zu ziehen. Diese seltsamen, sich selbst verleugnenden Pilger sind »dürre, erloschene Männer, nicht alt noch jung, mit staubigen und blutigen Schultern, nahezu nackt, von der Sonne versengt, von Einsamkeit umgeben, fremd und feind der Welt, Fremdlinge und hagere Schakale im Reich der Menschen«.[5] Govinda, der Freund, der ihn liebt, sein Schatten, begleitet ihn auf seine Pilgerschaft.

Enttäuscht von seiner intellektuellen Suche ergibt er sich für zwei Jahre dem Yoga und der Askese, entsagt der Welt seiner Sinne für ein Leben in Schmerz, Preisgabe und Fasten. Er will »leer werden«, den Zustand erreichen, in dem »alles Ich überwunden und gestorben«[6] ist. Er tötet die Erinnerung und die Sinne und lernt dadurch, das Ich loszuwerden, merkt aber bald, daß es immer wieder zurückkehrt. Govinda leidet und bettelt mit ihm.

Siddhartas Entmutigung wächst, daß dieses vorübergehende Entkommen ihm jemals die Stille des Nirwana einbringen wird. Er fühlt, daß er nur Tricks gelernt hat, mit denen er sich selbst betrügt. Er erzählt Govinda, daß er viel Zeit an eine Lektion gewendet und sie doch immer noch nicht ganz gelernt hat: »Daß man nichts lernen kann.«[7]

Als er hört, daß ein erhabener Buddha erschienen ist, der durch die Gegend zieht und seinen Schülern predigt, beschließt Siddharta, nach diesem weisen Mann zu suchen; Govinda geht mit ihm. Sie verlassen den Wald und reisen, bis sie den Buddha im gelben Gewand im Hain von Jetavana finden. Dort lauschen sie den Lehren des heiligen Mannes, und Govinda, der von Bewunderung erfüllt ist, beschließt, sein Schüler zu werden. Sie trennen sich, denn Siddharta hat sich dafür entschieden, »alles Lehren und alle Lehrer zu verlassen und allein mein Ziel zu erreichen oder zu sterben.«[8] Als er bei den Samanas nach dem Atman suchte, hatte er vor dem Ich zu fliehen versucht und gelernt, daß er das Ich statt dessen entdecken und kennenlernen muß. Mitten in der Suche nach einem Lehrer hatte er »das beruhigende Geheimnis entdeckt, daß ein Lehrer nicht nötig ist.«[9] Auch der Psychotherapie-Patient muß zu dieser schweren Einsicht kommen, daß er den Therapeuten *nicht* braucht. Die wichtigsten Dinge, die ein Mensch lernen muß, kann kein anderer ihm beibringen. Wenn er diese Enttäuschung hinnimmt, kann er sich aus seiner Abhängigkeit von dem Therapeuten oder Guru befreien, der sich letztlich auch nur als ein weiterer kämpfender Mensch erweist. Illusionen sterben langsam, und es ist schwer, sich an die Einsicht zu halten, daß ein erwachsener Mensch niemandes Schüler sein kann. Diese Entdeckung bezeichnet nicht das Ende des Suchens, sondern einen neuen Anfang.

So läßt Siddharta also den Hain (und seine Jugend) hinter sich zurück und fühlt, daß er jetzt ein Mann ist. Er weiß, daß er das Rätsel Siddharta nur lösen kann, wenn er sein eigener Lehrer wird. Er ist wie jemand, der aufgewacht ist und nun mit allen Sinnen die Schönheit der Welt aufnimmt, die er vor kurzem noch eine »Illusion« genannt hat. Er würde ein neues Leben gewinnen; er brauchte nur zu wählen.

Siddharta schaut und hört, er schmeckt und riecht und berührt die Welt. Jetzt ist er gegenwärtig und gehört zu ihr. Er sehnt sich nach neuen Erfahrungen und reist deshalb nach Sansara, einer großen, geschäftigen Stadt. Dort findet er Kamala, eine schöne Courtisane, und bittet sie, ihn in der Liebeskunst zu unterweisen. Sie weist ihn jedoch zurück, denn er hat weder Kleider noch Schuhe noch Geld. Als er ihr droht, er könne sich ebenso gut mit Gewalt nehmen, was er haben will, erwidert sie, daß er sie so wenig um Liebe berauben kann wie sie ihn um die Weisheit des Samana. Beides muß freiwillig gegeben werden, sonst wird man »keinen Tropfen Süßigkeit«[10] davon haben.

Wo soll er das verlangte Geld hernehmen? Alles was er kann ist Denken, Warten und Fasten; keines von diesen ist verkäuflich. Dann fällt ihm ein, daß er ja dichten kann, und er bietet ihr diese Verse als Preis für ihre Dienste an:

> In ihren schattigen Hain trat die schöne Kamala,
> An Haines Eingang stand der braune Samana.
> Tief, da er die Lotosblüte erblickte,
> Beugte sich jener, lächelnd dankte Kamala.
> Lieblicher, dachte der Jüngling, als Göttern zu opfern,
> Lieblicher ist es, zu opfern der schönen Kamala.[11]

Kamala ist entzückt, und zum Dank lehrt sie ihn die vielfältigen Freuden der Liebe. Sie sind glücklich miteinander, denn sie zeigt ihm, »daß man Lust nicht nehmen kann, ohne Lust zu geben.«[12] Sie führt ihn bei dem reichen Kaufmann Kamaswami ein, und die beiden unterrichten den jungen Pilger über den Gang der Welt, über das Geld und das Fleisch. Er bleibt und erfreut sich an seinem wachsenden Reichtum und der Vielfalt der sinnlichen Freuden. Eingeschläfert von einem Leben im Überfluß vergißt Siddharta seine Suche. Dann, eines Morgens, nach einer schlaflosen Nacht endlich in einen kurzen, betäubungsähnlichen Schlaf gefallen, hat er einen Traum:

Kamala besaß in einem goldenen Käfig einen kleinen seltenen Singvogel. Von diesem Vogel träumte er. Er träumte: dieser Vogel war stumm geworden, der sonst stets in der Morgenstunde sang, und da dies ihm auffiel, trat er vor den Käfig und blickte hinein, da war der Vogel tot und lag steif am Boden. Er nahm ihn heraus, wog ihn einen Augenblick in der Hand und warf ihn dann weg, auf die Gasse hinaus, und im gleichen Augenblick erschrak er furchtbar, und das Herz tat ihm weh, so, als habe er mit diesem toten Vogel allen Wert und alles Gute von sich geworfen.[13]

Psychotherapie-Patienten lernen auch bald, sich von ihren nächtlichen Visionen leiten zu lassen, wenn sie entdecken, daß wir oft weiser sind, wenn wir träumen, als wenn wir wach sind. Weil die Traumerfahrung nicht durch die »Hure Vernunft« beeinträchtigt ist, und der Träumende nicht durch das sonst immer gegenwärtige

Wissen um die Ansichten und Erwartungen anderer Leute abgelenkt wird, sehen wir manchmal am klarsten, wenn die Augen geschlossen sind. Ich ermuntere meine Patienten, mehr zu träumen, sich ihre Träume zu merken und ihre Erfahrungen mit mir zu teilen. Um das zu erreichen, berichte ich ihnen meine eigenen Träume, besonders solche, in denen sie vorkommen. Wenn der Patient meine Einladung zu solch einem Dialog der Mitternachtsträumerei annimmt, geraten wir manchmal in eine Serie von einander antwortenden Träumen. Wir finden heraus, daß jeder jeweils einen Traum hat, der sich auf die letzte mitgeteilte Erfahrung des anderen bezieht, und so geben wir uns wechselseitig Anstöße und Antworten.

Bei diesem Austausch fürchten sich die Patienten am meisten vor Alpträumen. Es fällt ihnen schwer, zu akzeptieren, *daß Nachtmare einfach Träume sind, die wir nicht zu Ende träumen, weil sie uns zu sehr erschrecken.* Wir geraten in Panik. Die Angst, mit etwas zusammenzustoßen, das uns mehr entsetzt, als wir ertragen können, läßt uns ins Aufwachen fliehen, immer noch verfolgt von den schrecklichen Alptraumgefühlen. Es ist wie ein »bad trip« mit LSD, bei dem man kaum mit etwas Entsetzlichem in einem selbst tatsächlich zusammenstößt, sondern vielmehr in panischer Angst »vor allem, was einem in der aufgebrochenen Tiefe der Seele begegnen mag«[14] zu fliehen versucht. Ich fordere meine Patienten auf, ihre Alpträume während der Sitzung in Phantasietrips weiter zu führen. Einige lernen dabei, sie in der Nacht vollständiger nachzuträumen, und dabei finden sie Erleichterung und Erfüllung in ihren früheren Nachtmaren.

Durch seinen Traum wird Siddharta klar, daß der Weg des Überflusses und der Sinnlichkeit genauso läppisch ist wie der Weg des Verzichts. Habgier und Spiel haben ihn besessen, ohne ihn zu erfüllen. Und was Kamala angeht: »Körperliche Liebe ist eine Kunst, und Kunst ist Spiel; jedes Spiel ist gefährlich, denn man vergißt früher oder später, daß es ein Spiel ist.«[15]

Siddharta stiehlt sich aus der Stadt, ohne jemandem etwas davon mitzuteilen. Als Kamala merkt, daß er verschwunden ist, weint sie, weil sie sieht, daß er ein heimatloser Pilger geblieben ist. Sie geht zu ihrem goldenen Käfig, öffnet ihn und läßt ihren seltenen Singvogel frei. Siddharta ist gegangen, ohne zu wissen, daß sie von ihm schwanger ist.

Nachdem er die Stadt hinter sich gelassen hat, wandert er ziellos durch den Wald. Müde und hungrig erreicht er einen Fluß. Er ist verzweifelt, weiß nicht was er tun soll und will ins Wasser gehen,

um zu sterben. Da regt sich plötzlich sein altes Ich in ihm, »zuckt …
aus entlegenen Bezirken seiner Seele, aus Vergangenheiten seines
ermüdeten Lebens her ein Klang … das heilige Om.«[16] Er sieht, daß
es töricht ist, Frieden durch Zerstörung des Körpers zu finden,
versucht die innere Vollendung des schweigend gesprochenen Om
zu erreichen und fällt in den erfrischenden, traumlosen Schlaf der
Erleuchtung.

Als er aufwacht, sieht er einen in gelbe Gewänder gehüllten Mönch
mit rasiertem Kopf, seinen alten Freund Govinda. Govinda kann
nicht glauben, daß jemand, der so vornehm gekleidet ist wie
Siddharta, sich auf Pilgerschaft befinden kann. Siddharta versucht
ihm zu erklären, daß er seinen Reichtum verloren hat, aber Govinda
zweifelt an seinen Worten und zieht allein weiter. Der wohlgeklei-
dete Pilger denkt über seine Lage nach und bemerkt, daß er sein
weltliches Ich ebenso verloren hat wie vor langer Zeit sein asketi-
sches. Jetzt hat er gar nichts mehr! Er weiß nichts! Er hat nichts
gelernt! Er ist nicht mehr jung und muß doch wieder anfangen wie
ein Kind. Aber anstatt sich darüber zu grämen, fühlt er
*großen Anreiz zum Lachen, zum Lachen über sich, zum Lachen
über diese seltsame, törichte Welt.*

*»Abwärts geht es mit dir!« sagte er zu sich selber und lachte dazu,
und wie er es sagte, fiel sein Blick auf den Fluß, und auch den Fluß
sah er abwärts gehen, immer abwärts wandern, und dabei singen
und fröhlich sein.*[17]

Er ist wieder ein fröhliches Kind; das Lachen ist der Klang der
Freiheit. Siddharta »*kennt* jetzt nicht nur die Übel des weltlichen
Daseins, er *versteht* sie«[18], und deshalb ist er frei von ihnen. Sein
unbedeutendes, stolzes Ich ist gestorben; er ist es endlich los.
Siddharta der Brahmane ist tot. Siddharta der Samana ist tot.
Siddharta der verworfene Sinnenmensch ist tot. Siddharta lebt!

Er beschließt, an dem schönen Fluß zu bleiben und von ihm zu
lernen. Vaseduva, der weise Fährmann, wird sein Freund und hilft
ihm, die Geheimnisse des Flusses zu verstehen. Den Wert des
Suchens in der Tiefe kennt Siddharta schon; jetzt erfährt er auch,
daß der Fluß überall zugleich ist, im Gebirge, in der Ebene, im Meer.
Er lehrt, »daß es keine Zeit gibt«.[19] Auch Siddharta der Junge,
Siddharta der Jüngling und Siddharta der Mann sind »nur durch
Schatten getrennt, nicht durch Wirkliches.«[20] So ist es auch mit
Leben und Tod: »Nichts war, nichts wird sein, alles ist, alles hat
Wesen und Gegenwart.«[21]

Dieses Verstehen erleichtert ihn; er lernt es, sich zu öffnen, dem
Fluß zuzuhören und seine vielen Stimmen wahrzunehmen. Er hört

darin die Stimmen aller Lebewesen, und als er alle diese Zehntausende Stimmen gleichzeitig hören kann, ist es wie der Klang des Om. Er »erfährt die Totalität und Simultaneität alles Seins – des menschlichen wie des der übrigen Natur.«[22]

Siddharta und Vaseduva leben als Heilige am Ufer des Flusses. Andere Pilger kommen und erzählen ihre Geschichten; mancher findet Erleuchtung, als er lernt, still zu sein und dem Fluß zu lauschen.

Jahre vergehen, und eines Tages kommen viele Pilger vorbei: sie sind auf dem Weg zum Buddha, der im Sterben liegt. Unter ihnen ist auch Kamala, jetzt eine alternde Courtisane. Sie bringt Siddhartas Sohn mit und stirbt am Ufer des Flusses durch einen Schlangenbiß. Nun sorgt Siddharta für den Jungen, der sich als seine letzte Prüfung erweist. Er ist ein verdorbenes Stadtkind und will nichts als weg von dem ruhigen Leben am Fluß. Der vergrämte Junge wird verzweifelt wichtig für Siddharta, genau so wie *er* es für seinen Vater war; er möchte ihn nicht an Sansara verlieren. Der Fluß lacht; er weiß, daß jeder nach Sansara muß. Erst als der Junge gegen seine Autorität revoltiert, »erkennt der Vater, daß die Trennung unvermeidlich ist und er seinen Sohn dem verderblichen Einfluß der Welt überlassen muß.«[23] Der Junge geht, und Siddharta ist voll schmerzlicher Sehnsucht.

Aber nach einiger Zeit lernt er, mit den Dingen zu leben, so wie sie sind; er lebt am Fluß und setzt andere Pilger über. Weisheit ist »nichts als eine Bereitschaft der Seele, eine Fähigkeit, eine geheime Kunst, jeden Augenblick, mitten im Leben, den Gedanken der Einheit denken, die Einheit fühlen und einatmen zu können.«[24] Er und Vaseduva hören weiter dem Fluß zu, und Siddharta hört die Stimmen seiner Jugend, von all den Leuten, die ihm nahe waren, und jetzt verloren sind. Er hört die Stimmen, wie sie zum Meer fließen, sieht, wie das Wasser des Flusses zu Dampf wird, in den Himmel aufsteigt und wieder fällt als Regen und Tau. Er sieht, daß kein Ding und kein Mensch verloren ist, er hört das Om als die vollkommene Einheit aller Dinge. Vaseduva geht in die Wälder, um zu sterben, und Siddharta betrauert ihn nicht.

Sein alter Freund Govinda kommt noch einmal vorüber. Er befragt Siddharta über seine Erleuchtung und ist sehr verwirrt, als sein Freund behauptet, alles was er weiß, von einer schönen Dirne, einem reichen Kaufmann, einem Würfelspieler, einem Fährmann und vom Fluß erfahren zu haben. Govinda bittet ihn, ihm eine Weisheit mitzugeben, aber Siddharta entgegnet: »Weisheit ist nicht mitteilbar. Weisheit, welche ein Weiser mitzuteilen versucht, klingt immer wie Narrheit.«[25] Es gibt nichts zu sagen, denn die Unterschiede zwischen den Dingen sind Illusion. »Wahrheit kann nicht gelehrt werden ... [denn] das Paradox der Paradoxe [ist], daß von jeder Wahrheit das Gegenteil ebenso wahr ist.«[26]

Govinda beugt sich vor, um seinen Freund zu küssen, und sieht in dessen Gesicht einen ununterbrochenen Strom anderer Gesichter, Gesichter anderer Menschen, von Tieren und Dingen. Er sieht, daß Siddharta die Buddhaschaft erreicht hat, denn sein Lächeln erinnert ihn an alles, »was er in seinem Leben jemals geliebt hatte, was jemals in seinem Leben ihm wert und heilig gewesen war.«[27]

Bevor Siddharta entdecken konnte, daß er keinen Lehrer brauchte, mußte sich erst sein Verlangen nach anderen, die ihn führen und für sein Leben verantwortlich sind, erschöpfen. So ergeht es auch dem Patienten in der Psychotherapie und jedem von uns. Wir wollen uns mit der Mehrdeutigkeit, Unlösbarkeit und Unentrinnbarkeit des Lebens nicht abfinden; wir suchen nach Sicherheit und verlangen, daß jemand anderes sie uns geben muß. Starrköpfig und verbissen suchen wir den weisen Mann, den Zauberer, die guten Eltern, irgendjemanden, der uns den Weg zeigt. *Jemand* muß es doch wissen! Es kann doch wohl nicht wahr sein, daß das Leben nur das ist, was es zu sein scheint, daß es keinen tieferen Sinn gibt, daß das hier einfach alles ist. Das ist nicht fair, das reicht nicht! Wir können das Leben nicht einfach so leben wie es ist, ohne Rückendeckung, ohne was Besonderes zu sein und sogar ohne ein paar beruhigende Erklärungen; das halten wir einfach nicht aus! Los, mach schon! Komm rüber damit! Du mußt uns irgendwas geben, sonst läuft der Laden nicht. Die Medizin schmeckt lausig. Sollen wir die etwa schlucken, nur weil es das einzige ist was wir tun *können*? Versprich uns doch wenigstens, daß wir sie nur einmal nehmen müssen, daß sie nicht gar so scheußlich schmeckt, daß wir uns danach gleich prächtig fühlen, und daß wir dann froh sind, sie genommen zu haben. Nein? Na gut, dann gib uns wenigstens einen Lolli, weil wir so brav sind.

Aber was, wenn wir nur zu uns selbst sprechen? Wenn keiner da ist, der zuhört? Wenn für jeden von uns der einzige Weise, der einzige Zauberer, der einzige gute Vater, die einzige gute Mutter unser eigenes, hilfloses, verletztes Ich ist? Was dann?

Siddhartas Kampf ist wie die erste Phase der Behandlung für jenen anderen geistigen Pilger, den Psychotherapie-Patienten. Er will es partout so haben, daß ich (als sein Therapeut) größer, stärker und weiser bin als er. Ich soll ihn retten, unterrichten und ihm beibringen wie er leben muß. Gott steh mir bei, wenn ich das versuche. Er wird mir zu verstehen geben, daß meine Bemühungen auf die Dauer nicht ausreichen, daß er nicht zufrieden ist. Sein Unmut wird sich als Rache gegen den Elternteil erweisen, der ihm früher nicht alles gegeben hat was er wollte, der sich nicht um ihn gekümmert hat, ganz und für immer. Jetzt bekomme ich meine Strafe dafür, daß ich versucht habe, dieser gute Vater (diese gute Mutter) zu sein, und mit zuwenig komme und zu spät. Wo war ich, als er mich am meisten brauchte? Jetzt soll ich mich genauso hilflos und ungenügend fühlen, wie er sich selbst gefühlt hat.

Ich habe – natürlich – versucht, meine eigene Einsamkeit und Hilflosigkeit dadurch zu kurieren, daß ich Psychotherapeut wurde. Wenn ich den guten Vater schon nicht *haben* kann, dann will ich wenigstens selbst einer *sein*. Wenn ich hungrig bin, kann ich das Kind in mir füttern, indem ich meinen Schüler/Patienten unterrichte. Aber nur wenn er und ich diesen Schwachsinn überwinden (was uns nicht immer gelingt), kann er neugierig genug werden auf die Möglichkeit, sein eigener Lehrer zu werden, um von seinem Leben, so wie es ist, so viel wie möglich zu haben. Das ist dann auch meine Gelegenheit aufzugeben, ihm etwas beibringen zu wollen. Statt dessen kann ich ihn auf seiner Pilgerschaft begleiten, aber mehr als ein weiterer, erfahrenerer Pilger und nicht als Führer. Wie zwei Kinder, die sich verlaufen haben, sind wir einander dann vielleicht Trost genug, um den Mut nicht zu verlieren, den wir für die Suche nach dem Zuhause brauchen. Für jeden von uns liegt die einzige Hoffnung in seinen eigenen Bemühungen, in der Vervollständigung seiner Geschichte, nicht in der Interpretation des anderen. Ich muß meine eigenen Schritte zurückverfolgen, um nach Hause zu finden. Keines anderen Menschen Weg führt mich da hin.

Wenn Siddharta, der Patient, ich selbst als Therapeut (und du, Leser) einsehen, daß ein Lehrer für das Lernen belanglos ist, dann muß sich jeder sich selbst zuwenden. Aber wir müssen daran denken, daß wir uns nicht in einer Richtung bewegen können, ohne zeitweilig den Verlust einer anderen in Kauf zu nehmen. »Alle Dinge haben im Rücken das Dunkle und streben nach dem Licht.«[28] Das Dunkle im Rücken, muß jeder auf das Licht zugehen, so weit er kann, und dabei alle Teile von sich zurückfordern, die er bis dahin nicht besessen hat. So auch, wenn Siddharta die Grenzen, zuerst seines asketischen und dann seines sinnlichen Ich, herausfindet. Wir können nicht wissen, wieviel gerade genug ist, bevor wir erfahren haben, wieviel mehr als genug ist.

Der Psychotherapie-Patient wird auch aufgefordert, sich selbst nachzugeben, wenn er jemals frei von sich werden will. Man kann sich aus einer Falle erst befreien, nachdem man in sie hineingeraten ist; Überwinden durch Nachgeben ist der einzige Ausweg. Wenn ein Patient sagt, daß er sich festgefahren hat und verwirrt ist und dann mit gutem Willen darum kämpft, frei und klar zu werden, bleibt er nur ständig im Sumpf seines Starrsinns stecken. Hoffnung gibt es nur, wenn er seine Lage zunächst einmal hinnimmt. Nur wenn er sich tief der Erfahrung des Steckengebliebenseins überläßt, kann er den verlorengegangenen Teil von sich, der ihn festhält, zurückverlangen; und nur wenn er den Versuch, sein Denken zu kontrollieren, aufgibt und sich in seine Verwirrung sinken läßt, können die Dinge klar werden. Laotse sagt uns:

> Was du zusammendrücken willst,
> das mußt du erst richtig sich ausdehnen lassen.
> Was du schwächen willst,
> das mußt du erst richtig stark werden lassen.
> Was du vernichten willst,
> das mußt du erst richtig aufblühen lassen.
> Wem du nehmen willst,
> dem mußt du erst richtig geben.
> Das heißt Klarheit über das Unsichtbare.[29]

Siddharta lernt schließlich, still zu sein und auf den Fluß des Lebens zu hören. Patienten lernen, während sie ihre Geschichte erzählen, daß sie sich selbst entdecken können, wenn sie beginnen, sich für die anderen kämpfenden Menschen zu interessieren, mit denen sie in der Welt leben. Die einzige Zeit, wo wir haben können, wonach wir uns sehnen, sind jene Augenblicke, wo wir aufhören, danach zu greifen. Dann ist alles möglich: »*Das Herz des Berufenen ist stille; darum ist er der Spiegel von Himmel und Erde* ...«[30]

4. Die Geschichte einer Suche nach Liebe

Im Mittelalter wußte jeder, daß die Welt im Frühling erschaffen worden war. Deshalb galt der Frühling als die beste Jahreszeit, um etwas zu beginnen und als eine sehr passende Zeit, ein Unternehmen wie die heilige Pilgerfahrt nach Canterbury zu wagen.

Außerdem war es zu Ende des Winters eine Erleichterung, die Dunkelheit und Kälte der Burgen und die eintönige Diät der kalten Jahreszeit hinter sich zu haben.

Wenn milde Schauer im April des Märzens Dürre bis zur Wurzel durchdrungen ... dann drängt es die Menschen, auf Pilgerfahrt zu gehen, und fromme Wanderer wollen fremde Länder sehen und ferne Heiligtümer. In England kommen sie dann aus allen Teilen des Landes nach Canterbury ...[1]

Geoffrey Chaucers *Canterbury-Erzählungen* aus dem 14. Jahrhundert sind das letzte Stück mittelalterlicher Pilgerliteratur, in dem die Pilgerschaft selbst als Rahmenhandlung dient und die einzelnen Erzählungen miteinander verbindet. Neunundzwanzig Pilger und Chaucer selbst brechen in langsamer Gangart auf und reiten an jedem Tag ihrer Drei-Tage-Reise fünfzehn Meilen. Zur Unterhaltung und Belehrung der Übrigen muß jeder unterwegs zwei Geschichten erzählen und auf dem Rückweg zwei andere.

Unter den Pilgern sind viele Arten von Leuten, Vertreter fast aller sozialen Klassen, unter anderem ein Ritter, ein Müller, ein Koch, ein Rechtsgelehrter, ein Schiffshauptmann, eine Nonne, ein Mönch, ebenso wie ein Arzt, ein Bettelmönch, ein Lehnsmann und ein Büttel. Jeder von ihnen erhält Gestalt und Leben durch die erdhafte Perspektive Chaucers und seinen gradlinigen und doch hochentwickelten Realismus. Gastgeber ist ein Wirt, ein Mann, dem nichts Menschliches fremd ist, der »alles genießt und nichts respektiert.«[2] Er entschuldigt sich für seine Angriffe bei den Gebildeten und den Vertretern der Kirche, aber mehr als eine Art von diplomatischer Ironie.

Die einzelnen Personen drücken ihre Abneigung gegen andere oft durch abfällige Geschichten über deren Arbeit und Stellung aus; einige Geschichten entstehen geradezu aus dem Widerstreit zwischen den einzelnen Charakteren. Deshalb spiegelt diese literarische Pilgerschaft die Pilgerschaft des menschlichen Lebens wider. Chaucers »weise, treffsichere und feinfühlige Auswahl alltäglicher Details, gemildert und in Einklang gebracht durch seine menschliche und oft amüsierte Zustimmung, abgeschwächt durch ironische Distanz«[3] lassen seine Gestalten heute noch als lebendig erscheinen. Die einprägsamste dieser Gestalten ist die Frau von Bath. Die lebenslustige Dame Alice hat in ihrem Leben fünf Männer vor den Traualtar geführt, »von ihren zahlreichen Jugendfreundschaften wollen wir hier absehen.« Selbst auf ihrer ersten Pilgerreise nach Canterbury trägt sie scharlachrote Strümpfe, die »fest und stramm« sitzen, »ein Wagenrad von einem Hut«, einen weiten Mantel »um die breiten Hüften«, ein »Kopfgebinde ... von feinstem Stoff« und ein »Sonntagstuch«, das »gut zehn Pfund« wiegt.

Sie ist froh über die Gelegenheit, einmal von Elend und Jammer der Ehe und von den köstlichen Freuden des Bettes erzählen zu können. Für sie ist Erfahrung alles, dem Zölibat kann sie nichts abgewinnen, und die religiösen Sitten der Zeit findet sie irreführend,

Denn wenn Gott die Jungfernschaft befohlen hätte, so hätte er zugleich die Ehe auch verdammt, und wenn es verboten wäre zu säen, woher sollten dann die Jungfern kommen?[5]

Außerdem war die Jungfräulichkeit nur für jene gedacht, die ein vollkommenes Leben führen wollten; sie wird angeraten, nicht befohlen. Was sie betrifft, ist Dame Alice nicht bereit, die Süße und Blüte des Lebens für ein unsinniges Ideal herzugeben. Sie ist immer ein williges Weib gewesen, seit ihrem zwölften Lebensjahr, immer gern bereit, »wenn er meine ›belle chose‹ haben wollte.«[6] Ihre ersten drei Ehemänner (die sie alle betrog) waren alt, als sie jung war, reich zu einer Zeit, als sie arm war. Sie nahm ihr Geld und ihr Land, bemühte sich nicht allzu sehr um ihre Gunst, hatte ihren Spaß und bedachte sie großzügig mit zänkischem Gekeif. Sie war nur lieb und nett zu ihnen, wenn sie sich ihrer Herrschaft unterwarfen.

Sie begrub sie der Reihe nach und heiratete einen Vierten, einen »Wüstling«, der »allen anderen Weibern nachstieg.«[7] Er starb auch, und bei seinem Begräbnis fühlte sie sich von einem jungen Studenten aus Oxford angezogen. Sie heiratete ihn, und diesmal war *sie* es, die älter und reicher war und mißbraucht wurde. Sie war vierzig und er zwanzig, aber er schien sich nicht viel aus Liebe zu machen und las lieber anti-feministische Bücher. Schließlich kam es über seine Mißachtung und Nachlässigkeit zur Schlägerei. Sie warf ihm vor, er wolle sie umbringen, und da bekam er doch Gewissensbisse und gab klein bei. Von da an war sie sanft und freundlich.

Solche ausgesprochenen unlauteren Kämpfe zwischen den Geschlechtern werden in dem schaurig-schönen Langzeitvertrag namens Ehe mit großer Kunstfertigkeit ausgetragen. Trotzdem erscheint mir in unserer gegenwärtigen Kultur die Verpflichtung zu einer lebenslangen monogamen Verbindung noch als die lohnendste Alternative. Sicher, ich möchte auch für die anderen Möglichkeiten offen sein, die von den Sprechern und Sprecherinnen der sexuellen Revolution, der Frauenbefreiung, des gemeinschaftlichen Lebens vorgeschlagen werden, aber ich muß zugeben, daß es mir schwerfällt zu glauben, daß neue Lösungen nicht neue Probleme aufwerfen werden. Ich sehe die lebenslange monogame Ehe als den derzeit besten Schutz gegen Einsamkeit an, als den besten erreichbaren Rahmen, um Kinder aufzuziehen, als den praktikabelsten Vertrag für gegenseitige Hilfe und für Freiheit in einer Welt, die es dem Einzelnen sehr schwer macht, in ihr zurecht zu kommen.

Natürlich ist die Ehe auch einengend, frustrierend und zeitweilig sehr schmerzhaft. An dieser Tatsache wird, glaube ich, deutlich, wie unglaublich schwer es ist, das Zentrum seines eigenen Lebens mit einem anderen, völlig getrennten Individuum zu teilen. Ich bin nicht einmal sicher, ob die Vorteile jemals die Schwierigkeiten klar überwiegen. Aber mit der Ehe ist es so wie mit dem Geldverdienen, es hat wenig Sinn, Soll und Haben nachzurechnen, um herauszufinden, ob man zufrieden ist oder nicht, solange es keine neue Lösungsmöglichkeit gibt. Gewiß, man kann (und manchmal ist es ratsam) eine neue Arbeit, einen neuen Gefährten suchen, aber zur Zeit scheint der Entschluß, dauernd ohne Arbeit und allein zu bleiben, größere Probleme zu erzeugen als er löst.

Viele der Leute, die mich als Psychiater um Hilfe bitten, kommen, weil sie Schwierigkeiten in der Ehe haben. Die Ironie dieser starrsinnigen Kämpfe liegt oft darin, daß einer der Ehepartner sich beklagt, er müsse mit einem Menschen leben, der sich auf eine Weise verhält, die er (oder sie) in der Zeit der Werbung höchst attraktiv gefunden hat. Die Frau zum Beispiel, die einst froh war, einen solchen Partner gefunden zu haben, fühlt sich nun enttäuscht und allein gelassen. Als sie ihm zum erstenmal begegnete, war sie von seiner Beständigkeit, seiner Selbstbeherrschung und Vernünftigkeit angezogen. Es war ebenso klar wie erfreulich für sie, daß er nicht so leicht aus der Bahn zu werfen, ›objektiv‹ in seinen Ansichten und sehr, sehr praktisch war. Bei seiner wohlüberlegten Distanziertheit konnte man offenbar darauf zählen, daß er sie vor ihrer kopflosen Impulsivität schützen und darauf achten würde, daß sie nicht alles durcheinanderbrachte und verdarb. Aber als was für eine schreckliche Enttäuschung erwies er sich dann! Jetzt findet sie, daß er kalt, unnachgiebig und schwerfällig ist; er ignoriert hartnäckig ihre Gefühle, und es macht überhaupt keinen Spaß, in seiner Nähe zu sein.

Diese pejorative Beschreibung von Unzulänglichkeiten, die einmal als Tugenden erschienen waren, ist durchaus nicht auf die weibliche Kampfpartei beschränkt. Ihr Mann hat sich einmal weise und glücklich geschätzt, eine Frau gefunden zu haben, die so lebhaft und frei in ihren Gefühlen, so begeisterungsfähig, herzlich und energiegeladen war. Jetzt hat er die Nase voll. Sie hat überhaupt keinen praktischen Verstand, verlangt Unmögliches, mehr als irgendwer jemals geben kann, und wird völlig irrational, wenn sie nicht bekommt, was sie haben will. Er begegnet diesem Ansturm natürlich zunächst dadurch, daß er versucht, ›vernünftig‹ zu sein, und dann, indem er sich in anhaltendes, gedankenvolles Schweigen zurückzieht. Er begreift nicht, daß seine Distanz sie nicht ruhig macht, und sie kann nicht verstehen, daß er nicht auf ihre Einsamkeit reagiert, die sie durch jammervolles Weinen ausdrückt oder indem sie schreit: »Du tust nichts weiter, als dir deine blöden Ballspiele im Fernsehen anzusehen!« Jeder will seinen Kopf durchsetzen, ohne sich dabei eine Blöße zu geben, aus Angst, er könne als der Nachgebende erscheinen.

Ein Teil dessen, was die Leute in der Ehe suchen, ist ihre eigene zweite Hälfte. Jeder von uns ist in gewisser Weise unvollständig; einige Seiten sind überentwickelt, andere vernachlässigt. Was wir selbst nicht zu haben glauben (zum Beispiel Aggressivität oder Güte, Spontaneität oder Stabilität), suchen wir im anderen. Besonders extrem zeigt sich das in Ehen zwischen Neurotikern, die ein so verdrehtes Bild von sich selbst haben, daß sie sich Partner suchen, die Karikaturen vom anderen Ende des Persönlichkeitsspektrums sind (etwa die schüchterne, gehemmte Frau, die sich einen starken, super-abenteuerlichen Romanhelden von einem Mann aussucht, der seinerseits ein Weibchen haben will, das viel zuviel Angst hat, um ihm Schwierigkeiten machen zu können). Bis zu einem gewissen Grade heiraten wir alle, um unsere eigenen Mängel auszugleichen. Als Kind kann sich niemand allein gegen die Familie und gegen die Gemeinschaft stellen, und unter normalen Umständen befindet er sich nicht in der Position, sich absetzen und sein Leben anderswo aufbauen zu können. Um als Kinder zu überleben, mußten wir in uns all das verstärken, was die, von denen wir abhingen,

64

erfreute, und die Verhaltensweisen verleugnen, die sie nicht akzeptieren konnten. Auf diese Weise wachsen wir, einer mehr, einer weniger, in unproportionierte Gestaltungen dessen hinein, was unser Leben als Mensch sein könnte. Was uns fehlt, suchen wir in denen, die wir uns als Partner wählen, und bekämpfen es dann. Wir heiraten den anderen, weil er (sie) anders ist als wir, und dann klagen wir: »Warum kann er (sie) nicht mehr so wie ich sein?«

Wenn wir jemanden heiraten, der uns ähnlich ist, mögen wohl andere Arten von Unheil daraus entstehen. Zwei verzagte Seelen etwa würden ihre Vorsicht wechselseitig potenzieren und bald überhaupt nicht mehr wagen, irgendetwas Neues auszuprobieren. Ein abenteuerlustiges Paar mag durch eine Eskalation der Verwegenheit in eine Spirale von Katastrophen geraten. Ob es uns paßt oder nicht, gerade die Unterschiede zwischen Ehepartnern sind sowohl die Stärke einer guten Ehe als auch das Risiko einer schlechten.

Wenn ich mit Paaren arbeite, die solche Schwierigkeiten haben, weise ich auf diese Dinge hin und frage beispielsweise den unternehmungslustigen Ehemann: »Was würde eigentlich passieren, wenn Ihre Frau, jedesmal wenn Sie so einen impulsiven Phantasieflug ausspinnen, sagen würde: ›Prima, mach mal!‹?« oder zu der vorsichtigen Frau: »Wo würden Sie wohl hinkommen, wenn Ihre Zweifel auf dieselben Zweifel in Ihrem Mann stoßen würden, wenn Sie dann steckenblieben und nicht mehr angespornt würden weiterzumachen, egal wie groß der Widerwille ist?«

Man kann sich die Ursprünge dieser Kämpfe klarmachen, wenn man davon ausgeht, wie Kinder im Umgang mit ihren Eltern ihre Identität anpassen. Was ich über die Identifikation des kleinen Jungen mit seinen Eltern sagen werde, gilt genau so für die entsprechende Persönlichkeit des Mädchens. Darüber hinaus ist es offenbar keineswegs zwingend, daß sich ein Kind mit dem gleichgeschlechtlichen Elternteil identifiziert.

Diese Variationsmöglichkeiten vorausgesetzt, stellen wir uns nun einmal das stark vereinfachte Beispiel eines Jungen vor, der sich mit einem distanzierten, passiven, allzu beherrschten Vater identifiziert. Seine Mutter neigt zu Aggressivität und dramatischen Gefühlsausbrüchen. Wenn der Junge erwachsen ist, wird er jemanden heiraten, der seiner aggressiven Mutter ähnelt, mit der er sich nicht identifizieren konnte. Bald werden ihm genau die Qualitäten, die ihn angezogen haben, als unterdrückend erscheinen, und er wird darauf bestehen, daß sie mehr so wird wie sein passiver, distanzierter Vater, mit dem er sich identifizierte. Falls sie aber auf seinen

Wunsch einzugehen versucht, wird er sich beklagen, daß sie sich zu wenig ändert oder zu spät oder irgendwie anders, als er es sich vorgestellt hat. Ich habe mich immer gewundert, wieso es so viele Eheschwierigkeiten gibt; jetzt, wo ich mehr über den Starrsinn weiß, mit dem wir alle so gern unseren eigenen Kopf rücksichtslos durchzusetzen versuchen, bin ich eher erstaunt, daß wir bei unserer Suche nach Liebe so oft erfolgreich sind.

Der autobiographische Bericht der Frau von Bath über ihre vielen Ehen ist nur der Prolog zu der Geschichte, die sie ausgewählt hat. Was sie den anderen Pilgern erzählt, ist eine weitere detaillierte Geschichte von einem Kampf um sexuelle Herrschaft bei der Suche nach Liebe, diesmal von Vergewaltigung über Ehe zu ewiger Ergebenheit. In dieser Geschichte »spitzt sich die weltweite Szene der Suche auf das Dilemma des Ehebetts zu.«[8]

Sie beginnt in der guten alten Zeit, als König Arthur regierte, ehe die Elfen und Feen den alles läuternden Bettelmönchen weichen mußten. Einer von König Arthurs jungen Rittern fiel im Wald über ein schönes Mädchen her »und raubte ihr die Unschuld.« Dafür wurde er zum Tod durch das Beil verurteilt. Die Königin und ihre Hofdamen setzten sich für sein Leben ein, und König Arthur war schließlich damit einverstanden, die Königin über das Schicksal des jungen Ritters entscheiden zu lassen.

Sie stellte eine Bedingung, unter der er Verschonung finden konnte, und gab ihm eine Aufgabe, die er in einem Jahr und einem Tag vollbringen mußte:

Ich will dich vor dem Tode bewahren, wenn du mir eine Frage beantworten kannst: »Was ist es, das die Frauen am meisten begehren?«[10]

Konnte er das nicht, dann mußte er sterben!

Fast ein Jahr lang suchte er landauf, landab, klopfte an jede Tür, stellte seine Frage, und erhielt viele, viele Antworten, aber keine schien ihm die richtige zu sein. Was Frauen sich am meisten wünschen, sagte man ihm, ist »Reichtum ... Ehre ... Lustbarkeit ... Putz und Flitter ... Vergnügen im Bett ... oft Witwe sein, um wieder zu heiraten ... wenn man uns schmeichelt ... die Freiheit zu tun, was grad uns einfällt.«[11] Gegen Ende der gesetzten Frist fühlte er sich der geheimen Wahrheit nicht näher als am Anfang.

Als die Zeit fast um war, ritt er niedergeschlagen heimwärts. An einem Waldrand sah er viele Elfen, die auf einer Wiese tanzten. Er hoffte, daß dies eine letzte Gelegenheit war, eine Antwort auf die Frage der Königin zu finden, aber als er näher kam, waren die schönen Tänzerinnen plötzlich verschwunden. An ihrer Stelle saß jetzt nur ein häßliches, altes Weib dort im Gras. Sie fragte, was er denn suche, und er erzählte ihr von seiner Aufgabe. Sie versprach ihm die Antwort zu geben, wenn er schwüre, danach alles zu tun, was sie von ihm verlangte. Er überwand seinen Widerwillen, nahm die Hand der Alten und gab ihr sein Wort. So kam es, daß sie ihm das Geheimnis enthüllte.

Zusammen ritten sie nun zum Hof zurück, wo die Königin ihn fragte, ob er Erfolg gehabt habe und die Antwort wisse. Laut, daß der ganze Hof es hören konnte, sagte er:

Alle Frauen begehren nur eines: Sie wollen herrschen – *über den Gatten und über den Geliebten. Sie wollen das Regiment führen über den Mann.*[12]

Alle Damen waren entzückt über seine Antwort und stimmten überein, daß sein Leben geschont werden sollte.

Jetzt sprang die Alte auf und erzählte von ihrem Vertrag mit dem Ritter. Dann wandte sie sich zu ihm und sagte: »Nehmt mich zur Frau.«[13] Der junge Mann war entsetzt und bat, von seinem Wort entbunden zu werden; er wollte sich lieber irgendeiner anderen Forderung unterwerfen, »Nimm alles, was ich habe, aber laß mich frei«, bat er, aber ach, »man nötigte ihn, die alte Frau zu heiraten.«[14] Auf dem freudlosen Brautbett wand sich der junge Ritter in Qualen, »so weh war ihm ums Herz, daß sein Weib häßlich war und alt.«[15] Die Alte war verletzt, als er ihr sagte, daß er sie nicht ertragen konnte, weil sie so alt und so häßlich und von so niedriger Abkunft war; sie bestand darauf, daß all diese Äußerlichkeiten nicht zählten. Tatsächlich, so erklärte sie ihm weiter, brauchte er sich ja unter diesen Umständen keine Sorgen zu machen, daß sie untreu sein könnte. Immerhin war sie kompromißbereit, wenn es denn sein mußte. Sie stellte ihn vor die Wahl: er konnte sie entweder alt, häßlich und treu haben bis sie starb, oder sie konnte sich in eine hübsche aber treulose junge Frau verwandeln. Er konnte wählen. Das war eine schlimme Wahl; er konnte sich nicht entscheiden. Statt dessen übergab er sich ihrer Herrschaft und überließ ihr die Entscheidung. In dem Augenblick, wo sie wußte, daß sie die Oberhand hatte, verlangte sie von ihm, sie zu küssen, und als er gehorchte, verwandelte sie sich auf einmal in eine schöne junge Frau. Und nicht nur das, sie erbarmte sich seiner und schwor ihm ewige Treue. »Er küßte sie immer wieder, und sie war ihm in allem zu Willen, was ihn glücklich und zufrieden machen konnte.«[16]

Wie die Dame Alice sind viele der heutigen Sucher, jetzt aber auf der Psychotherapie-Pilgerschaft, erfüllt vom Geschlechterkampf. Psychoanalytische Theoretiker deuten die Überfülle sexueller Probleme bei ihren Patienten gern als Ausdruck der ungelösten kindlichen Ambivalenz der Libido (dieser hypothetischen sexuellen Fundamentalenergie, die angeblich die instinkthafte Basis allen Verhaltens ist). Ich habe keine Ahnung, in welchem Ausmaß die Probleme des Geschlechter*kampfs* von Instinkten abhängen; sicher ist jedenfalls, daß dabei auch andere Dinge im Spiel sind. Die längst fällige Literatur über die heutige Frauenbewegung zum Beispiel zeigt die diskriminierende Sexualpolitik auf, die brutale Unterdrückung der Frauen, zeigt, wie die Männer in die Falle der eigenen Machtperversität tappen und welche destruktiven Gegenlisten die Frauen entwickeln mußten.[17] Wenn ein Mann oder eine Frau in einer so repressiven Kultur wie der unseren aufwächst, kann er (sie) vielleicht nicht offen und direkt in bezug auf Sex sein, so wenig wie es irgendeiner von uns in der Beziehung zwischen den Rassen sein kann. Wenn ich als Mann es wage, über solche Gegenstände zu schreiben, darf ich nicht vergessen, daß ich niemals ganz verstehen werde, was es heißt, in unserer Kultur eine Frau zu sein.

Andere Parameter des Geschlechterkampfes sind eher Ausdruck der persönlichen als der sozialen Interaktion. Daß so viel vom menschlichen Lebenskampf in sexuelle Begriffe gefaßt wird, ist ziemlich irreführend (mit »sexuell« meine ich hier die ganze Spannweite der Beziehungen zwischen Mann und Frau, nicht nur die expliziten Freuden des Schlafzimmers). Die Mehrdeutigkeit und die Unsicherheit, die der Versuch, sich als Mann oder als Frau zu erfüllen, mit sich bringt, verbergen manchmal nur die zugrunde liegende Qual, einfach ein Mensch zu sein. Nicht etwa, weil die Sexualität selbst grundsätzlich *problematisch* ist, sind die Kämpfe allgegenwärtig, sondern weil sie Eigenschaften hat, die andere Probleme anziehen, sobald die Leute *sexuelle Lösungen suchen* für die nie endenden Konflikte und Fragwürdigkeiten dieser schweren Last, ein Leben als Mensch zu leben, gleichgültig ob als Mann oder als Frau. Die verwickelte Beziehung zwischen den Geschlechtern ist der Schauplatz versuchter Lösungen, der Anschein, es gäbe Probleme, entsteht aber nur, weil die Lösungen ungeeignet sind. *Sex ist die Arena*, in der ganz andere Probleme ausgetragen werden.

Der erste Faktor, der der Allgegenwart sexueller Konflikte in und zwischen Männern und Frauen zugrunde liegt, ist, daß sexuelles Verlangen bis zu einem gewissen Grade instinktgelenkt und daher *unvermeidlich* ist. Man kann auch sicher sein, es bei jedem anzutreffen.

Der zweite: Sexualität ist ein *verzichtbares* instinktives Bedürfnis. Mit Hunger und Durst zum Beispiel, die jeder notwendigerweise hat, kann man nicht herumpfuschen; sie können nicht lange unterdrückt werden, ohne daß wir uns dabei selbst zerstören; sie sind nicht verformbar und disponierbar wie der Sex. Man stelle sich vor, daß man versucht, den Partner ›hängen zu lassen‹, indem man wochenlang nichts ißt oder trinkt!

Eine dritte, mehr zufällige Eigenschaft, die den Sex zu einer geeigneten Arena zum Ausfechten anderer (nicht sexueller) Konflikte macht, liegt darin, daß er der einzige von Natur aus *interpersonelle* Instinkt ist. Selbst Masturbation hat normalerweise eine interpersonelle Komponente, weil sie Phantasien mit sich bringt (oder fördert), in denen unsere Wünsche nach Beziehungen zu anderen sich erfüllen können. Auf den interpersonellen Charakter der Geschlechtlichkeit ist es zurückzuführen, daß nicht-sexuelle Kämpfe, die im Rahmen der Polarität einer Beziehung entstehen, auf das Gebiet der Sexualität verlagert und dort auch ausgetragen werden. Solche Kämpfe entstehen um Herrschaft und Unterwerfung, Überlegenheit und Abhängigkeit, Drangsalieren und Opferlamm-Spielen, Macht und Hilflosigkeit, Zärtlichkeit und Gewalt.

Der vierte Faktor der Sexualität, der nun all die notwendigen-verzichtbaren-interpersonellen Qualitäten mit voller Wucht in die Arena schleudert, ist ihre *Empfindlichkeit* gegenüber den feinen Veränderungen in Stimmungen, Einstellungen und Verhaltensweisen bei einem selbst und beim Partner. Männer und Frauen sind so leicht »an- und ausgetörnt« durch eine Geste, ein Wort, einen Gesichtsausdruck, daß das sexuelle Wechselspiel ein sehr verführerisches Schlachtfeld für alle Schattierungen unerfüllter Sehnsüchte und unaufgelösten Grolls wird, Gefühle, die in anderen Zusammenhängen entstanden und nicht ursprünglich sexueller Art sind.

Eigensinn, Hartnäckigkeit, Boshaftigkeit und andere kleine Sturheiten, mit denen man die Illusion zu stützen versucht, daß das Unkontrollierbare unter Kontrolle ist, toben in der Beziehung zwischen den Geschlechtern. Die fehlende Bereitschaft, verwundbar und hilflos zu sein, die Kontrolle aufzugeben und zu vertrauen, entwickelt sich zu dem verrückten Versuch, entweder seinen eigenen Kopf durchzusetzen oder, wenn das nicht geht, wenigstens zu verhindern, daß der andere seinen eigenen Weg geht. *Ihren Kopf durchsetzen,* sagt die Dame Alice, ist das, was die Frauen am meisten wollen; aber weiß Gott! genau so oft wollen die Männer es auch.

69

5. Die Geschichte von einem Machtbesessenen

Wenn wir Macbeth[1] zum erstenmal begegnen, kommt er gerade aus einer siegreichen Schlacht im Namen des Königs; ein tapferer, loyaler General im Dienst König Duncans von Schottland, ein zufriedener Diener, seinem Herrn verpflichtet als »Vetter und... Untertan.«[2]

Drei Hexen prophezeien ihm, daß seine Zukunft Beförderung verspricht, daß er eines Tages sogar König sein wird. Das erweckt seinen latenten Machthunger. Einst zufrieden, den Mächtigen zu dienen, erfährt er nun das dunkle, tiefe Verlangen nach Größe, den Ehrgeiz, über anderen Menschen zu stehen. Plötzlich sieht er jeden, der zwischen ihm und dem Thron steht, als ein Hindernis, als einen »Stein, der muß, sonst fall' ich, übersprungen sein, weil er mich hemmt.«[3] Sein Macht-Trip hat begonnen.

Unsicherheit und Unentschlossenheit plagen ihn, aber mit Unterstützung der skrupellosen Gier seiner »geliebtesten Teilnehmerin der Hoheit«[4], Lady Macbeth, bringt er den König schließlich um und versucht, den Mord anderen zuzuschieben. Seine Frau stachelt ihn ständig an, zu tun, was immer nötig ist, um Macht und Größe zu erlangen. Er hätte seinen Lehnsherrn nicht ermordet, aber mit Spott und Hohn trieb sie ihn dazu: »Bist du zu feige, derselbe Mann zu sein in Tat und Mut, der du in Wünschen bist?«[5]

Machtbesessenheit spielt oft auch eine zentrale Rolle bei den inneren Kämpfen von Psychotherapie-Patienten/Pilgern. Der ironische Unterschied besteht darin, daß diese Patienten in die Falle gehen, eine illusorische Form der Macht zu suchen, die sie letztlich nur völlig machtlos zurückläßt. Es ist nicht die »absolute korrumpierende« politische Macht, die ihnen den Hals bricht, sondern eher ein besessener Ehrgeiz, der dem des Macbeth sehr ähnlich ist. Nicht die Macht, die er ausübt, sondern das dämonische, verzehrende Verlangen nach Erhöhung zerfrißt Macbeths Charakter.

Wie Macbeth ist der Neurotiker Teil einer Familienverschwörung gewesen, aber seiner Macht fehlt die Substanz von Macbeths Gewalttätigkeit und ihren realpolitischen Konsequenzen. Die Metapher vom Matador macht diesen Unterschied vielleicht klar. Man stelle sich Macbeth als Stierkämpfer vor, der in der Arena sein Leben

70

aufs Spiel setzt. Außer der Unterstützung durch seinen Picador (Lady Macbeth) hat er nur seine unbarmherzige Entschlossenheit, die Brillanz seiner Arbeit mit der Capa und die Kraft seines Schwertes, das er dem Stier im Augenblick der Wahrheit zwischen Hörner und Nacken stößt. Für den Neurotiker ist es fast gleich: Starrsinnige Entschlossenheit, Familienbeistand, brillantes Ablenkungswedeln mit dem roten Tuch und sein stets kampflustig gezücktes Schwert. Nur ein Unterschied: in der Arena des Neurotikers fehlt der Stier! Wahrscheinlich ringt er mit der *Illusion interpersoneller Macht*, mit der Phantasie, Gewalt über die Gefühle anderer Leute zu haben; aber das ist nur die Attrappe einer Macht, die den ›Herrn‹ zum Knecht macht und dem vermeintlichen ›Opfer‹ die Herrschaft einbringt.

Eine Illustration dieser grausamen und unsinnigen Illusion der Macht über andere ist der kleine Junge, der die falsche Vorstellung hat, er könne sich zum Familienoberhaupt aufschwingen. Wehe dem Jungen, der glaubt, er habe den Kampf des Ödipus gewonnen! Mutter bekräftigt vielleicht, daß er ein besserer Mann werden wird als Vater jemals war, daß er ja tatsächlich schon aufmerksamer, rücksichtsvoller, verantwortungsbewußter und tapferer sei als sein wertloser alter Herr. Vater schließt sich der Verschwörung womöglich an und stützt die Illusion, indem er anscheinend bereit ist, die Versorgung der Mutter dem kleinen Konkurrenten zu überlassen. Dieses geheime Einverständnis der Eltern verleitet den kleinen Prinzen zu glauben, daß seine Macht legalisiert worden ist.

Erst allmählich geht ihm auf, daß seine Position eher eine Sache von furchteinflößenden Verantwortungen als von Freiheit und Privileg ist. Indem er versucht zu lernen, ein Mann zu werden, aber ohne einen starken Vater, der ihm den Weg zeigt, findet er sich in der mißlichen Lage, sich selbst erdichten zu müssen. Er muß Mutters kleiner Mann werden, ohne Gelegenheit zu haben, die beschützende Abhängigkeit eines kleinen Jungen ausleben zu können. Die Krönung war nur fingiert; man hat ihn hereingelegt.

Die zerstörende Wirkung dieses Schwindels wird deutlich, wenn er als Mann in der Praxis erscheint. Er fühlt sich getrieben und erreicht doch irgendwie nie genug. Er ist müde, aber er fühlt sich schuldig, wenn er sich einmal Zeit nimmt, sich von seiner bitteren, zwanghaften Mühsal zu erholen. Wenn er seine Geschichte erzählt, wird ihm klar, daß er in der Familie nicht der Machthaber, sondern nur eine Schachfigur war. Nicht nur hatte er keineswegs die zentrale Gewalt, sondern hat sich auch noch bereitwillig an der Nase herumführen lassen. Doppelt beraubt, um Mutters Pflege und Sorge und von

Vaters starkem Schutz und Vorbild, ist der Prinz nur eine Marionette gewesen.

Seine Eltern fanden zusammen, weil sie sich für einander interessierten; sie liebten sich aus Verlangen nach dieser gemeinsamen Intimität; in der Zeit, als er gezeugt wurde, dachten sie gar nicht an ihn. Auch während der Regierungszeit des kleinen Strohmanns waren sie weiter intim miteinander und leiteten gemeinsam die Familie. Jetzt, wo er erwachsen ist und woanders lebt, bleiben sie zusammen, während er die Machtillusion seiner Kindheit in seine Arbeit und seine Ehe hineinträgt. Mutter schafft es auch ohne ihren Dauphin, und Vater ist immer noch der Verantwortliche. Die Illusion der Macht ließ den Jungen arbeiten, wenn er hätte spielen sollen, sich um Mutter kümmern zu einer Zeit, wo sie sich um ihn hätte kümmern sollen, und sie kostete ihn die stärkende Unterstützung eines sichtbar sich durchsetzenden Vaters.

Macbeth bezahlte natürlich letztlich auch teuer für die kurze Gelegenheit, größer als andere, unerreichbar für ihre Macht und mit sich selbst zufrieden zu sein. Sicher kostete ihn sein eigener Ehrgeiz den Kopf, aber andere spielten mit bei seinem endgültigen Fall. Die drei Hexen gaben ihm zweideutige Prophezeiungen, die er als Garantie verstand, daß seine Macht gesichert sei und er selbst geschützt gegen die Vergeltung der anderen. Seine grausame, ehrgeizige Frau drängte ihn zu Verrat und Mord, ließ ihn aber bald darauf im Stich und starb in Schuld und Verzweiflung. Sein Charakter zerfiel, als er zu immer schlimmeren Verbrechen getrieben wurde, um seinen unsicheren Halt an der göttlichen Allmacht zu festigen, die ihm seine Rechtschaffenheit, seine Freiheit und endlich das Leben kostete.

Auf die eine oder andere Art erweist sich Macht über andere immer als eine kostspielige Bürde. Das Gefühl der eigenen Stärke und damit machen zu können, was man will, läßt einen Menschen Überschwang und Triumph empfinden. Wenn der Bereich, in dem diese Macht sich verwirklichen soll, sich auf die kreativen Möglichkeiten des Ich erstreckt, sind Freude und Erregung wohl angebracht; wenn aber diese Freiheit als *Macht über andere* erfahren wird, gehen beide Parteien in die Falle. Es macht keinen Unterschied, ob die Macht wohlwollend oder zur Ausbeutung benutzt wird, das Ergebnis ist dasselbe.

Wenn ich andere Erwachsene in unserer Beziehung zueinander als schwächer betrachte, ist es gleichgültig, ob sie sich mir als Schützlinge oder als Opfer überlassen. Wenn ich mit ihnen die Illusion eines dieser Herrschaftsverhältnisse anzettle, fangen wir uns selbst in der Falle eines symbiotischen Kuhhandels. Mein Gefühl, Macht über andere zu haben, beschränkt meine Freiheit, meine eigenen Wünsche auszuleben. Ich muß entweder auf meine Schützlinge aufpassen oder mich verbrauchen, indem ich rebellische Sklaven unterdrücke oder mich gegen rachsüchtige Opfer schütze.

Dieses Paradox entsteht für einige schon in frühester Kindheit. Als Kinder sind sie machtlos; sie brauchen Pflege, und sie haben Anspruch darauf. Wenn ein Kind zunächst überleben, dann aber auch zu einem glücklichen, schöpferisch sich selbst verwirklichenden Erwachsenen heranreifen soll, müssen seine Eltern sich um es kümmern. Sein physisches Bedürfnis nach Nahrung, Wärme und Schutz vor Schaden sind die Grundvoraussetzung. Aber dann muß man das Kind auch Situationen erleben lassen, die seine Reifung fördern, es ermuntern, Dinge zu tun, die es schon tun kann, und darauf achten, daß es nicht zu früh zu schwierige Aufgaben angeht.

Die heimtückischste vorzeitige Verantwortung, die man einem Kind aufhalsen kann, ist die Erwartung, daß es für seine Eltern sorgen soll und nicht umgekehrt. Wenn Erwachsene, deren eigene frühe Gefühle zu wenig beachtet worden sind, die daraus folgenden emotionalen Probleme später nicht aufarbeiten, wünschen sie sich oft eigene Kinder, um von ihnen glücklich gemacht zu werden.

Ich erinnere mich an solch ein schwer beladenes Kind, das als Erwachsener zu mir in die Behandlung kam. Sie klagte, daß sie chronisch deprimiert, manchmal auch übernervös sei und sich oft der Last und Verantwortung ihres Berufes nicht gewachsen fühlte. Als kleines Kind hatte sie ihren Vater verloren, und ihre Mutter, verdrießlich und nicht bereit, erwachsen zu werden, erwartete von Phyllis, daß sie sie für ihr unbefriedigendes Witwendasein entschädigte, indem sie in allem die Beste war und Mutter stolz auf sie machte.

Lange Zeit wurde Phyllis von dem Gefühl getragen, daß sie sehr wichtig war und die Macht (und die dazugehörige Verpflichtung) hatte, Mutters trostlose Existenz zu erleichtern. Selten spielte sie einmal oder tat etwas nur für sich. Sie führte den Haushalt für die ganz von ihrer Arbeit beanspruchten Mutter, wurde eine hervorragende Studentin für Musik und Tanz und versorgte ihre kleine Schwester.

Wenn etwas zu schwer für sie war, wenn sie sich verwirrt fühlte, oder wenn sie unter Enttäuschungen litt, die alle Kinder erfahren müssen, suchte sie anfangs Trost bei ihrer Mutter. Das trügerische Gefühl, für ihre Mutter, deren Glück ja von ihr abhing, wichtig zu sein, machte sie glauben, daß sie von ihr geliebt würde und Wärme und Sympathie erwarten könnte. Aber wenn sie den Fehler machte, mit ihren Sorgen zu ihr zu gehen, begegnete Mutter Phyllis' Tränen mit ihren eigenen und erklärte ihr, das Wohlergehen ihrer Tochter läge ihr so am Herzen, daß sie nicht ertragen könnte, sie unglücklich zu sehen. Das Ergebnis war jedesmal dasselbe. Phyllis kam zu ihr, flehte um Verständnis und mußte jedesmal am Ende die Mutter trösten.

Schließlich wurde Phyllis lieber ein super-tüchtiges großes Mädchen, als weiterhin der armen Mutter Sorgen zu machen. Sie fühlte sich nur gut, wenn sie etwas erreicht hatte, wovon sie glaubte, daß es Mutter stolz auf sie machen würde. Sie wurde eine strahlende, attraktive Frau, erwarb verschiedene akademische Titel, war eine Kapazität in ihrem Beruf und erhielt eine Stellung, in der sie ein wichtiges Regierungsprojekt zu leiten hatte. Als sie zu mir kam, hatte sie Schwierigkeiten, morgens aufzustehen und zur Arbeit zu gehen, glaubte (ohne objektive Evidenz), ihre Arbeit sei so schwierig, daß sie zum erstenmal versagen und jedermann enttäuschen würde. Auch weinte sie immer öfter, aber damit wollte sie mich nicht behelligen, weil es dafür eigentlich keinen Grund gab. Und noch etwas: sie hatte den reizenden, verrückten Wunsch, alles an den Nagel zu hängen und Go-Go-Tänzerin zu werden.

Sie hoffte, ich würde ihr helfen, diesen verspielten Wunsch zu überwinden, denn wenn sie beruflich versagte, würde sie ihren Mann unglücklich machen und all ihre Kollegen, die von ihr abhängig waren, in die Klemme bringen.

Vom ersten Zusammentreffen an fand ich, daß Phyllis ein wunderbar reizvoller Mensch war (außer wenn sie damit anfing, wie viel sie bereit war zu tun, um mich glücklich zu machen). Sie hatte keine Kontrolle über das, was mir an ihr am meisten gefiel: ihre Wärme, ihre Spontaneität, ihre Verletzlichkeit und die Gefühlstiefe, die sie zeigte, wenn sie sich ihrer selbst gerade nicht bewußt war. Ich machte keinen Hehl daraus, daß es mir völlig gleichgültig war, ob sie bei der Regierung blieb, um einen großen Erfolg aus ihrem Projekt zu machen, oder ob sie statt dessen weglief in das gefährliche, hirnlose Vergnügen, eine Go-Go-Tänzerin zu sein. Ich war nur daran interessiert, mit ihr zusammen ein wenig Glück zu suchen, das nur für sie allein war, gleichgültig ob Freunde oder Familie über ihre Art, ihr Leben zu führen, erfreut oder bestürzt waren.

Immer wieder las sie ihren eigenen Schmerz und ihre Selbstmißbilligung in meine Reaktionen hinein und versuchte krampfhaft, ihr Verhalten so anzupassen, daß ich glücklich blieb. Nur in kleinen

Schritten begriff sie, daß ich sie nicht brauchte, obwohl ich sie mochte; nicht mehr als all die anderen Leute, die sie vor dem eingebildeten Mißbrauch ihrer Macht über sie beschützen zu müssen glaubte. Diese magische Phantasie starb sehr langsam, denn sie fand so viel Befriedigung in dieser Fata Morgana, das Wohl und Wehe aller Leute in ihrer Hand zu haben. Aber nach einer Weile ging ihr doch allmählich auf, daß jeder so stark und so schwach ist wie jeder andere. Sie lernte, daß jeder von uns Erwachsenen so viel und so wenig Macht hat wie alle anderen, und daß wir lieber lernen sollten, uns um uns selber zu kümmern. Wenn irgendwem das nicht gefiel, dann war das sein Problem.

Machtillusionen, wie Phyllis sie auslebte, sind immer das Ergebnis eines frühen Zwei-Parteien-Vertrags. Einer der Unterzeichner ist immer jemand, der meint, er müsse sich um andere kümmern, und sein eigenes Verlangen nach Glück sei schädlich für die Gefühle eines anderen. Es ist, als wäre immer nur eine festgesetzte Menge Glück im Umlauf. Der Komplize bei diesem üblen Geschäft ist eine sehr wichtige Person in seinem Leben (vielleicht zuerst einer der Eltern, später der Ehepartner), noch ein getäuschtes Individuum, aber mit einer reziproken Machtillusion. Die Partei des zweiten Partners beharrt darauf, daß ihr Wohlergehen davon abhängt, wie die mit Macht ausgestattete Partei ihr Leben führt. Wenn jemand sich entschließt, ein Werkzeug zu werden, um kein Messer zu sein, dann weil ein anderer da ist, der droht, eine Wunde zu werden.

Ich habe den starken Eindruck, daß bei solchen Geschäften das Opfer viel gefährlicher ist als der mächtige, verantwortungsbeladene Aufpasser. Vorsicht, wenn solch ein chronisches Opfer von seiner Hilflosigkeit anfängt! Manche Leute entledigen sich ihrer Selbstverantwortung in schwierigen Lagen, indem sie sich hilflos und schwach stellen, um andere dazu zu bringen, für sie zu handeln. Wenn der andere darauf nicht eingeht, muß er sich anhören, daß er grausam und gefühllos ist. Sollte er aber so anmaßend sein, die Rolle des Beschützers zu übernehmen, wird ihn der Hilflose bald als schwachen Dummkopf verachten, und was er anbietet kriegt er zurück als irgendwie nicht gut genug. Auf die Dauer wird der Helfer anfangen, sich selbst hilflos zu fühlen, und schließlich übernimmt das Opfer die Macht (obwohl es nichts gewonnen hat, als durch vorgespielte Schwachheit seinen Willen durchzusetzen und sich dadurch selbst zu erniedrigen. Mißlingt das, dann sucht es boshaft Befriedigung in dem Gedanken, daß es wenigstens den anderen nicht hat seinen Weg gehen lassen).

Wenn so ein armes ›Opfer‹ meine Führung als Psychotherapeut

sucht, stellt sich bald heraus, da er nichts tun will, um das Durcheinander in seinem Leben aufzuräumen, und daß ich, weil ich ja stärker
sein muß, es für ihn tun soll. Unterliege ich der Versuchung, helfen
zu wollen, dann kommt zum Vorschein, daß ich eigentlich gar nicht
verstehe, worum es geht, und daß ich zu spät und mit zu wenig
komme. Befreie ich mich davon, um erreichbar zu sein, ohne mir
dabei die Sorgen des Patienten zu machen, klagt er mich an, ich sei
gefühllos und ohne menschliches Mitleid. Meine Belustigung
macht die Sache nur noch haariger, und manchmal verschwindet
dann der Patient einfach und setzt meinen Namen jammernd auf die
Liste von Therapeuten, die ihn im Stich gelassen haben. Manchmal
macht der Patient auch weiter, hängt aber herum und mault, daß das
alles zu gar nichts führt. Ich gieße dann Öl in die Flamme und
stimme ihm zu, daß er wahrscheinlich sein ganzes Leben lang so
unglücklich bleiben wird, daß nicht alle Geschichten ein Happy-End
haben. Gelingt es ihm, seine Wut gegen mich zu mobilisieren
(gegen seine Eltern, die ihn sich als hilflosen Leibeigenen gehalten
haben, der sich um sie kümmern mußte), dann erwacht in ihm
vielleicht der Wille, für sein Leben zu kämpfen, sich das Glück zu
verdienen. Dabei will ich ihm gern helfen.
Manchmal kommt es mir so vor, als ob in diesem absurd zufälligen
Leben ein wenig Gerechtigkeit in den Resultaten persönlicher
Beziehungen liegt. Auf die Dauer bekommen wir nicht mehr, als
wir zu geben gewagt haben. Wir dürfen nur behalten, was wir mit
eigenem Schweiß verdient haben. Im Grunde bekommen wir alle,
was uns zusteht. Jeder ist berechtigt, seinen Müll wegzuwerfen oder
sich mit ihm abzufinden.
Phyllis' offensichtliche Sorge um meine Gefühle, ihr Wunsch, der
gute Patient zu sein, damit ich mich über sie freuen kann, war
keineswegs ein Ausdruck von Liebe oder auch nur von gutem
Willen. Sie haßte es, zur Therapie zu kommen, zu arbeiten, um
mich zu bezahlen, und vor sich selbst verpflichtet zu sein, in jeder
Sitzung zur Sache zu kommen. Dieser Ärger äußerte sich periodisch
in gereiztem, unproduktivem Schmollen, das sich mit Bösen-
Mädchen-Darbietungen abwechselte. Um herauszufinden, wieviel
Quatsch ich hinnehmen würde, spuckte sie von Zeit zu Zeit beleidigende Tiraden über meinen Mangel an Anerkennung für ihre
Bemühungen um mich aus. Eine Zeitlang war sie völlig damit
beschäftigt, etwas zu vollbringen, worüber ich mich freuen und sie
dann akzeptieren sollte; sie konnte absolut nicht begreifen, daß ich
sie sehr gern hatte, so wie sie war. (Wenn sie in ihrem eigenen
Interesse etwas an sich ändern wollte, würde ich ihr helfen; aber ich

76

hatte gar nicht den Wunsch, irgend etwas an ihr zu ändern.) Die Art, wie ich sie als ein Geschenk, als einen unverhofften Lichtstrahl von Liebreiz, den sie nicht unter Kontrolle hatte, hinnahm, war schrecklich für sie; lieber suchte sie verbissen nach einem Weg, sich ihr Brot zu ersingen und Anerkennung zu kaufen (oder wenigstens zu mieten). So konnte sie wenigstens die Illusion retten, daß sie Macht über mein Glück hatte (und auch das Recht, es, wenn nötig, aufzuheben).

Als sie ihre Geschichte erzählte, sprachen wir auch darüber, was für ein Mädchen sie wohl gewesen war. Ich zeigte ihr meine Neugier für den Punkt in ihrer Entwicklung, an dem sie entschieden hatte, daß sie unzureichend war, und wo sie sich dann dazu verpflichtete, jemand zu werden, auf den Mutter stolz sein konnte. Phyllis' Bericht erinnerte mich an einige Zeilen aus den Tagebüchern der Anais Nin, die ein genaues Gegenstück dieser Selbstbestimmung sind:

Wenn mich mein Vater verlassen konnte, dann liebte er mich nicht, und wenn er mich nicht liebte, dann war ich eben nicht liebenswert. Ich mußte sein Interesse auf andere Weise erwecken. Ich mußte interessant werden. Und ich wuchs durch Verzweiflung und Zweifel: in die Tiefe. Als Kurtisane hatte ich schon im Alter von neun Jahren bankrott gemacht; also mußte ich auf andere Weise versuchen, Männer zu fesseln.[6]

Auch Phyllis' Go-Go-Girl-Träume, die ich hier nicht weiter diskutieren will, enthielten einige ganz ähnliche Elemente.

Es ist immer eine bewegende Erfahrung, mit einem Menschen wie Phyllis in der Nacherzählung ihrer eigenen Geschichte weit genug zurückzugehen und sich dem Punkt zu nähern, wo sie sich noch einmal sehen kann als zu jung für jeden Vorwurf. Bei einer solchen Exploration erreicht sie einen Ort verwirrter Freude über sich selbst, wenn sie sieht, daß es eine Zeit gab, wo sie in Ordnung war, so wie sie gerade war, und weil sie nur sie selbst war. Gewöhnlich wird dieser Punkt erreicht, wenn sie sich erinnert, wie sie im Alter von zwei oder drei Jahren war. Instinktiv finden wir die krabbelnden Würmchen liebenswert und reizend. (Die Spezies wäre schon längst ausgelöscht, kein Kind könnte überleben, ohne diesen Widerhall, den seine bloße Natur bei allen Eltern auslöst.) Kein noch so neurotischer, sich selbst verwerfender Erwachsener kann das absurde Image aufrechterhalten, schon als Baby unzureichend gewesen zu sein. Dann könnte man genauso gut behaupten, daß ein Katzenbaby nicht weiß, wie man ein Katzenbaby ist.

Die wärmende Erinnerung an sich selbst als ein liebenswertes Kind

77

weckt oft viele reale Erinnerungen: wie sie aussah, was sie tat, wie reizend Leute, die nicht zur Familie gehörten, sie oft fanden. An diesem Punkt kommt ihre Bitterkeit allmählich zum Vorschein, wenn sie merkt, daß sie die Freude an dem Kind, das sie einmal war, verloren hat, weil andere sie irregeführt haben. Sie brachten ihr bei, daß sie irgendwie nicht erfreulich genug war; durch elterliche Äußerungen von Unzufriedenheit und Unglücklichkeit lernte sie, daß irgend etwas mit ihr nicht stimmen konnte.

Die andere, hypothetische, Alternative wäre für das Kind natürlich gewesen, zu entscheiden, daß etwas mit den Eltern nicht stimmte, denn sie selbst war ja richtig, so wie sie war. Aber Kinder brauchen wenigstens die *Hoffnung,* daß die Eltern sie einmal lieben werden. Sich zu sagen, daß diese verrückten Eltern sie niemals lieben werden, gleichgültig was sie macht und wer sie sein wird, würde ein kleines Mädchen in einer Tiefe von Verzweiflung begraben, wo sie ersticken und sterben müßte. Sie kann nur annehmen, daß sie ihre Eltern durch irgend etwas unglücklich gemacht hat; vielleicht gibt es ja einen Weg, sich so zu ändern, daß sie wieder glücklich sind. Nach dieser Entscheidung macht ihre entsetzliche Hilflosigkeit einem Machtversprechen Platz. Wenn sie die Eltern wirklich traurig gemacht hat, dann *bedeutet* sie etwas, dann ist sie *doch* wichtig für sie. Jetzt beginnt die verzweifelte Suche nach einem Fingerzeig in den Äußerungen der Eltern, aus dem sich schließen läßt, wie man diese Macht entwickeln kann, was es ist, das sie tun muß, um die Sache wieder in Ordnung zu bringen.

Im Laufe der Nacherzählung ihrer Geschichte merkt sie, daß sie die verrückte Abwertung durch die Eltern angenommen hat; dann kommt eine Zeit der Verwirrung und des Kampfes, um das zu ändern, was nicht zu ändern ist. Aber langsam, unregelmäßig und in kleinen Brocken löst sich das Amalgam destruktiver Bitterkeit in seinen Komponenten Wut und Schmerz. Gewöhnlich bricht der Zorn zuerst in Form von Anschuldigungen gegen die Unfairness derer los, die sie hätten lieben sollen. Sie will wissen, warum ihr das geschehen ist. Wenn ich ihr sage, daß es da keinen Grund gibt, tobt sie ihre Wut an mir aus.

Wenn sie dann langsam einsieht, daß ihre Tragödie nur ein Ausdruck dafür ist, daß sie zufällig im falschen Haus geboren wurde, weicht der Zorn dem Jammer über das, was hätte sein können. Jedes Kind, das in dieser Zeit in dieser Familie geboren wäre, hätte genauso wenig Würdigung erfahren. Die Bedingungen, die vielleicht ihr Schicksal beeinflußt haben, können solche sein wie: Geschlecht, Platz in der Geburtenfolge der Geschwister (und wie er sich zu den Plätzen der Eltern in ihren eigenen früheren Familien verhält), der Zustand der Ehe bei der Geburt, die wirtschaftliche Situation der Familie und so weiter. Ihr Los hat nichts damit zu tun, was für eine Art Kind sie tatsächlich war; wäre sie in der Nachbarfamilie geboren, hätte man sie vielleicht als das niedliche kleine Mädchen geschätzt und geliebt, das sie einmal war.

Welch eine Verschwendung von Leben, zu versuchen, gut genug für Mutter zu sein, wenn man es schon ist! Nichts ist letzlich gut genug, um eine solche Mutter zufriedenzustellen. Aber sie kann ihre Kraft zurückerobern, wenn sie der Wahrheit ins Gesicht sieht, daß sie ein Dummkopf war, immer wieder zu versuchen, ihre Vitalität in eine Kraft umzuwandeln, die ihre unersättliche Mutter glücklich machen sollte. Sie hat nie wirklich Macht über Mutter oder über die Gefühle von irgendwem sonst gehabt; ihre einzige wirkliche Macht besteht darin, ihr Leben selbst in die Hand zu nehmen, zu genießen, daß sie ist, wer sie ist und ihrem eigenen Leben so viel Sinn zu geben, wie sie kann, was auch immer andere von ihr erwarten mögen.

Aber die Vergangenheit kann man nicht begraben ohne den Schmerz der Trauer. Sie muß versuchen, ihrem Elend ins Gesicht zu blicken, muß sehen, wie hilflos sie mit ihrer eigenen Geschichte steckengeblieben ist. Anstatt ihre Kraft zu vergeuden, um perfekt zu werden und andere zufriedenzustellen, anstatt sich für das Glück anderer verantwortlich zu fühlen, kann sie nur immer mehr die Gelegenheit nutzen, anderen bekannt zu werden. Sie muß ihr unvollkommenes, widersprüchliches, gutes/schlechtes, schwaches/starkes, allzu menschliches Ich uns anderen enthüllen, damit wir sie kennenlernen können und sie uns. Wenn einige sie nicht lieben können, andere können es sicher. Jedenfalls kann keiner den Platz eines anderen einnehmen. Du gewinnst etwas, du verlierst etwas, und für die Verluste wirst du nicht entschädigt. Sie wird eben einfach ohne auskommen müssen, sie muß die Verluste hinnehmen und ihre Unfähigkeit, sie rückgängig zu machen. Sie *muß sie beweinen, betrauern und beklagen. [Sie] ... muß sich von der Vergangenheit lösen, um Raum für die Gegenwart zu schaffen. [Sie] ... muß die Eltern ihrer Kindheit begraben und sich von jetzt an mit der übrigen Welt minus zwei begnügen. Kein gar so schlechtes Geschäft, alles in allem.*[7]

Die Illusion der Macht über die Gefühle anderer ist ein tödliches Trugbild. Keiner von uns Erwachsenen ist stärker als der andere. Und zweifellos waren wir als Kinder verletzlicher, hilfloser und abhängiger als die Eltern, die jene von uns verführt haben, die mehr auf sich nahmen, als sie wirklich tragen konnten.

Aber die Zeit, wo meine eigene Welt in eine starke und schwache unterteilt war, ist jetzt endgültig erledigt. Ich jedenfalls habe die halbe Lektion richtig begriffen; ich durchschaue die scheinbare Macht anderer. Es gibt nur wenige Personen in meinem jetzigen Leben, die genug reale politische Macht haben, um meinen Aktionen mit handgreiflicher Tyrannei begegnen zu können. Natürlich stelle ich mich nicht einem knüppelschwingenden Polizisten in den Weg, aber Papiertiger schrecken mich nicht mehr.

Ich habe es wirklich ganz in meinen Kopf bekommen, daß niemand größer ist als ich. Es ist der andere Teil der Lektion, über den ich manchmal noch stolpere. Hin und wieder lasse ich mich immer noch von der Illusion einwickeln, daß einige Leute (abgesehen von Kindern) schwächer und verletzlicher sind als ich. In meinen schlimmsten Momenten unterliege ich immer noch der Verführung zu der überheblichen Annahme, daß ich andere prellen kann, geringere Wesen, um deren fragile Gefühle ich mich irgendwie kümmern zu müssen glaube. Der Himmel bewahre mich vor diesen ›Opfern‹!

6. Die Geschichte vom verrückten Ritter

Don Quijotes Verrücktheit ist mir lieber als der gesunde Menschenverstand der meisten anderen Leute. Cervantes' Ritter von der traurigen Gestalt, Don Quijote de la Mancha[1] hatte sich ausdauernd in die Lektüre von Ritterbüchern vertieft, in denen es um »Bezauberungen, Schlachten, Liebesabenteuern und anderen Unsinn«[2] ging. Dabei trocknete ihm das Gehirn ein: er verlor den Verstand.

Dieser stille dörfliche Gentleman von fünfzig Jahren schlägt alle Ermahnungen gesetzter Freunde und Verwandter in den Wind, gibt seiner Verrücktheit nach, und beschließt loszuziehen, um den Rest seines Lebens als fahrender Ritter zu verbringen. Für Gott, Vaterland und seine eigene Ehre, in einer schlecht sitzenden, rostigen Rüstung aus zweiter Hand, rittlings auf einer abgetriebenen Mähre, der er den klangvollen Namen Rosinante gibt, bricht er auf. Er will die Welt (des ländlichen Spaniens im 17. Jahrhundert) durchstreifen, um auf einem abenteuerlichen Kreuzzug, im Namen der sozialen Gerechtigkeit und seines persönlichen Ruhms, alles Schlechte, dem er begegnet, wieder in Ordnung zu bringen.

Wenn er auch seine eigene Bedeutung überbewertet, die Dinge verzerrt wahrnimmt und seine Möglichkeiten, etwas zu verbessern überschätzt, so ist die Welt, in die er hineingerät, doch wirklich (wie unsere heutige) ungerecht. Vielleicht kann aber nur solch ein heiliger Tor wie Don Quijote das Böse in der Welt ernst genug nehmen und sich so viel zutrauen, daß er bereit ist, sein Leben dem edlen Zweck zu widmen, das Leiden der armen Menschen zu lindern. Dazu braucht es »einen gotischen Christus, zerrissen von der modernen Angst vor dem Anblick des Leidens in dieser absurden Welt; den belächelten Christus aus unserer eigenen Nachbarschaft, geschaffen von einer traurigen Phantasie, die Unschuld und Willenskraft verloren hat und sie zu ersetzen versucht.«[3]

Versuche, die Gesellschaft zu ändern, sind normalerweise jugendlichen Idealisten vorbehalten, während ältere Zyniker darauf warten, daß die jungen Spinner endlich aus diesem Unsinn herauswachsen. Ich erinnere mich noch ganz gut an einige meiner Abenteuer als junger Psychologe. Meinen ersten Job hatte ich an einem State Mental Hospital, einem Klotz von einem Abstellager für Geistes-

81

kranke. In meiner Unschuld nahm ich nicht wahr, daß unter solchen tragikomischen Umständen jeder Versuch, einem Patienten zu helfen, zum Scheitern verurteilt war. Noch ungeschlagen wie ich war, befähigten mich mein unverbrauchtes persönliches Engagement, mein grenzenloser naiver Enthusiasmus und mein übertriebenes Selbstvertrauen dazu, Unmögliches zu erreichen. Ich sprach stundenlang zu hoffnungslos lethargischen, vergessenen, katatonischen Männern und Frauen, bis gelegentlich bei einigen ein Funke Leben in schon lange leere Augen zurückkehrte. Erst als Alter und Erfahrung mich ›realistisch‹ gemacht hatten, nahm ich professionelle Vernunft an und konnte von da an keiner dieser armen gefangenen Seelen mehr helfen.

Da Don Quijote noch eine Fair Lady braucht, der er seine Taten widmen kann, sucht er sich ein Mädchen von einem Hof in der Gegend aus, in die er insgeheim schon lange vernarrt ist, macht sie zur Prinzessin seiner verrückten Träume und gibt ihr den Namen Dulcinea del Toboso, ein Name, der dem königlichen Stand, in den er sie erhebt, wohl ansteht. Obwohl auch dies ein Ausdruck von Wahnsinn zu sein scheint, kommt mir seine hingebungsvolle höfische Liebe nicht verrückter vor als die wunderbare, verwirrende Erfahrung, die wir alle schon durchgemacht haben (und manche mehrmals), das Phänomen, das wir »sich verlieben« nennen. Es könnte sogar sein, »daß es Einbildung ist, was all diese höchst vollkommenen Damen (und Herren) schafft, (und daß)... der Liebhaber, der seine Dame einfach so sieht wie sie ist, dieses Namens nicht wert ist.«[4]

Man kann natürlich sagen, daß Realität *nichts weiter* ist als dies hier und das da. Welche Frau ist für den zynischen und hyper-realistischen Mann mehr als Haut, Knochen und ein Büschel Haare? Der menschliche Körper läßt sich als eine Ansammlung von Chemikalien verstehen, die von ein paar physikalischen Gesetzen zusammengehalten werden, aber das eigentlich Menschliche wird man bei der Analyse kaum finden. Der ›realistische‹ Standpunkt vernichtet jeden Reiz, macht den Körper zu einem chemischen Gepäck in einer Welt, in die er weder Vitalität noch Sinn bringen kann. Das Leben ist sehr fad für die, die zu verzagt sind, zu phantasielos, zu normal, um ihm einen Anstrich von persönlichem Stil, von eigenen Absichten, von Farbe, Schwung, Freude und Erregung zu geben. Don Quijote hatte auf der Pilgerschaft seines verrückten Lebens solch ein ganz persönliches Bestreben: *»Die Welt, wie sie ist,* durchqueren *als ein Mensch, wie er sein soll.«*[5] Wenn das der Wein des Wahnsinns ist, dann sage ich: »Komm, füll meinen Becher!«

Es beunruhigt die übrigen Mitglieder der Familie und der Gemeinde sehr, daß Don Quijote den Glauben an sich selbst gewählt hat; sie sind voller Verachtung für seinen Wunsch, seinen Träumen zu folgen. Sie sehen nicht, daß der Wahnsinn des Ritters etwas mit der tödlichen Öde seines Lebens inmitten ihrer Frömmelei zu tun hat. Seine zimperliche Nichte, die alles besser wissende Haushälterin, der stumpfsinnige Barbier und der aufgeblasene Dorfpriester wissen genau, daß es die Bücher sind, die seinen versagenden Geist mit törichten Ideen angefüllt und ihn verrückt gemacht haben.

Dieser Haushalt erinnert mich an Familien, aus denen junge Schizophrene manchmal hervorgehen. Solche Familien geben oft den Eindruck hypernormaler Stabilität und moralischer Festigkeit. Tatsächlich haben sie nur ein äußerst feines System von kleinen Winken entwickelt, mit denen jedes Mitglied gewarnt wird, wenn es vorhat, irgend etwas Spontanes zu tun, was das fadenscheinige Gleichgewicht der Familie ins Wanken bringen und die Heuchelei ihrer überkontrollierten Pseudostabilität offenbaren würde.

Ich denke da an ein Ehepaar, das jahrelang die akademischen Erfolge ihrer Tochter als Beweis dafür ansah, was für eine konstruktive Familie sie doch waren. Sie glaubten sich einander sehr nahe, verbargen damit aber nur ihre Angst vor wirklicher Intimität. Später bedrohte das wachsende Interesse des Mädchens für das andere Geschlecht die ganze Familie, weil sie eine intime Beziehung mit jemandem außerhalb des familiären Kontrollsystems einging. Die verinnerlichten religiösen Vorurteile erwachten in ihr, und bald mußten die Eltern erstaunt und beunruhigt feststellen, daß ihre Tochter den Verstand verloren hatte. Immer öfter hatte sie halluzinatorische Visionen, die ihre Wahnvorstellung, sie solle die Reinkarnation der Jungfrau Maria sein, bestätigten.

Zunächst fand sich die Familie damit ab, auf ihre Tochter für den Rest ihres (beziehungsweise ihres eigenen) Lebens aufpassen zu müssen. Sie wollten sie nicht in eine Anstalt bringen und kamen mit ihr auch nur zur Therapie, weil ihre Verwirrung sie in der Schule behinderte. In der Gruppentherapie mit anderen gleichartigen Familien und mit etwas individueller Unterstützung begann die wahnsinnige Tochter nach einer Weile neue, außerfamiliäre Vernunft zu zeigen. Sie erforschte ihre verwirrenden Erfahrungen, dachte daran, die Schule aufzugeben und sich einen Beruf und eine eigene Wohnung zu suchen. An diesem Punkt empörte sich der Vater über den destruktiven, freigeistigen Einfluß der Therapie und flehte seine Tochter an, ihre ›Visionen‹ nicht aufzugeben, denn »wer sind wir, daß wir in geistigen Dingen urteilen können?«

In Don Quijotes Fall nahm es die ›hoffnungsvolle‹ Gemeinschaft der Weisen und Vernünftigen auf sich, seine Bücher zu verurteilen und zu verbrennen. Unsere heutige Erfahrung mit den Mächten Recht und Ordnung und den alten und neuen administrativen Versuchen, uns ›zu unserem eigenen Besten‹ vor gefährlichen Ideen und Informationen zu bewahren, ist wie ein Echo auf Cervantes' frostige Parodie auf die spanische Inquisition.

Auf subtile Art beeinflussen die Schutzbemühungen der selbsternannten Normalen das ganze Feld der Psychiatrie und Psychologie. Die klinische psychopathologische Diagnose ist zu oft eine Form der sozialen Kontrolle. Wenn andere Leute *uns* durch die Fremdheit ihrer wunderlichen Reden und ihr seltsames Verhalten nervös machen, geben wir *ihnen* Beruhigungsmittel und sperren *sie* in geschlossene Anstalten.

Ich war einmal selbst Zeuge solch eines sehr bezeichnenden Falles, in dem die Machtpolitik psychiatrischer sozialer Kontrolle mit ihrer an gesellschaftliche Normen gebundenen Definition von Wahnsinn einen sehr ironischen Ausgang nahm. In der Zeit, als ich in New Jersey an einem State Mental Hospital arbeitete, erschien einmal ein seltsamer Mann an einer Straßenecke in Trenton. Er trug ein langes weißes Tuch und murmelte leise »dummes Zeug«. Seine bloße Anwesenheit stellte eine Bedrohung für die geistige Gesundheit der ganzen Stadt dar. Zum Glück für den ›betuchten‹ Mann rief ein etwas vernünftigerer Bürger einen Polizisten und so gelangte der arme Kerl in den Schutz von Schloß und Riegel der örtlichen Irrenanstalt. Vergeblich mühte er sich, sein seltsames Verhalten zu erklären; es war klar, daß er einen Klaps hatte oder, um es wissenschaftlich auszudrücken: man diagnostizierte ihn in den großen, allesfressenden Mülleimer eines Syndroms namens Schizophrenie, chronisch undifferenzierter Typ. Jeder hätte Schwierigkeiten gehabt, sich in dieser Situation und vor solchen Diagnostikern zu entlasten, denn der Patient galt als verrückt bis das Gegenteil bewiesen war, hatte keinen Verteidiger, und man verschwieg ihm sogar, daß alles, was er äußerte, gegen ihn verwendet werden konnte.

Noch ein anderes Hindernis war im Spiel, das als Nebenprodukt aus der Soziologie der amerikanischen Medizin erwächst. Im Ausland ausgebildete Ärzte dürfen in diesem Land nicht praktizieren, bevor sie ihre Kompetenz in Englisch und in der Medizin unter Beweis gestellt haben. So weit so gut. Fehlt dieser Beweis, dürfen sie trotzdem als niedergelassene Psychiater an staatlichen Nervenheilanstalten arbeiten.

Ich habe jähzornige (aber sonst normale) Bürger gesehen, die als verwirrte Psychotiker diagnostiziert wurden, die man für unzurechnungsfähig erklärte und ihrer Bürgerrechte und ihrer Freiheit beraubte, nur weil sie die radebrechten Äußerungen von schlecht geschulten Psychiatern nicht verstehen konnten, deren Englisch so jämmerlich war, daß auch ich nichts verstand.

Besagter weißbetuchter, »dummes Zeug« murmelnder Patient hatte das Glück, daß am nächsten Tag Besuchstag war. Offenbar hatte er zu Hause angerufen und seine mißliche Lage geschildert. Am nächsten Morgen kamen zwanzig weitere Leute in weißen Tüchern an. Sie waren nicht nur genauso seltsam gekleidet, sondern blieben der psychiatrischen Belegschaft auch genauso unbegreiflich. Es stellte sich heraus (und der behandelnde Psychiater amüsierte sich sogar noch darüber), daß diese Männer und Frauen alle einer kleinen ländlichen Sekte angehörten, für deren Mitglieder die weißen Tücher und ihre gottgegebene Fähigkeit, in Zungen zu sprechen, Zeichen ihrer Identität waren. Der Psychiater (ein Katholik, der jede Woche Christi Leib und Blut aß und trank) war der Ansicht, daß sie wirklich ein ganz verschrobener Haufen seien. Der Himmel helfe ihm, wenn er eines Tages in eine Gegend kommt, wo seine Religion genauso obskur ist! Der Patient wurde am gleichen Nachmittag entlassen. Einer allein ist geisteskrank; zwanzig bilden eine akzeptable normale Gemeinde.

Don Quijotes Verrücktheit und sein mangelnder Kontakt zur Realität werden gegen die mit beiden Beinen fest auf der Erde stehende Normalheit Sancho Pansas ausgespielt, eines Bauern aus der Gegend, den er überredet hat, ihn als seinen Knappen zu begleiten. Sancho hält sich an den gesunden Menschenverstand und glaubt nur, was er mit eigenen Augen sehen kann. Trotzdem folgt er Don Quijotes verrückten Einfällen in eine Illusion von Abenteuer, denn Sancho in seiner sogenannten Vernunft ist von Machtgier getrieben. Er will weltliche Macht, möchte Statthalter auf einer Insel werden, die Don Quijote ihm als Lohn für seine Dienste verspricht. Immer wieder redet Sancho sich ein, sein Herr wisse, was er tut; sein Selbstbetrug folgt seinem beharrlichen ›gesunden‹ Wunsch, Macht zu erringen.

Von Zeit zu Zeit nerven ihn die impulsiven Herausforderungen und Attacken Don Quijotes gegen Schweinehirten, Eseltreiber und Gastwirte, die er für Zauberer, böse Ritter oder Gutsbesitzer hält. Doch immer erträgt Sancho, was er muß (mit tunlicher Feigheit, wenn es brenzlig wird), um seinem unmöglichen Traum näherzukommen. Wie dürftig und leer ist sein Verlangen nach Beamtentum, wenn man es mit dem besessenen Wunsch seines Herrn vergleicht, das Unrecht der Welt wiedergutzumachen.

Die berühmteste ihrer Eskapaden ist wohl der sprichwörtlich gewordenen Kampf gegen Windmühlen. Als sie eine weite Ebene erreichen, sehen die beiden Abenteurer dreißig oder vierzig Windmühlen, die Don Quijote für »ungeheure Riesen«[6] hält. Sancho kann ihn nicht davon überzeugen, daß ihre Flügel keine mächtigen Arme sind. Sein Herr stürzt sich in die Schlacht, wird von einem der sich drehenden Riesenarme aus dem Sattel gefegt und endet ziemlich übel zugerichtet und mit zerbrochener Lanze auf dem Boden. Aber man muß sich mal überlegen, was es für ihn bedeutete, sich in diese Schlacht mit den eingebildeten Mächten des Bösen zu wagen. Schließlich: »Wer zweifelt daran, daß der Mut Riesen entgegenzutreten bewundernswerter und seltener ist, als die Fähigkeit, eine Mühle als Mühle zu erkennen, wenn man sie mahlen hört.«[7] Ein verzerrtes Bild der Welt korrumpiert nicht immer die Absichten, die man hat.

Ich erinnere mich noch, wie wichtig mir die soziale Gerechtigkeit plötzlich wurde, als mein eigenes Leben vom dunklen Flügel des Wahnsinns gestreift wurde. Nach der Tortur einer Gehirnoperation mit beinahe katastrophalem Ausgang, einer Abwehrreaktion auf die Medikamente, die man mir gab, und der verwirrenden Erfahrung, unter dem ständigen Lampenlicht der Intensivstation zwischen Traum und Schmerz hin und her zu gleiten, war ich für einige Tage wahnsinnig.

Ich war durcheinander, entsetzt, konnte nicht verstehen und wußte nicht, ob es jemals enden würde. Ein schlechter Trip. Ich war überzeugt, sie wollten mir was tun. Irgend etwas war in meiner Nase; es tat weh, und ich zog es heraus. Es war blutig, und da wußte ich, daß sie mich umbringen wollten. Weil ich ihre Bemühungen behinderte, banden sie mir die Hände fest (mit Gaze, wie ich später erfuhr. In dem Augenblick dachte ich aber, daß es Ketten seien). Ich fühlte mich hilflos, wütend und gedemütigt. Ich versuchte, einer der Schwestern ins Gesicht zu schlagen. Zurückblickend muß ich mir sagen, daß ich ihnen wohl ganz schön auf den Nerven herumgetrampelt habe, daß sie doch weiterhin versuchten, mir zu helfen, und daß die versteckte Wut, die ich hinter ihren Versicherungen, mir tatsächlich nur helfen zu wollen, sah, wirklich da war. Aber ich war nicht so dumm, wie sie dachten. Ich wußte Bescheid. Ich entwickelte immer bessere Listen, sie dazu zu bringen, einige ihrer quälenden Beatmungsgeräte von mir wegzunehmen.

Einige meiner Wahrnehmungen wurden zwar differenzierter, aber nicht klarer; die Klinik erschien mir irgendwie antisemitisch, und meine Drangsalierung war ein Teil davon. Einiges von der Ausrüstung erschien mir jüdisch und war in Ordnung, anderes war christlich und deshalb bedrohlich. Ich wollte zwar schlafen, aber ich sah das Ganze als eine Art Szenenarrangement an, das man aufgebaut hattte, um Video-Aufnahmen von meinem Schlaf zu machen, die man dann als komische Einlage in einer Fernsehschau zeigen würde. Endlich erkannte ich meine Frau neben meinem Bett ... Ich sagte ihr, sie soll einen Untersuchungsausschuß bei der amerikanischen Bürgerrechts-Union mobilisieren, der sich mal darum kümmern soll, daß man mich hier ohne ordentliches Verfahren festband.[8]

In der schmerzvollen Woche danach, als ich versuchte, mir über diese psychotische Episode klarzuwerden, erhielt ich einen Antwortbrief von einem sehr guten Freund. Dieser liebe Mensch ist ein Psychiater Jung'scher Schule. Er lebt drüben an der Westküste, und hier ist, was er mir über das Gesunde an meinem Wahnsinn schrieb:

Wie wunderbar und seltsam richtig, daß Du einem Deiner Dämonen in der Höhle entgegentreten wolltest, in der jener Besitz verwahrt wird, den Deine Rasse (die jüdische) und unsere Gesellschaft am meisten schätzt: Der Intellekt ... Du fandest Dich in einem fremden Land, ein Land, das irgendwie von Deinen rassischen Vorfahren bestimmt ist. Dieses fremde und gefährliche Land identifizierst Du als Deine Psychose, aber es ist nur eine natürliche, tiefere Schicht des Unbewußten, die immer da ist, aber selten vom bewußten Menschen direkt wahrgenommen wird. Du konntest nur eine Quelle finden, die Dir genug Vertrauen gab, um Dich als Dich selbst zu erkennen, und die unbezweifelbar sie selbst blieb. (Er meint damit meine Frau.)

Ich war voller Mitgefühl für Dich, als ich las, daß Du Dich davor gefürchtet hast, von den heutigen Vertretern des seelischen Gesundheitsdienstes bewacht zu werden. (Manche Patienten) sind fast von der ›Hilfe‹ gut ausgebildeter, wohlmeinender, erfahrener Psychiater zerstört worden. Zum Glück ist die grundsätzliche Gesundheit, wie Deine eigene Erfahrung zeigt, meist stärker als die in gutem Glauben oder versehentlich verabreichte Medizin.

In Deinem Wahn kanntest Du die wahre Grundlage für diese Verfolgung, nämlich Dein Glaube ... Ich weiß, wie schwer es ist, einen Religionskrieg ohne die Wohltat sichtbarer Gottheiten zu führen. Es scheint mir offensichtlich zu sein, daß Du den Feind klar erkannt hast, sowohl in Deinem mehr normalen, bewußten, als auch in dem tief unbewußten Zustand: als die entpersönlichenden

Kräfte, denen Du begegnet bist. Du hast sogar versucht, die entpersönlichenden Maschinen, die man an Deinem Körper gebrauchte, zu Lebewesen zu machen ... indem Du sie dem einen oder anderen Glauben zuschlugst ...

Der getreueste Ausdruck Deiner Lage war, daß Dein Zustand als menschliches Wesen benutzt würde, um Dich Mißbrauch und Lächerlichkeit preiszugeben, wenn Du Dich in den unbewußten Zustand des Schlafes, in Dein Unbewußtes würdest fallen lassen.[9]

Ich will mit der vorangegangenen Diskussion der Vorteile des Wahnsinns nicht behaupten, daß er als solcher eine gute Sache ist. Ich will nur darauf hinweisen, daß in einer Welt, wo wirklicher Wahnsinn sich als das Normale tarnt, schöpferische Kämpfe gegen die gängigen Mythen als exzentrisch erscheinen müssen und von dem herausgeforderten Establishment, das gerade an der Macht ist, als verrückt abgestempelt werden. Wir Normalen wissen, unsere Technologie wird uns retten, Kriege sind unvermeidlich, Armut und Hunger einiger weniger sind notwendig für das Wohl der Vielen. Diese drogenverrückten Kommunisten-Hippies, die davon reden, lieber zu bumsen, als Krieg zu machen, die in Kommunen ohne fließend warmes Wasser leben und ihre eigenen Regeln machen wollen, diese Kindsköpfe muß man einfach anhalten. Sperrt sie ein, bestraft sie, wascht ihnen den Kopf, bevor sie dazu kommen, die ganze schöne Ordnung, die der liebe Gott uns gegeben hat, kaputtzumachen!

Wahnsinn kann natürlich auch Ausdruck selbstzerstörerischer Sturheit sein. Es scheint viele Leute zu geben, die lieber verrückt (oder Alkoholiker, Drogensüchtige, Kriminelle, Selbstmörder) werden, als Schmerz und Zweifel einer Lebenssituation zu ertragen, die sie nicht aushalten zu können beschlossen haben. Solchen Patienten versuche ich klarzumachen, daß ich sie nicht davon abhalten kann auszuflippen, daß ich aber bei der wilden Hatz von zu Hause in die Anstalt und zurück nicht mitmache. Sie können in ihren Gedanken und Gefühlen so verrückt sein, wie sie wollen, aber wenn sie möchten, daß ich sie auf ihrer Pilgerschaft begleite, müssen sie in Gemeinschaft mit anderen so handeln, als seien sie normal. Ich möchte nicht Handlanger sein, wenn jemand so unverantwortlich ist, wahnsinnig zu werden, nur um sich nicht dem Durcheinander, das er selbst in seinem Leben angerichtet hat, stellen zu müssen.

Während meines oben beschriebenen Klinikaufenthalts war ich zum Glück zu schwach, um meine ganze Verrücktheit auszutoben.

Deshalb überlebte ich, und ich glaube, es war eine wertvolle Lektion. Gleich nach der Operation und kurz vor meiner psychotischen Episode hatte meine Atmung mehrere Male ausgesetzt, und mein Leben stand auf dem Spiel. Das Beatmungsteam hatte Gummischläuche in meine Lunge geführt, um die sich dort ansammelnde Flüssigkeit abzusaugen. Dann band mir die Schwester eine Sauerstoffmaske vors Gesicht; das kalte Gas brannte wie Feuer in meiner wunden Kehle. Ich gab ihr ein schwaches Zeichen, an mein Bett zu kommen. Sie nahm die Maske für einen Moment weg, um zu erfahren, was los war. Ich keuchte: »Die Maske. Tun Sie sie weg! Ich halte das nicht aus!« Sie antwortete unbeirrt: »O doch, Sie können«, stülpte mir die Maske wieder über und rettete mein Leben.

Mein Wahnsinn folgte, glaube ich, diesem Wortwechsel. Voraussetzung war zwar das physische Trauma der Gehirnoperation, aber da war auch ein dunkles Konglomerat von kopfloser Flucht aus der Hilflosigkeit, der ich nicht ins Auge sehen wollte, und dem verzweifelten Versuch, meine persönliche Integrität aufrechtzuerhalten in einer aus den Fugen geratenen Welt. Es war gut und schlecht, gefüllt mit dem, was für mich vielleicht immer unlösbare Widersprüche bleiben werden. Es war, was es war. Darüber zu schreiben, scheint ein bißchen zu helfen.

Am Ende einer Reihe von bunten Hanswurstiaden erlangt Don Quijote auch die geistige Gesundheit. Auf dem Sterbebett muß er die moralischen Ermahnungen seiner tödlich normalen Haushälterin ertragen: »Bleibt in Eurem Haus, verwaltet Euer Vermögen, geht oft zur Beichte, teilt alles mit den Armen, dann tut Ihr recht.«[10] Das ist die Lektion der Tugend, »aber ein Mensch muß vielleicht durch die Hölle gehen, um das zu lernen.«[11] Und so, geschützt vor neuem Wahnsinn, stirbt Don Quijote, »nachdem er seinen Verstand wiedergefunden und dafür seinen Grund zu leben verloren hat.«[12] Es sollte dem Leser, der mich durch das Labyrinth dieses Kapitels begleitet hat, klargeworden sein, daß ich keinen ein für allemal klaren Begriff von Wahnsinn habe. Manchmal scheint er der einzige Weg zu sein, durch eine öde, normale, vernichtend stabile Welt zu wandern; dann kommt er mir wieder wie eine unverantwortliche, mutwillige Ausflucht vor. Im konkreten Fall mag es so aussehen wie ein wenig von beidem. Meine Hoffnung ist nicht, den Wahnsinn ganz zu vermeiden, sondern eher, den Anblick jenes seiner beiden Gesichter aushalten zu lernen, das mir im Augenblick der Bedrohung den Mut nimmt, den ich brauche. Aber sein anderes Gesicht schätze ich. Es zeigt mir Orte der Kreativität, die frei sind vom Zwang prosaischer Vernunft, von aller Vorhersagbarkeit, die keine Phantasie zuläßt.

Ich will als Beispiel einen Fall beschreiben, in dem ich fühlte, daß eine Unterstützung des Wahnsinns dem anderen auf seiner Pilgerschaft helfen konnte.

Dan war ein intellektueller Kämpfer, ein supertüchtiger, wenn auch etwas übereifriger junger Mann. Er stützte sich ganz auf seinen Verstand, um seinen Weg zu machen, und alles, was er tat, war von klaren Zwecken, scharf durchdachten Absichten und von einem Air von Müdigkeit bestimmt, die ein Zeichen intellektueller Überanstrengung war. Er erzählte seine Geschichte in sehr übersichtlicher Form, präsentierte eine sorgfältige Selbstanalyse, einen Report, übervoll mit Antworten, aber ohne eine Lösung. Er machte mich ganz konfus mit seinen irrelevanten ›Einsichten‹, und seine anhaltenden Bemühungen, rational zu sein, fand ich ausgesprochen ermüdend. Ich ließ ihn wissen, daß die stumpfe Vernünftigkeit seiner Erklärungen mich langsam ganz durcheinanderbrachte, und daß diese wachsende Konfusion das einzige sei, was mich glauben machte, daß wir überhaupt irgendwo hinkommen würden. Seine Erbitterung über unseren »Mangel an Kommunikation« und über den Zerfall seiner Klarheitsillusion veranlaßte ihn, seine Anstrengungen zu verdoppeln, um die Situation zu meistern. Natürlich wurde es immer schlimmer. Dann, eines Tages, kam er, bestürzt zwar, aber triumphierend, und erzählte mir einen Traum, der ihm erklärte, warum ich ihn so irritierte.

»Ich träumte letzte Nacht, daß ich an Bord eines Kriegsschiffes auf See war. Ich konnte Sie nicht sehen, aber ich fühlte, daß Sie irgendwo da draußen hinter dem Horizont waren. Es war schrecklich! Mein Schiff fiel auseinander; die Schweißnähte gaben nach; Teile der Stahlbepanzerung brachen ab und fielen ins Wasser. Alles zerbröckelte. Ich geriet in Panik, denn ich wußte, das Schiff würde untergehen. Als ich aufwachte, wußte ich, daß der Traum von dem handelte, was in der Therapie vorgeht. Je länger ich mit Ihnen spreche, desto mehr fühle ich *meine* Nähte platzen. Was zum Teufel haben Sie eigentlich vor mit mir? Mich verrückt machen?«

Natürlich wollte ich ihn verrückt machen, und ich sagte ihm, daß der Traum sehr schön sei und mir gut gefiel, versicherte ihm aber, daß er ihn nur deshalb so aufregte, weil er ihn zu verstehen glaubte. Das empörte ihn nur noch mehr: »Na gut, wenn Sie so schlau sind, dann erklären Sie ihn doch.« Ich wies ihn darauf hin, daß man Träume zwar verstehen, aber nicht erklären kann; wenn er seinen eigenen Traum wirklich verstehen wollte, mußte er ihn noch einmal erleben und sich dabei selbst verrückt genug werden lassen, um das Meer zu werden, anstatt sich auf den Platz am Ruder seines zerfallenden Spielzeugbootes zu beschränken.

Einen Moment lang sah er mich an, als ob er sich nicht ärgern könnte, weil *ich* offensichtlich einen Knall hatte. Dann, wie um mir einen Gefallen zu tun, saß er einige Minuten mit geschlossenen Augen still und versuchte, den Unsinn, das Meer zu sein, zu fassen zu kriegen. Als er endlich die Augen öffnete, waren sie weit vor Erstaunen. Sein normaler durchdringender Blick war verschwunden, sein Gesichtsausdruck verändert. Gesicht und Stimme waren auf neue Art belebt, die Muskeln seiner starken Kiefer schienen zum ersten Mal entspannt.

Es fiel ihm schwer, die Beschreibung seiner Erfahrung in die gewohnte Präzision zu bringen.

»Alles ist so anders«, sagte er, »wenn ich das Meer bin, ist es, als hätte ich keine Grenzen. Ich bewege mich so leicht, fühle mich frei von allem Kampf. Und dann konnte ich sehen, daß das Schiff, auch wenn es auseinanderfiel und unterging, nur ins Wasser sinken, verrosten und ein Teil des Meeres werden würde. Es ist, als ob nichts jemals wirklich verloren wäre, es gibt kein Problem, nichts muß verteidigt werden.«

Es war noch viel Arbeit zu tun in der Therapie, aber nachdem er das Meer gewesen war, konnte er öfter unverteidigt und spontan sein. Manchmal, wenn er sich wie zugeschnürt fühlte, bereit, um die Kontrolle über die Situation zu kämpfen, erinnerte er sich, daß er ja verrückt werden und das Meer sein konnte. Dann verlief sich sein Wunsch zu kämpfen wie die Flut.

7. Die Geschichte eines Abstiegs in die Hölle

Zur Osterzeit im Jahres des Herrn 1300 stieg der florentinische Dichter Dante Alighieri hinunter in das Inferno der Hölle.[1]

Manche sagen, seine Geschichte sei hauptsächlich eine Darlegung der sozialen und politischen Übel seiner Zeit. Andere beharren darauf, Dante verkörpere die Menschheit, das Leben selbst sei diese Reise und »die Hölle der Tod..., der vor der Wiedergeburt kommen muß.«[2] Man kann aber auch annehmen, daß seine Reise im inneren Raum stattfindet, als ein Abstieg in den Abgrund seiner eigenen sündigen Seele, der zeigt: sie selbst ist die Hölle.

Ich stimme Eliot zu, »daß es das Ziel des Dichters ist, eine Vision zu formulieren... (und daß es) Dante mehr als jedem anderen Dichter gelungen ist, seine Philosophie nicht als Theorie... oder als Kommentar oder Reflexion zu behandeln, sondern als etwas *Geschautes*.«[3] Öffnet euch dieser Geschichte, wenn ihr es wagt, und ihr werdet sehen, was er sah.

Auf der Hälfte seines Lebens, am Vorabend des Karfreitags, entdeckt Dante, daß er vom rechten Weg abgekommen und in den dunklen Wald des Irrtums gewandert ist, wo er in angsterfüllter Nacht leben muß. In der Morgensonne des Karfreitags, jetzt wieder voller Hoffnung, will er den Berg der Tugend ersteigen, wird aber von den drei Bestien der Weltlichkeit aufgehalten, von dem Panther der Fleischeslust, vom Löwen des Stolzes und der Hoffart und von der Wölfin des Geizes. Entsetzt flieht er in den Wald zurück, wo er schon fast verzweifelt. Da kommt ihm der Schatten des Vergil zu Hilfe und erklärt, er sei gesandt worden, um Dante auf einem anderen Weg aus der Irre zu führen. Er will ihn durch das Feuer der Hölle begleiten und danach einem anderen Führer übergeben, der ihm den Bereich der Seligen zeigen wird; es ist Beatrice, die geoffenbarte Liebe Gottes.

Sie beginnen den Abstieg in den Höllenschlund, denn vor der Läuterung liegt das Erkennen der Sünde. Als sie am Tor der Hölle ankommen, liest Dante eine Inschrift, die dort in den Stein eingehauen ist:

LASST JEDE HOFFNUNG, WENN IHR EINGETRETEN[4]

Sie gehen durch das Tor und betreten die mit Tumult erfüllte Vorhölle. Hier trifft Dante die ersten Seelen, die gemartert werden, die Opportunisten, die im Leben weder gut noch böse waren, die weder für Gott waren noch für Satan, sondern nur für sich selbst. »Der Himmel will sich nicht mit ihnen schänden, und auch die Hölle schließt sich ihnen.«[5]
Hier in der Hölle müssen sie in Ewigkeit und immer im Kreis herum einer Fahne nachlaufen.

> Die Elenden, die niemals lebend waren,
> Erschienen nackt und wurden ganz zerstochen
> Von Mücken und von Wespen, die dort waren.
> Sie ließen Blut auf den Gesichtern rieseln,
> Mit Tränen untermischt bis zu den Füßen,
> Wo es getrunken ward von eklen Würmern.[6]

Weil ihre Sünde so schwarz war, müssen sie jetzt in Finsternis umherlaufen; hatten sie im Leben jede sich bietende Gelegenheit ergriffen, so müssen sie jetzt für immer einer Fahne folgen, die sie niemals greifen können. Schwärme von Gewissensbissen peinigen sie, sie füttern die Maden im Tod, wie sie im Leben moralischen Schmutz erzeugt haben: Ihre Strafe entspricht ihren Sünden. Das ist das Gesetz der symbolischen Vergeltung, das unveränderliche Gesetz der Hölle. Jede Sünde enthält schon ihre Strafe; sie wendet sich zurück auf den Sünder und bringt Leiden über ihn, die er selbst erzeugt hat. Dieser Abstieg in den Höllenrachen der eigenen Seele ist die Reise eines jeden Pilgers. Kein Patient der Psychotherapie kann seine eigene innere Schönheit und Unschuld wiederentdekken, ohne zuerst der Häßlichkeit und dem Bösen in sich begegnet zu sein. Aber es genügt nicht, eine Bezeichnung dafür zu finden. Viele meinen, »mit einem Namen sei auch schon eine Sache gesetzt, wie wenn man dem Teufel einen seriösen Tort angetan hätte, daß man ihn jetzt Neurose nennt.«[7]
Die Art, wie wir leben, die Erfahrung unserer eigenen sündigen Seele ist unsere einzige Hölle.
Ein deutliches Beispiel für diese eingebaute Selbstmarterung des neurotischen Verhaltens gibt der manipulative Patient. Solch ein Mensch strebt nach Macht über andere, damit er seine eigene Hilflosigkeit nicht erleben muß, damit er der Angst entkommt, von anderen manipuliert zu werden. Als Kind war er darauf angewiesen, anderen zu vertrauen, mußte aber erfahren, daß sie ihn benutzten, ihn hierhin und dahin schoben, ohne jemals danach zu fragen, ob es ihm gut ging dabei, und was er fühlte. Niemand schien sich recht um

ihn zu kümmern, niemals fühlte er sich so sicher, daß er es hätte wagen können, sich auf ihre Rücksichtnahme zu verlassen; er mußte selbst die Machtposition einnehmen, dann erst war er sicher.

Jetzt will er die Leute dazu bringen, ihn anders zu behandeln, aber er merkt, wie wir alle, daß wir niemanden *zwingen* können, uns zu lieben. Du mußt dich einfach zeigen, wie du bist, und dann deine Chancen wahrnehmen. Oh natürlich, du kannst Eindruck schinden bei anderen und sie durch Schmeichelei und Zugeständnisse von dir einnehmen, oder du kannst sie einschüchtern, indem du sie bedrohst, aber weder durch Schöntun noch durch Nötigung bringst du jemanden dazu, dir Liebe zu schenken. Allenfalls bekommst du eine Belohnung für gutes Betragen. Aber dann bist du gezwungen, immer mit dem schmerzhaften Gefühl in der Brust zu leben, daß kein Hahn nach dir krähen würde, wenn jeder wüßte, wie du wirklich bist. Und sollte es dir gelingen, deinen Weg zu machen, indem du andere tyrannisierst, dann lebst du in der ständigen Gefahr, daß sie Vergeltung üben, sobald du einmal deinen Bedrohungsschutz fallen läßt. Aber die poetische symbolische Vergeltung für dein Manipulieren ist wohl, daß es dich selbst der Manipulation durch andere ausliefert. Der, den du durch deine Schmeicheleien anscheinend herumgekriegt hast, ist nur ein weiterer Manipulator, der deine Angebote nur honoriert, um dadurch dein Verhalten zu lenken. Und wer deinen Drohungen nachgibt, der wartet sicher nur darauf, wieder auf die Füße zu kommen. Seine Unterwerfung ist zeitweilig und berechnet, ohne jede Spur von Liebe, Vertrauen oder Ergebung.

Bertolt Brecht erzählt die Geschichte von einem Bauern, der von der Katastrophe der Nazi-Invasion überrascht wird. Ein Soldat der Sturmtruppe kommt in seine Hütte, zerrt ihn nach draußen und sagt: »Von jetzt an befehle ich hier. Ich werde in deinem Haus wohnen. Du wirst mich versorgen und mir die Stiefel polieren. Ich bin der Herr und du der Knecht. Wenn du nicht willst, bringe ich dich um. Wirst du gehorchen?« Ohne zu antworten gibt der Bauer seine Hütte her, bewirtet den Eindringling jeden Tag und putzt ihm die Stiefel. Monate später kommt die alliierte Befreiungsarmee durch das Dorf. Sie holen den Deutschen aus der Hütte. Als sie ihn mitnehmen, um ihn ins Gefangenenlager zu bringen, geht der Bauer zu ihm hin, baut sich vor ihm auf und antwortet: »Nein.«

Die Opfer von Hochstaplern sind immer jene geheimen Diebe, die abwarten und hoffen, für nichts etwas zu bekommen. Der große Psychologe W. C. Fields pflegte zu sagen: »Einen ehrenhaften

Mann kannst du nicht betrügen.« Aber der hinterhältige Manipulator kann einfach der Versuchung nicht widerstehen zu glauben, daß er alles in der Kontrolle hat, daß er mit seiner Methode durchkommen wird. Zu Beginn meiner Praxis habe ich Männer behandelt, die Prostituierte ›benutzten‹. Sie brauchten diesen Frauen nur Geld zu geben und konnten dann von ihnen alles verlangen, was sie wollten. Sie konnten die Huren nicht nur zu jedem sexuellen Trick veranlassen, sondern auch dazu, nett zu ihnen zu sein. Wenn sie Liebe auch nicht kaufen konnten, so doch wenigstens mieten. Die Frauen brauchten das Geld, die Männer hatten es. Die Frauen mußten nachgeben, die Männer waren verächtlich, überlegen, hatten sie unter Kontrolle. Später habe ich auch Strichmädchen und Stripperinnen behandelt. Sie erklärten mir, die Typen, mit denen sie zu tun hätten, seien Gimpel. Man brauchte ihnen nur ein bißchen Sex zu geben, und schon rückten sie ihr ganzes Geld raus. Männer seien so leicht zu lenken. Mir scheint herauszufinden, wer kontrolliert wird und wer kontrolliert, ist so schwer, wie ein Ei vom anderen zu unterscheiden. Und wenn ich versuche zu ergründen, wer bei der Manipulation das Opfer und wer der Täter ist, kann ich das Messer nicht von der Wunde unterscheiden.

Dante beschreibt die Hölle als eine trichterförmige Höhle, die abwärts zum Mittelpunkt der Erde führt. Ringförmige Felsgesimse, Kreise der Verdammnis, säumen die Innenseite. Während er mit Vergil in dieses Reich ewiger Nacht hinabsteigt, begegnen sie den verdammten Seelen von Menschen, die für ihre Sünden büßen, von Kreis zu Kreis für immer schwerere Missetaten. Jede Gruppe muß in Ewigkeit ihren Sünden entsprechende Martern erdulden. Sünder des Fleisches, die im Leben die Vernunft verraten, jedem Gelüst nachgegeben und sich dem wilden Wirbel ihrer Leidenschaften überlassen haben, werden genauso bestraft. Sie müssen für immer auf einem dunklen Sims leben und werden vom Wirbelwind der Hölle im Kreis herumgeweht. Der Vielfraß, der sich in Speis und Trank gewälzt und nichts als Abfall produziert hat, muß sich nun in »stinkender Erde« wälzen, wobei Cerberus, der gefräßige dreiköpfige Höllenhund ihn »kratzt und schindet und zerreißt«.[8] Nun ist er selbst es, der begeifert wird. Geizhälse und Verschwender sind in gegnerische Gruppen eingeteilt; jede von ihnen muß große Lasten gegen die andere wälzen, bis sie in der Mitte zusammenstoßen. Dabei beschimpfen sie einander und werfen sich ihre Sünden vor: »›Was hältst du fest?‹ ›Was streust du in die Winde?‹«[9] Eine Ausschweifung straft die andere. Im fauligen Schlamm des Höllenmorastes kämpfen die Zornigen gegeneinander, und aus dem

Sumpf steigen Blasen auf, denn unter der Oberfläche liegen dichtgedrängt die Mürrischen. Ketzer, die im Leben die Unsterblichkeit geleugnet und geglaubt haben, daß mit dem Körper auch die Seele stirbt, liegen für immer in offenen Gräbern, umlodert von den Flammen des Zornes Gottes. Im Fluß des siedenden Blutes liegen Mörder und Tyrannen, die im Leben in Blut gewatet waren. Kuppler und Verführer, die andere getrieben und für ihre Zwecke ausgenutzt haben, werden von peitschenschwingenden, gehörnten Teufeln gehetzt, die sie zwingen, endlos weiterzurennen. Schmeichler, die andere mit ihren Schmeicheleien überhäuft haben, bezahlen, indem sie auf ewig »eingetaucht im Kote, der schien geschöpft aus menschlichen Aborten«[10] leben müssen. Heuchler marschieren langsam in endloser Prozession. Poetischerweise sind sie mit Umhängen beladen, die außen blendend vergoldet und innen zentnerschwer sind. Fälscher, die im Leben die Sinne ihrer Mitmenschen getäuscht haben, müssen nun ihre eigenen Sinne beleidigende Dunkelheit, Schmutz, schreckliche Geräusche und Gerüche ertragen. Im letzten Kreis der Schuld sind jene, die Menschen betrogen haben, welche durch enge Bande mit ihnen verbunden waren; sie verleugneten die Liebe und damit Gott. Im toten Mittelpunkt der Erde, bis zum Hals eingefroren im See der Hölle, müssen sie das Eis der fehlenden Menschenwärme erdulden. Ganz im Zentrum ist Satan, der König der Hölle. Der Schlag seiner mächtigen Flügel erzeugt den eisigen Wind der Verworfenheit, den kalten Atem des Bösen. Erst als Dante diesen Mittelpunkt erreicht und alle Sünden und ihre Folgen gesehen hat, kann er hoffen, seine Seele zu läutern. Nur wenn er dem Leben, wie es wirklich ist, ins Gesicht schaut, kann er Erlösung finden.

Alle Patienten beteuern in der Therapie erst einmal: »Ich möchte gut sein.« Wenn sie es nicht schaffen, liegt das nur daran, saß sie ›unzureichend‹ sind, sich nicht beherrschen können, zu ängstlich sind oder unter unbewußten Impulsen leiden. Wer neurotisch ist, kann Mist machen, ohne sich dafür verantwortlich fühlen zu müssen.

Der Therapeut muß dem Patienten helfen zu sehen, daß er da ganz falsch liegt, daß er lügt, wenn er sagt, er will gut sein. Schlimmer noch, er will schlecht sein, dabei aber eine Ausrede haben, die ihn vor seiner Verantwortung befreit, damit er sagen kann: »Ich kann doch nichts dazu.« Er muß einsehen, daß der Weg zum Himmel durch die Hölle führt, das ist sein einziger Ausweg. Wenn wir das Böse in uns als unser eigenes annehmen, brauchen wir nicht mehr zu befürchten, daß es außerhalb unserer Kontrolle auftritt.

Ein Patient kommt beispielsweise zur Therapie und klagt, er komme mit anderen Leuten nicht zurecht; irgendwie sagt er immer das Falsche und verletzt sie damit. Wirklich, er ist eigentlich ein netter Kerl, nur eben dieses unkontrollierbare neurotische Problem. Was er *nicht* wissen will ist, daß seine »unbewußte Feindseligkeit« nicht sein *Problem*, sondern seine *Lösung* ist. Tatsächlich ist er nämlich kein netter Kerl, der gut sein will, sondern ein mieser Hund, der andere verletzen und sich dabei trotzdem für einen netten Kerl halten will. Wenn es dem Therapeuten gelingt, ihn in den Abgrund seiner häßlichen Seele zu führen, gibt es Hoffnung für ihn. Wenn er sehen kann, wie zornig und nachtragend er ist, kann er seine Geschichte zurückverfolgen und ans Licht bringen, anstatt dazu verurteilt zu sein, sie ohne Bewußtheit immer wieder zu erleben. Nichts in uns kann sich ändern, ohne daß wir es zuerst akzeptieren. »Nicht wie man eine Neurose los wird, hat der Kranke zu lernen, sondern wie man sie trägt. Denn die Krankheit ist keine überflüssige und darum sinnlose Last, sondern sie ist er selber, er selber als der ›andere‹, den man immer auszuschließen versuchte.«[11]

Wenn wir vor dem Bösen in uns flüchten, gefährden wir uns selbst; das Böse ist potentielle Vitalität, es muß nur umgesetzt werden. Ohne das kreative Potential unserer Destruktivität sind wir Pappengel.

Meistens glaube ich, daß jeder genauso gut und genauso schlecht ist wie jeder andere. Einer größeren Befähigung zum Guten, wie man sie etwa in dem erleuchteten Therapeuten findet, steht einer gleichfalls gewachsenen Fähigkeit zu noch größerem Bösen gegenüber. Und der Patient? »Im besten Falle sollte er die Analyse verlassen als der, der er wirklich ist, in Einklang mit sich selbst, nicht gut noch schlecht, sondern wie ein Mensch wahrhaft ist, als ein natürliches Wesen.«[12]

Dante stieg in den Abgrund des Bösen; er mußte dort eine Weile bleiben, bevor er wieder aufsteigen konnte zum göttlichen Licht. Keine Sünde, die er nicht in sich selbst gefunden hätte. Er ist so gut und so schlecht wie wir alle. Aber wenn einer glaubt, einige Menschen seien besser als die anderen, dann frage ich ihn in meinem Namen und im Namen aller, die meinen, daß wir in unserem ganzen Leben nie ein vollständig *reines* Motiv haben: »Aber die Nichtguten unter den Menschen, warum sollte man die wegwerfen?«[13]

8. Die Geschichte einer Suche nach Zugehörigkeit

Der Anti-Held in Franz Kafkas quälend unheimlichem Roman *Das Schloß*[1] ist ein von weither kommender Fremder, ein Landvermesser, ein unglücklicher Wanderer, der nach einer Bestätigung für seine Identität sucht. Er ist K. – mehr Name hat er nicht. Verzweifelt versucht er, sich einen Platz bei den Mächtigen des Schlosses zu verschaffen, will seine einsame Wurzellosigkeit, seine ständige Heimatlosigkeit eintauschen für das Gefühl, etwas Größerem, als er selbst ist, anzugehören. Aber je verbissener er mit den gesichtslosen Herren des Schlosses in Kontakt zu kommen bemüht ist, desto größer wird seine Enttäuschung über deren Ungreifbarkeit und Unpersönlichkeit. Er kommt einfach nicht hinter ihre undurchsichtigen Prozeduren, befindet sich in ständigem Zweifel. Manchmal fühlt er sich ungerecht behandelt und antwortet mit nutzlosem Trotz, aber meistens hat er ein vages Schuldgefühl, so als müsse er seine Erfolglosigkeit sich selbst zuschreiben. Wenn es eine Regel gibt, muß sie doch *irgendeine* Bedeutung haben! Es muß einen Grund für ihre unbegreiflichen Vorschriften geben! In seiner Isolation und Machtlosigkeit spürt er, daß sein Problem auf seiner eigenen grundlegenden Minderwertigkeit beruhen muß. Immer wieder bleibt er im Sumpf seiner Unentschlossenheit stecken und ist nicht bereit, sich zwischen Freiheit und Bindung zu entscheiden. Er fühlt, daß er es weiter versuchen muß. Es muß doch möglich sein, die unklaren Forderungen der Obrigkeit zu erfüllen, sich so zu verhalten, daß sie ihn annehmen. Wenn er ihre Regeln nur verstehen könnte, würde er ihnen ja folgen.

Dieser Wunsch, jemanden zufriedenzustellen, der größer ist als man selbst, von ihm akzeptiert zu werden und endlich ihm zu gehören, ist ein Kampf, den viele Psychotherapie-Patienten sehr gut kennen. Sie verschwenden ihr Leben mit der Frage, ob sie es den anderen wohl recht machen, und versuchen, die Erwartungen der anderen herauszufinden, um sich dann so zu verändern, daß sie in deren Augen etwas darstellen. Sie versuchen, praktisch und vernünftig zu sein und sich alles in ihrem Kopf zurechtzulegen. Sie scheinen zu glauben, in ihrem Leben würde sich alles auf magische Weise geradebiegen, wenn sie nur die richtigen Worte, die Zauberformel finden könnten. Sie sind sicher, daß es eine richtige Art gibt, die Dinge anzufassen, nur haben sie sie halt noch nicht gefunden. Einer von denen da oben muß doch wissen, wie es geht! Anstatt zu begreifen, daß Ideen nur der schwache intellektuelle Versuch sind, einen Moment lang Halt zu finden in dem immerwährenden Fluß des Lebens, handeln sie, als ob Natur Kunst imitiert. Als ob auf der ganzen Welt die Maschinen stehenbleiben und die Lichter ausgehen würden, wenn plötzlich jemand entdeckte, daß zwei und zwei nicht vier ist, sondern fünf.

Natürlich nähern sich auch einige Personen ihrem Therapeuten mit Erwartungen und Strategien, die K.s Versuch, an die Schloßherren heranzukommen, sehr ähnlich sind. Man kann aber damit rechnen, daß der psychotherapeutische Guru das Schloßspiel nicht mitmacht. Statt dessen ist es, wie O. Hobart Mowrer einmal gesagt hat, eher so, daß der Patient und der Therapeut sich zum Kartenspielen hinsetzen. Die Karten werden ausgeteilt. Der Patient hält sein Blatt verdeckt und begutachtet es sorgfältig. Er überlegt eine Weile und spielt schließlich eine Karte aus. Nun beobachtet er das Gesicht des Therapeuten, um darin die Reaktion auf seinen ersten strategischen Versuch abzulesen und herauszufinden, ob er das Richtige getan hat. Jetzt ist der Therapeut an der Reihe. Zum großen Erstaunen des Patienten deckt er alle seine Karten einfach auf, bereit, dem Patienten offen und ohne Hintergedanken entgegenzutreten. Es dauert oft lange, bis der Patient dazu auch bereit ist.

Diese entwaffnend offene Art des Zusammenseins findet sich nicht bei allen Arten der Psychotherapie. Eine Reise als Pilgerschaft anzukündigen, sagt noch nichts darüber aus, wohin es gehen wird. Szasz hat die verschiedenen Arten des psychotherapeutischen Vertrags zwischen Pilger und Guru in sozio-ökonomischen Metaphern ausgedrückt, die uns zeigen, was wir zu erwarten haben.[2]

Dem meisten, was ich über diese Beziehung zu sagen habe, liegt das Modell der *unternehmerischen Psychotherapie* zugrunde. Man findet sie in der Privatpraxis, wo Patient und Therapeut als freie Vertreter ihrer eigenen Belange und mit einer gemeinsamen Absicht zusammenkommen. Beide sind durch ihr eigenes Interesse motiviert. Die Beziehung wird von einem Dienstleistungsvertrag geregelt, der eine Vereinbarung über den Austausch von Expertendiensten gegen Geld darstellt. Als politisch Gleiche kommen sie freiwillig zusammen, und jeder hat das Recht, den Vertrag jederzeit zu kündigen. Der eine versteht sich als Patient und möchte von seinem Leiden befreit werden; der andere offeriert Expertendienste für eine Gebühr. Der Handel ist billig, und das Recht des Patienten auf Intimität und Privatsphäre wird respektiert und geschützt.

Am anderen Ende des Vertragsspektrums liegt das Modell der *Zwangspsychotherapie*, meist anzutreffen in Institutionen wie Gefängnissen und Nervenheilanstalten, aber auch nicht unbekannt bei der Bürokratie mancher Krankenhäuser oder sogar hin und wieder in Privatpraxen. In dieser Situation entscheidet sich der Patient nicht freiwillig dazu, die Hilfe des Therapeuten zu suchen. Er kommt statt dessen unter dem Zwang durch ein Gericht angedrohter Sanktionen, unter dem Druck der Familie oder der Gemeinschaft, der er Angst gemacht hat, oder weil Therapie seine einzige Hoffnung ist, politische und soziale Freiheit wiederzuerlangen. Die soziale Macht des Therapeuten liegt in seiner Rolle, und die Ungleichheit in der Beziehung zwischen den Beteiligten ähnelt mehr dem Verhältnis zwischen Wächter und Gefangenem als einer Therapiegemeinschaft, wo einer dafür bezahlt wird, daß er einem anderen hilft. Der wirkliche Patient, der Erleichterung sucht, ist die Familie beziehungsweise die Öffentlichkeit, die dafür sorgt, daß der ›Kranke‹ in die Hände des Fachmanns kommt und die sein Honorar bezahlt. Sie haben nicht das Ziel, sein Leiden zu vermindern, sondern wollen lediglich die soziale Kontrolle wiederherstellen. Als Agent der Gesellschaft (und nicht als sein eigener oder der des Patienten) schätzt und schützt der Therapeut die Privat- und Intimsphäre seines Klienten natürlich wenig.

Die dritte Alternative ist ein Modell, das man *bürokratische Psychotherapie* nennen kann. Sie steht irgendwo zwischen den beiden anderen. Zwar bietet sie einige Vorteile des ersten Modells (das der freiwilligen Teilnahme), ist aber andererseits noch heimtückischer als das zweite, weil man den Feind nicht deutlich sehen kann. Der Therapeut arbeitet für Institutionen wie Kliniken oder Schulen, und der Patient kann teilnehmen oder nicht. Der Therapeut ist ein Doppelagent, dessen Vertrag und Loyalität genauso sehr Bestandteil seiner Verpflichtung gegenüber seiner Agentur und der Öffentlichkeit sind, wie sie dem Patienten zugute kommen. Das Beste und Schlechteste an Gepflogenheiten der sozialen Wohlfahrt ist im Spiel, wenn der Therapeut über das Ziel der Behandlung entscheidet (zum Besten des Patienten), damit der Patient nicht in Schwierigkeiten kommt, sondern sich ›würdigen‹, der Allgemeinheit dienenden Aufgaben zuwendet. Der bürokratische Therapeut ist zwar kein Kerkermeister (wie der Zwangs-Therapeut), aber die Umstände, unter denen den oft unterprivilegierten Patienten das Geschenk der Wohlfahrtstherapie angeboten wird, implizieren klar die Überlegenheit des Experten. In diesem ambivalenten Rahmen werden

Privat- und Intimsphäre des Patienten gar nicht als entscheidend für ihn betrachtet. Meistens ist daher der Schutz für seine Rechte nur unvollständig und steht auf wackligen Füßen.

Das Verhältnis des Patienten zur klinischen Bürokratie ist fast so entmutigend wie K.s Stellung gegenüber dem Schloß.

Diese bedrohliche Undurchschaubarkeit hat zu oft auch die Kindheit des Patienten beeinflußt. Bob wuchs in einer Familie auf, in der es ganz offensichtlich Regeln gab, aber worin die eigentlich bestanden, konnte er nie herausfinden. Von Zeit zu Zeit geriet seine Mutter völlig aus der Fassung, überschüttete ihn mit Beschimpfungen und bestrafte ihn grausam, aber er kam nie dahinter, was er wohl falsch gemacht hatte. Der Grund war, daß die Familiengesetze sich offenbar änderten. Als Kind begriff er nicht, daß Gesetz und (Un)ordnung in seiner Familie sich nach einer unausgesprochenen Meta-Regel richteten, die besagte, daß alles, was Mutter ängstigen konnte, jederzeit absolut verboten war. Nur war es eben jeden Tag etwas anderes, was sie so aufregte, und man konnte es nie vorhersehen, es gab keine Warnungen und keine Erklärungen. Zu der Zeit, als ich Bob traf, war er Psychotherapeut geworden, teilweise aus dem Wunsch heraus, die Regeln, die das Verhalten anderer Leute bestimmten, zu entdecken.

Von seinem Vater wußte Bob nicht viel, eigentlich nur, daß er ein wichtiger Mann war, dessen ganze Zeit von einer anspruchsvollen Karriere eingenommen wurde. Er war eine Gestalt des öffentlichen Lebens, und Bob hatte daran zu glauben, daß Zeit und Tatkraft seines alten Herrn größeren, außerfamiliären Erwartungen gewidmet waren, die zu verstehen er immer gerade irgendwie zu klein war (es dachte allerdings nie jemand ernsthaft daran zu versuchen, sie ihm zu erklären). Sein Vater »entdeckte«, daß er einen Sohn hatte, als ein Zufall sie zusammenführte. Es gab damals »Gründe«, aus denen sein Vater sich zurückziehen mußte, »eine Frage von Prinzipien«. Bob war vierzehn und erprobte gerade die einzige Lehre, die das väterliche Modell ihm gegeben hatte: er hatte gelernt zu schuften. Zu der Zeit, als der Vater sich ins Privatleben zurückzog, hatte sich der Sohn in der Nachbarschaft ein Monopol auf Rasenmähen aufgebaut. Vater zeigte gleich großes Interesse und demonstrierte es, indem er Bob mitnahm, um ihm einen teuren Motormäher zu kaufen. Als ich Bob traf, arbeitete er immer noch wie ein Besessener, viel zu lange jeden Tag, und übernahm alle »herausfordernden« (lies: schwierigen) Pflichten, die es in der Klinik gab, wo er arbeitete.

Er war ein begabter junger Mann, der arbeitete und arbeitete und arbeitete, aber nie sicher war, ob er auch genug tat, und insgeheim seine Verpflichtungen haßte. Sein schlechtes Gewissen, nicht genug zu tun, war dasselbe Gefühl, das die meisten von uns haben, wenn sie sich insgeheim darüber ärgern, daß so viel von ihnen verlangt wird. Er schwankte zwischen dem Eindruck, daß er seine Arbeit perfekt machte und nichts mehr zu lernen hatte, und dem Gefühl, keine Ahnung zu haben, was zum Teufel er da eigentlich machte. Es kam ihm nie in den Sinn, einmal herauszufinden, was er selbst gern tun wollte, oder um Hilfe, Rat und Erklärung zu bitten. Unnötig zu sagen, er heiratete eine junge Frau, deren Masche Naivität war, die nur allzu sehr von der Weltgewandtheit ihres Mannes beeindruckt war. Er mußte ihr beibringen, worum es im Leben eigentlich geht. Noch vor der Behandlung stellte sich allerdings unseligerweise heraus, daß einige seiner Verhaltensweisen sie oft fürchterlich aufregten, ohne daß sie ihm erklären konnte, was eigentlich falsch war. Während einer Therapiesitzung für Ehepaare ließ Bob eines Tages von dem Kampf mit seiner Frau ab und klagte über Depressionen, die er hatte, weil er sich unfähig für seine Arbeit fühlte. Er hatte einen Job angenommen, den sonst keiner wollte. Er leitete eine Therapiegruppe für Kriminelle, die nur in die Klinik kamen, weil sie sonst ins Gefängnis zurückgeschickt worden wären. Es war diese Art von völlig undankbarer Arbeit, die ich längst aufgegeben hatte, weil ich fühlte, daß sie mir nicht bekam. Mein oberstes Prinzip war schließlich geworden: Paß auf dich selbst auf! Am Abend zuvor hatte er in der Klinik gewartet, und kein einziges Mitglied der Gruppe war erschienen. Er hatte Angst, wegzugehen, und wußte nicht, was er tun sollte, denn er hatte keine eigenen Regeln für diese Situation und wußte nicht, ob er einen Anspruch darauf hatte, daß die Leute, die er behandelte, auch erschienen. Er war sicher, daß ich nicht helfen konnte, daß er es einfach durchstehen mußte, herauszufinden, was er »zu tun hat«. Ich machte ihn darauf aufmerksam, daß er sich weigerte, nach Klarstellung zu fragen, und versicherte ihm, ich könne ihm sehr wohl helfen, ich hätte das selbst durchgemacht und wüßte noch, wie schrecklich es war; einige Dinge seien einfach zu viel für einen allein. Als er mich fragte, wie ich die Situation verstand, sagte ich ihm, daß seine Familie ihm eine wichtige Regel vorenthalten hatte, nämlich daß es für jeden von uns wichtig ist, seine eigenen Gefühle und Wünsche zu kennen. Er sagte, sein Wunsch sei, diesen Job aufzugeben; eine so unkooperative Gruppe von Kriminellen zu leiten, sei ihm einfach zu schwer. Ich dachte mir, das sei wohl das Richtige für ihn, einfach deshalb, weil er selbst es wollte. Wann er es denn tun würde? Da begann er eine Menge von Erklärungen aufzuhäufen, die darauf hinausliefen, daß er nur eine Schachfigur war, gefangen in der eng verzahnten Maschinerie der Klinikpolitik und der Anforderungen der Besserungsanstalt. Die Gruppe ermutigte ihn, sich nach seinen Wünschen zu richten, sich seine Situation klarzumachen, seine Chancen wahrzunehmen. Ich lachte ihn aus, weil er es nicht tat, und versicherte ihm, daß Dummköpfe wie er es mir so einfach machten, immer nur zu tun, was mir gerade paßte, und damit auch noch durchzukommen. Im Laufe der Jahre war mir klargeworden, daß ich um so öfter bekam, was ich wollte, je mehr ich beanspruchte.

Am Ende der Sitzung schien er nicht überzeugt zu sein. Es gab Regeln da draußen. Immer hatte sie jemand anderes gemacht, und es blieb hilflosen kleinen Kerlen wie ihm überlassen, sie zu begreifen, um nicht bestraft zu werden. Aber im Laufe der Monate seiner therapeutischen Pilgerschaft hatte er genug erreicht, um seine Bemühungen zum Erfolg zu bringen. Er kam in der nächsten Woche wieder, verwandelt und staunend. Es stellte sich heraus, daß er meine Erlaubnis, zu tun, was er wirklich wollte, akzeptiert hatte. Alles, was ich tatsächlich für ihn getan hatte, war, ihm zu erlauben, ohne Erlaubnis der Eltern zu handeln. Ihre Regeln waren zu undurchsichtig und eigentlich auch gar nicht mehr relevant; er konnte sich eigene machen, er mußte es nur wagen.

Am Morgen nach der letzten Sitzung hatte er die Sekretärin der Klinik beauftragt, allen Gruppenmitgliedern einen Brief zu schicken mit der Mitteilung, daß er die Gruppe auflöste, weil offensichtlich kein Interesse daran bestand. Außerdem schickte er dem Leiter des Gefängnisses und seinem Klinikdirektor Notizen gleichen Inhalts. Dann stand er eine Angstattacke durch, während er der Blitze vom Olymp harrte, der *Nemesis,* mit der die Götter den winzigen Sterblichen strafen, der die *Hybris* besitzt, sie herauszufordern. Trotzdem fühlte er sich seltsam erleichtert, sogar schon bevor sich die Konsequenzen seines Handelns zeigten.

Ich versicherte ihm, noch bevor ich erfuhr, was nun dabei herausgekommen war, daß er richtig gehandelt hatte, was immer das Ergebnis sein würde: weil er seine Wünsche geachtet hatte. Die Resultate erwiesen sich als spektakulär, aber für mich war das nur die Sahne auf dem Pudding, denn der eigentliche Erfolg war ja, daß er überhaupt versucht hatte, sich durchzusetzen. Die Mitglieder der Therapiegruppe protestierten nicht; sie hatten von Anfang an nicht mitmachen wollen. Der Klinikdirektor nahm es einfach hin und machte deutlich, daß er Bobs Urteilsfähigkeit und seiner Bereitschaft, seinen eigenen Vorstellungen gemäß zu handeln, seit langem vertraute. Das Gefängnis bot ihm (bei beträchtlich höherem Gehalt) den Posten eines Beraters bei Entscheidungen über die Anstaltspolitik an. Einmal bereit, sich seine Wünsche zu eigen zu machen, wurde er von einer Randfigur zum Angelpunkt. Er hat das Angebot nicht angenommen, sondern beschlossen, sein Glück mit einer privaten Praxis zu versuchen, wo er selbst die Regeln macht und sein eigener Boß ist.

Jedes System, das gegensätzliche Elemente zu vereinigen versucht, enthält eine Tyrannei. Regeln für Gruppen verletzen immer Rechte des Individuums. Sklave und Herr, beide ihrer Menschlichkeit beraubt, sitzen in der gleichen Falle (der größte Teil meiner Sympathie gehört allerdings dem mehr direkt Unterdrückten von den beiden). Es ist natürlich notwendig, Regeln und Verfahrensweisen zu haben, wenn man große und komplizierte Ziele verfolgt, aber die Frage, ob es die Kosten wert ist, muß ständig neu gestellt werden. Anarchie brächte den Menschen nie zum Mond, aber vielleicht wird sie einmal die einzige Möglichkeit sein, hier auf der Erde zu überleben.

Katholische Theologen machen einen Unterschied zwischen der sichtbaren und der unsichtbaren Kirche. Die unsichtbare Kirche ist der ideale Ausdruck dessen, was Christus vorhatte; die sichtbare Kirche ist die unvollkommene Konkretisierung dieser Vorstellung in einer politisch-sozialen Organisation, die von sterblichen Menschen geleitet wird. Alle Institutionen bleiben hinter ihrem Zweck zurück. Manchmal scheint mir, daß die Schwierigkeiten, die sie verursachen, größer sind als ihre Vorteile, daß sie Übel mit sich bringen, die ihren sozialen Wert zumindest aufwiegen. Die Familie ist die soziale Institution, der ich am meisten vertraue, und es hat Zeiten gegeben, wo mir selbst das als ein Fehler erschienen ist.

Als Psychotherapeut halte ich mich nicht für einen ›Anpasser‹; ich möchte helfen, das Bewußtsein zu erweitern, nicht es einzuengen. Ich habe kein Interesse daran, Leute zu veranlassen, sich unserer ziemlich unbefriedigenden Kultur anzupassen. Zugleich bin ich aber auch kein ›radikaler‹ Therapeut, der Revolution und sozialen Wandel predigt. Statt dessen hoffe ich, den Pilgern, die meine Führung suchen, zeigen zu können, daß alle Regeln bloße Konventionen sind, Spiele, die man spielen kann oder nicht. Man muß nur sehen, daß sie Spiele sind, dann wird man frei, zu tun, was man will, und die Konsequenzen seines Handelns selbst zu tragen. Einigen Patienten muß man erst das Spielen beibringen, bevor sie frei genug werden können, ihre Wünsche kennenzulernen und ihnen zu folgen. Man muß in ihren *Köpfen* eine Revolution anzetteln; sie

104

sind mehr Gefangene ihrer eigenen Regeln als der sozialen Erwartungen und Zwänge. Ein Patient namens Bernard gibt dafür ein treffendes Beispiel.

Obwohl Bernard viel erreicht hatte, war er irgendwie nie zufrieden. Er war ein glänzender, junger graduierter Student, von dem so viel gehalten wurde, daß er schon Projekte übernehmen durfte, die gewöhnlich erfahreneren Professionals vorbehalten blieben. Seine schöne, junge Frau liebte und bewunderte ihn so sehr, daß sie niemals eine wichtige Entscheidung fällte, ohne ihn um Rat zu fragen. Er konnte mit vielen Dingen so gut umgehen, daß es oft leichter für ihn war, allein zu arbeiten, als um Hilfe zu bitten. Deshalb war es eine schwere Entscheidung für ihn, zur Psychotherapie zu gehen. Er kam nur zu mir, weil er es als seine Pflicht betrachtete, alles herauszufinden. Es brachte ihn ganz durcheinander, als ich ihm gleich sagte, ich wüßte schon, was sein Problem sei, und brauchte mir deshalb gar nicht erst lange seine Erklärungen anzuhören. Ich schlug ihm vor, die Therapie dazu zu nutzen, spielen zu lernen, aber das sei keine Forderung, denn es sei im Grunde gleichgültig, was er tat oder warum.

In einer Sitzung versuchte er verzweifelt zu verstehen, warum sein Vater so viel von ihm verlangt und ihm so wenig gegeben hatte. Ich lachte ihn aus; wenn er für die schlechte Behandlung durch den Vater nach Gründen in sich selbst suchte, war das sinnlos, wie über Vaters »unbewußte Motivation« zu spekulieren (oder darüber, was der alte Herr nun *wirklich* vorgehabt hatte). Das sei völlig gleichgültig, sagte ich ihm, er versuche mit diesen Überlegungen immer nur wieder, einen Weg zu finden, einen Vater zu erfreuen, der nie versucht hatte, ihn zu erfreuen. Bernard sagte, darum ginge es gar nicht. So sei er nun mal. Er müsse die Dinge ergründen, sonst würden sie an ihm nagen und er könne seine Aufmerksamkeit überhaupt nicht mehr auf etwas anderes richten. Ich sagte, ich wisse, wie ich ihm dabei helfen könnte, aber es würde erfordern, daß er in den nächsten fünf Minuten alles tat, was ich ihm sagte, gleichgültig, wie albern es ihm vorkam. Nur fünf Minuten, dann dürfte er weiterbrüten, wenn er dann noch wollte. Wir hatten schon genug Gutes miteinander erlebt, so daß er mir auch diesmal vertraute. Er war übrigens sicher, daß er zu seiner Manie zurückkehren würde.

Er war völlig von den Socken, als ich ihn bat, mir alles zu erzählen, was er über das Schnabeltier wußte. Er versuchte es und beschrieb es so: »Ein seltsam aussehender Vogel, nein, ein Tier mit einem Vogelschnabel, in Australien und Neuseeland, ausgestorben.« Ich sagte ihm, wie ich mich freute, daß er so viel über mein Lieblingstier wußte, aber er protestierte, er wisse nicht genug, um das zu tun, was ich noch verlangt hatte: eine Geschichte über das Schnabeltier zu erzählen. Ich versicherte ihm, das einzige Problem sei, daß er vielleicht schon zuviel wußte, daß aber die Geschichte auf keinen Fall schiefgehen konnte.

Zögernd begann er, wurde erst warm, als die Geschichte richtig in Gang kam. »Meine Geschichte fängt mit einem merkwürdig geformten Ei am Ufer eines Baches an. Es sind keine anderen Lebewesen in der Nähe, und die Eischale fängt an aufzubrechen. Was immer da drin ist, jetzt schlüpft es aus. Aus der Schale klettert ein höchst seltsam aussehender kleiner Kerl, der fast wie ein Otter mit Entenschnabel aussieht. Er stolpert herum, versucht zu laufen, scheint aber selbst nicht zu wissen, wie seine Füße funktionieren. Er flattert mit den Flossen, aber er kriegt auch nicht raus, wie man fliegt. Dann entdeckt er sein Spiegelbild im Fluß: nichts scheint zusammenzupassen. Er sieht aus wie eine zusammengeflickte Sammlung von Einzelteilen verschiedener Herkunft, die nicht so recht darstellen können, was er eigentlich sein soll. Er sitzt am Ufer, deprimiert, und begreift das alles nicht.« »Und was dann?« fragte ich. »Das war's; sitzt einfach da in seinem Kummer.« »Das ist doch keine Geschichte. Da fehlt ja das Ende.« Wir kämpften schweigend; schließlich gab er nach. »O.K., der kleine Kerl steht auf und sieht in den Fluß, nicht auf sein Spiegelbild, sondern ins Wasser. Es sieht kühl und einladend aus. Er weiß zwar immer noch nicht, wie er dazu gekommen ist, ein solches Sammelsurium zu sein, aber scheiß drauf!« Glucksend vor Vergnügen fuhr er fort: »Der kleine Kerl springt einfach ins Wasser und spielt und spielt und spielt und spielt. Das kann er, er weiß einfach, wie es geht.«

Den Rest der Sitzung benutzte Bernard dazu, »einfach herumzusitzen und sich wohl zu fühlen.« Er wußte nicht, wie ich ihn dazu gebracht hatte, sich so glücklich und entspannt zu fühlen, aber er fand heraus, daß er es später auch allein konnte, obwohl er nie dahinterkam, wie es funktionierte.

So ist es oft mit der Absicht, die Regeln des Lebensspiels zu lernen. Der Pilger/Patient versucht beharrlich, den Guru/Therapeuten zu veranlassen, ihm etwas beizubringen. Er ist sicher, daß es mehr geben muß im Leben als das was er erreicht hat, irgendeine versteckte Ordnung, die nur entdeckt werden muß und dann der Schlüssel zu Glück, Vollkommenheit und sorgenfreiem Leben sein wird. Der Therapeut scheint zu wissen, was *er* tut. Bestimmt hat *er* die Regeln des Spiels gelernt und gemeistert. Der Patient glaubt einfach nicht, daß der Therapeut nur ein Spiel gelernt hat: kein Spiel zu spielen.[3] Was soll er aus der Erkenntnis machen, daß die einzigen Regeln, denen der Therapeut folgt, *Meta-Regeln* sind, Regeln über Regeln? Der Therapeut lehrt damit, daß alle Regeln bloße willkürliche Übereinkünfte sind, manchmal nützlich, aber nie notwendig, manchmal angebracht, aber nie von bleibender Bedeutung. Er benutzt sie nur versuchsweise als Richtlinien und nimmt sie nie ernster als sich selbst; sie sind nur Scheinnormen, von denen man abweichen kann. Er hat keine Regeln, die er nicht zu brechen bereit ist; er kommt mit scheinbarer Konstanz vorwärts, aber man muß dabei auch seine Umwege, Widersprüche und Kehrtwendungen sehen. Er glaubt nicht mehr an das Gesetz und ist nicht mehr bereit, die Verantwortung an irgend etwas anderes abzugeben. Er will sein eigenes Leben leben, so gut er kann, die Konsequenzen tragen und keine Ausflüchte machen. Aber nicht einmal diese Freiheit ist für ihn eine dauernde Errungenschaft; in jedem Moment droht sie ihm zu entgleiten und muß zurückerobert werden. Wenn er sein eigenes Leben leben will, muß er für den Rest dieses Daseins immer wieder die Illusion der Sicherheit aufgeben für die heilige Ungewißheit, niemals genau zu wissen, was das eigentlich alles soll.

Kein Wunder, daß Therapeuten oft von Zen-Koans, schamanistischen Trancezuständen und dergleichen fasziniert sind. All das erinnert sie an die Willkürlichkeit der Regeln, die den vergänglichen Anschein von Ordnung in dieses absurd chaotische und erschreckend zufällige Leben bringen.

Eleusis und *Ultima*[4] sind die einzigen Spiele, die mir jemals bei den jährlichen Arbeitstagungen der American Academy of Psychotherapists begegnet sind.

Das erste, *Eleusis*, ist ein recht ungewöhnliches Kartenspiel, ganz anders als normale Kartenspiele, die eine Anzahl von Regeln haben, welche jedem Spieler von vornherein bekannt sind. Wenn man eine Partie *Eleusis* spielt, kennt man die Regeln nicht, die diese Runde regieren werden. Nur wenn man die geheime Regel herausfindet, hat man die Chance, richtig zu spielen und zu gewinnen. Aber jede neue Runde hat einen neuen Geber, der dann an der Reihe ist, eine neue Schlüsselregel zu erfinden. Um überhaupt eine Chance zu haben, muß der Spieler die völlige Willkürlichkeit der Regel erkennen; er muß flexibel genug sein, eine Möglichkeit nach der anderen auszuprobieren und solche Strategien fallenzulassen, die sich als untauglich erweisen. Der Geber erklärt seine Regel nicht, er sagt nur, ob eine bestimmte Spielweise ›richtig‹ oder ›falsch‹ ist, und jeder Spieler muß sich von seinen Erfahrungen leiten lassen.

Ultima, eine komplexe Variante des Schachs, wird mit normalen Figuren auf einem normalen Brett gespielt, aber auf ziemlich unkonventionelle Art. Seine Regeln ahmen die subtilen, versteckten Taktiken nach, mit denen die Leute manchmal versuchen, einander zu kontrollieren und zu beherrschen. Bei den meisten anderen Kriegsspielen gibt es nur eine direkte Methode des Schlagens (wie zum Beispiel durch Überspringen beim Damespiel oder im Schach, indem man in das Feld einer gegnerischen Figur rückt). Bei *Ultima* gibt es mehr und subtilere Methoden zu schlagen; wie weit eine Figur sich bewegen darf, hängt davon ab, wie weit sie schon in feindliches Territorium vorgedrungen ist. Einige Regeln sind z. B.:

1. Der Rückzieher *kann die Figur neben ihm schlagen, indem er sich von ihr* entfernt.

2. *Der* Koordinator *schlägt einen Feind, den er zwischen sich und einen Verbündeten bringt.*

3. *Der tödliche* Blockierer *kann nicht selbst schlagen, aber er paralysiert jede feindliche Figur, neben der er steht, und erst wenn er abgezogen wird, bekommt sie ihre Kraft zurück. Nur durch den Selbstmordzug kann die blockierte Figur entkommen. Sie kann sich selbst vernichten, um so den Weg für eine Attacke auf den Blockierer frei zu machen.*

4. *Das* Chamäleon *kann auf jede Weise schlagen, muß es aber genau in der Art tun, wie sein Opfer schlägt. Die Art des Angriffs hängt davon ab, welche Figur das Chamäleon schlagen will. Natürlich kann kein Chamäleon ein anderes schlagen.*

Die Methoden des Schlagens bei *Ultima* sind Metaphern für Spiele, die Leute spielen. Gleichzeitig helfen diese Spiele dem Therapeuten, sich immer daran zu erinnern, daß die Basis, auf der alle Regeln begründet sind, der Zufall ist. Unwandelbare Regeln, gewonnen aus unfehlbaren Quellen, sind zwar angenehm, aber auf dieselbe Art, wie ein eingesperrter Straftäter Sicherheit bedeutet.

Man muß nicht alle Gesetze aufgeben, aber eines der Ergebnisse der Pilgerschaft eines Patienten kann sein, daß er Moralgesetze mit anderen Augen sieht. Wenn er ein tieferes Gefühl von seiner eigenen Identität bekommt, ein Gefühl, daß sein Ich auf dem Wissen um seine Wünsche und auf dem Vertrauen in seine Gefühle beruht, kann er einen Rahmen *situativer Ethik* entwickeln, in dem Regeln zu provisorischen Richtlinien werden. Jede Handlung wird er unter dem Gesichtspunkt ihrer existentiellen Bedeutung als persönliche Erfahrung beurteilen müssen, anstatt sie an einer Regel zu messen, die vor langer Zeit irgendwo weit weg in einen Stein gehauen worden ist. Sogar das mosaische Gesetz, die Zehn Gebote, die Grundlage der jüdisch-christlichen Tradition, wird wieder lebendig, wenn seine Fundamente auf diese Art erschüttert werden. Uns wird aufgehen, daß die Verbote gegen Lüsternheit, Diebstahl und sogar Totschlag nichts weiter sind als Mahnungen daran, daß Menschen immer und überall zu diesen Ausschreitungen neigen. Deshalb zupft Gott den Pilger am Ärmel und rät ihm, nie zu vergessen, daß er nur ein Mensch ist. Er muß auf seine Gefühle achten und auf den Sinn seines Tuns, wenn er für sich da sein will und doch auch für andere.

9. Die Geschichte vom heiligen Krieger

John Bunyan verbrachte fast zwölf Jahre seines Lebens im Gefängnis; er wählte Anti-Establishment und religiösen Nonkonformismus, die ihn die Freiheit kosteten, ihm aber auch Gelegenheit gaben, für seinen Glauben zu zeugen. Er war ein Arbeiter im England des 17. Jahrhunderts, Sohn eines Kesselflickers und wurde abtrünniger Prediger der puritanischen Lehre, jener »harten Disziplinierung des Lebens im Dienst eines inbrünstigen Glaubens.«[1]

Er schrieb, um seine Geschichte zu erzählen, um seinen Weg zu finden und um seiner hirtenlosen Gemeinde den Mut zu geben, politischer Unterdrückung und menschlicher Versuchung zu widerstehen. Er bittet sie, beim Lesen der Geschichte an dies zu denken: »Ich sende euch hier einen Tropfen jenes Honigs, den ich in dem toten Leib eines Löwen fand (Richter 14,5–9). Ich habe selbst auch davon gegessen, und es hat mich sehr erfrischt.«[2]

Die eindrucksvollste Gestaltung seines geistigen Kampfes ist der allegorische Roman *Pilgerreise zur seligen Ewigkeit*[3]. Von Anfang an ist deutlich, daß er von einem starken persönlichen Bedürfnis zu dieser Reise gedrängt wird:

Als ich durch die Wüste wanderte, kam ich an einen Ort, wo eine Höhle war; ich legte mich da zum Schlafen nieder und hatte nun, als ich schlief, einen Traum. Siehe, ich sah an einem Ort einen Mann stehen in einem unflätigen und zerrissenen Kleid, sein Antlitz von seinem Haus abgewandt, mit einem Buch in der Hand und einer großen Last auf dem Rücken. Ich sah zu und wurde gewahr, daß er das Buch öffnete und darin las, und während er las, weinte und zitterte er, und da er sich nicht länger halten konnte, brach er in den Angstschrei aus: »Was soll ich tun?«[4]

Auch viele Patienten, die im Begriff sind, eine psychotherapeutische Pilgerschaft aufzunehmen, finden sich durch beunruhigende Träume, nächtliche Visionen, die prophetischer Ausdruck ihrer geistigen und seelischen Krise sind, zu diesem Wagnis gedrängt. Ich erinnere mich an einen gequälten jungen Geistlichen, der meine Hilfe suchte, weil ihm immer mehr zum Bewußtsein kam, daß er zwar alle Kniffe kannte, sein Amt erfolgreich auszuführen, ihm aber echte, gefühlvolle geistige Substanz fehlte. Seine oberflächliche Gewandtheit, mit der er bei vielen Anklang gefunden hatte, wurde zunehmend fruchtlos, als er bemerkte, daß seine besondere Art inspirierter Güte eine subtile Form des Bösen war, daß er eigentlich nichts Gutes im Sinn hatte. In der Woche nach unserer ersten Begegnung träumte er, er sei ein mächtiger, magische Formeln schleudernder Zauberer. Aber in diesem Traum erkannte er, daß seine Gebärden und Beschwörungen keine Blitze mehr zucken ließen. Er fuchtelte unfähig mit seinen Händen herum und murmelte Zaubererkauderwelsch, mußte aber einsehen, daß zum ersten Mal niemand von seiner Hexerei beeinflußt wurde. Das war der Anfang eines langen Kampfes, in dem er allmählich seinen Glauben zurückgewann und erneuerte, aber nicht, indem er andere kontrollierte, sondern durch Hingabe an sich selbst.

Bunyans Traumfigur ist Christian, der geistige Pilger dieser Allegorie. Das Buch ist die Bibel, in dem er die Prophezeiung seiner Vernichtung gefunden hat; er liest dort, »daß Feuer vom Himmel diese unsere Stadt verzehren wird.«[5] Auf seinem Rücken trägt er die Last seiner eigenen Sünde. Was soll er tun? Vergeblich versucht er, die anderen aufzurütteln, findet aber, daß jeder nur seine eigene Seele retten kann. Ein Mann namens Evangelist taucht auf und gibt ihm den Rat: »*Entfliehe dem zukünftigen Zorn.*«[6] Er muß einem hellen Licht zur engen Pforte folgen; wenn er dort anklopft, wird er Antwort finden und hören, was er tun muß.

So beginnt Christians Pilgerschaft. Sein Weg ist übersät mit gefährlichen Versuchungen, aber es gibt auch unerwartete Helfer unterwegs.

Am Anfang seiner Reise fällt er in den Sumpf der Verzagtheit, ein »Ort, der nie ausgeräumt werden kann, denn er ist der Abflußort, in den der Abschaum und Unflat, der durch die Erkenntnis der Sünde entsteht, beständig abfließt.«[7] Diese Erkenntnis der Sünde ist das Erwachen der Seele, die erste Station der puritanischen Umwandlungserfahrung. Wie in der Psychotherapie fängt man damit an, daß man sich erst einmal seinem eigenen Abfall stellt.

Später auf seinem Weg begegnet Christian »einem Herrn mit Namen Weltklug aus der Stadt Fleischesklugheit«.[8] Dieser rät ihm, seinen zu beschwerlichen und gefährlichen Weg zu verlassen, denn er wird auf ihm »nichts als Beschwerden, Schmerzen, Hunger, Blöße, Schwert, Löwen, Drachen, Finsternis, kurz, den Tod selbst und wer weiß was noch alles antreffen«.[9] Fast ist Christian dazu bereit, nicht weiter darum zu ringen, daß er »durch die enge Pforte eingeht«[10], aber er entdeckt, daß es keine Erlösung durch Moral und Rechtschaffenheit gibt. Das Mißlingen seines Versuchs ist in der puritanischen Psychologie der Umwandlung die zweite Stufe. Sich vor der Aufgabe zu drücken, ist für den christlichen Wanderer ebensowenig eine Lösung wie für den Psychotherapie-Patienten.

Mit Hilfe der Geduld erfährt Christian am Tor, daß er nur durch allmähliche Vervollkommnung in Bibelstudium und Meditation erleuchtet werden kann. Auch diese dritte Stufe der Umwandlung hat in der Psychotherapie eine Entsprechung: der Patient muß lernen, daß der Wandel nur in kleinen Stücken eintritt, die mit Zeit und schmerzvollen Anstrengungen erkauft werden müssen. Christian geht die gerade Straße weiter und findet sie jetzt auf beiden Seiten von den Mauern des Heils gesäumt. Mit großer Anstrengung erreicht der den Ort, wo das Kreuz steht, und die Last der Sünde fällt von seinem Rücken in ein offenes Grab. Hier nun findet er Erlösung, die letzte Stufe seiner Umwandlung. Und doch ist dies nicht das Ende des Dramas, sondern sein Anfang. Wenn ein Patient den Versuch aufgibt, sich einfach nur besser fühlen zu wollen, und einsieht, daß er sich statt dessen ändern muß, dann ist das auch ein neuer Anfang.

Der Gedanke, daß die Pilgerschaft selbst und nicht ein Endpunkt das geistige Ziel ist, war schon immer schwer zu fassen. Christus kam, und mit der revolutionären Begeisterung eines wahren Schamanen stellte er das Judentum auf den Kopf. Seine Gegner waren die Pharisäer, die ihre Landsleute in Sünder und Heilige eingeteilt hatten. Sie selbst zählten natürlich zu den Gerechten, während die anderen (die Sadduzäer) als Missetäter verdammt wurden. Sie wollten das religiöse Establishment aufrechterhalten; Christus kam, um das Gesetz zu erneuern, und kehrte es durch revolutionäre Neuinterpretation um. Er rüttelte die Massen auf und schickte sie einmal mehr auf die Reise zum Heil.

Das war eine Zeit, in der es eine Atmosphäre von echter religiöser Gemeinschaft, von Liebe und gemeinsamer Suche gab. Aber es kam, wie es immer kommt, das Charisma der inspirierten Führerschaft Christi verwandelte sich sehr bald in Routine. Praktische Überlegungen – wie soll man die Kirche erhalten und ihre Macht ausbauen? – löschten bald das Feuer der erregenden Erfahrung, einer der ersten Christen zu sein. Statt dessen mußte man lernen, ein *guter* Christ zu sein. Es war nicht mehr wichtig, die Erlösung zu leben, man war nur noch darauf aus, sie zu erlangen und festzuhalten. Erlösung, das Eingehen in das Königreich Gottes, wurde etwas, auf das man hinarbeiten mußte, eine heidnische Utopie von einem Ort der Vollkommenheit, den man erreichen mußte, eine Pilgerschaft mit einem Endziel. Etwas davon ist auch in der *Pilgerreise zur seligen Ewigkeit* zu finden, aber in seinen besten Stunden ist es Christian, Bunyans »Mann auf dem Marsch«, wichtiger, unterwegs zu sein als anzukommen.

Heutige christliche Existentialisten haben diesen Unterschied erhellt, indem sie zeigten, daß ›Gut‹-Sein für den Lohn des Himmels ein pietistisches Streben ist, eher durch Stolz als durch Tugend gekennzeichnet. Das Königreich ist schon da. Es ist hier, jetzt, in jedem Moment, für jeden von uns. Um es zu erreichen, muß man es nur annehmen. Jeden Augenblick der Erlösung muß man um seiner selbst willen erfahren, als Teil der geistigen Reise. Aber wir bekommen nichts, um es für immer zu behalten; wir bleiben nicht im Königreich Gottes, außer in der Zeit, wo wir unterwegs sind. Ewigkeit heißt nicht »für immer«, Ewigkeit heißt außerhalb der Zeit. Wenn wir als Pilger leben, treten wir in jedem Moment der Offenbarung aus der Geschichte heraus und in die Natur. Das Königreich ist da für die, die es ergreifen wollen, aber in jedem Augenblick muß man erneut danach greifen und im nächsten wieder. Die Offenheit für die Erlösung muß immer wieder behauptet werden. Der einzige Weg zum Heil ist, das Leben auf der Pilgerschaft zu verbringen.

Wie Bunyans Pilger wird der Psychotherapie-Patient ein einsamer Wanderer, ein beladener, fußkranker, einfacher, ehrenhafter Mensch. Solch ein heiliger Krieger, »ein Mensch, der vollständig existiert, ist der Mensch auf dem Marsch.«[11] Die Reise selbst ist seine Erlösung.

Für die psychotherapeutische Erfahrung ist es gleichgültig, *worum* es bei der Reise geht, einzig wichtig ist, daß der Patient auf dem Weg bleibt. Das ›worum es geht‹ ist dasselbe Pseudoproblem des »Inhalts«, das im Bereich der Kunst entstand, als »die Leute immer fragten, was ein Gemälde denn darstellt«.[12]

In der individuellen Therapie mögen wir den Patienten dazu bringen, sich auf seine vergangene Geschichte zu konzentrieren; in der Gruppentherapie können wir vielleicht sein Interesse für die Gruppenprozesse wecken. Wenn er – widerwillig – diese Aufgaben annimmt, kann er neben anderem anfangen, sich selbst zu verlieren, in dem Sinne, daß er sich der ihm zugeteilten Arbeit ganz hingibt. Sobald ihn das von seiner störrischen und selbstmitleidvollen Forderung loslöst, von jemandem getröstet zu werden, und zwar sofort, wird sich für ihn eine Möglichkeit ergeben. Er kann jetzt beginnen, den Therapeuten und die anderen Patienten als wirkliche Menschen mit eigener Persönlichkeit zu erfahren, als Leute, die für sich selbst und nicht nur für ihn Bedeutung haben, die gerade deshalb wichtig für ihn werden und ihn schließlich mit dem Sinn seines eigenen Lebens in Berührung bringen können.[13]

Marshall McLuhans Gedanken können helfen, den Vorrang der Form vor dem Inhalt in der Psychotherapie und bei anderen geistigen Pilgerschaften zu verstehen. Wenn er den starken Einfluß der sich entwickelnden Technologie kommunikativer Medien (vom Geschichtenerzählen der Primitiven über die Erfindung des Drucks bis hin zu unserem derzeitigen elektronischen Malstrom) diskutiert, lehrt uns, »daß *das Medium* die Botschaft ist«.[14] Die persönlichen und sozialen Auswirkungen eines Mediums resultieren mehr aus Gestalt und Umfang einer Botschaft als aus ihrem Inhalt.

Er unterscheidet weiterhin zwischen »heißen« und »kühlen« Medien. Ein heißes Medium wie das Fernsehen hat einen »hohen Definitionsgrad«, das heißt, es ist so wohlgefüllt mit Daten, daß der Zuschauer, um teilzunehmen, nur passiv rezeptiv zu sein braucht. Ein kühles Medium, wie zum Beispiel ein Buch, hat einen »niedrigen Definitionsgrad«, weil es weniger Information bietet und es dem Leser überläßt, es gemäß seiner eigenen Erfahrung zu füllen. »Kühle Medien erfordern beim Publikum ein hohes Maß an Beteiligung und Vervollständigung.«[15] Die Psychotherapie ist ein schönes Beispiel eines solchen kühlen Mediums.

Wenn man die These »das Medium ist die Nachricht« auf die Psychotherapie anwendet, so bedeutet das: die Meta-Annahmen und die Parameter der Psychotherapie sind selbst das Heilmittel, unabhängig von den Inhalten, über die der Patient diskutiert. Allein dadurch, daß er seine Aufmerksamkeit auf sich selbst konzentriert (indem er seine Geschichte erzählt), verändern sich schon die Dinge. Verhalten, das ihm bewußt ist, unterscheidet sich dadurch schon entscheidend von dem selben Verhalten, wenn es unbewußt ist. Tatsächlich bedeutet schon der bloße Akt, die psychotherapeutische Pilgerschaft aufzunehmen, eine Umwandlung; es ist das mutige Eingeständnis, daß es kritische Probleme gibt, und zugleich Ausdruck eines Verlangens nach Lösungen. Einzutauchen in das Medium der Psychotherapie, loszuziehen auf diesem schwierigen Weg, bedeutet schon eine Unterbrechung einiger Aspekte problemerzeugender Verhaltensweisen und Einstellungen.

Der Guru erleichtert diese Unterbrechung einzig und allein dadurch, daß er sich »Therapeut« nennt. Als Therapeut ist er frei von allen sozialen Regeln, die Höflichkeit oder Zugeständnisse verlangen. Er braucht keinen Schein zu wahren, keine Fragen zu beantworten, er muß nicht einmal ›vernünftig‹ sein. Gleichgültig, welchen Inhalt der Dialog hat, steht der Patient dem Zusammenbruch aller Spiele der sozialen Erwartung und aller intellektuellen Gedankenausflüge gegenüber, mit denen er sich normalerweise davor bewahrt, sich zu verändern oder sich seiner selbst und anderer Leute bewußt zu werden. Er findet sich plötzlich in einem ganz neuen Kontext, der von ihm verlangt, auf seine Gefühle zu achten und zu entdecken, daß in seinem Umgang mit anderen die Dinge oft nicht sind, was sie zu sein scheinen. In der Therapie wird ein Akt des Vertrauens von ihm verlangt: als Pilger ist er verpflichtet, alle Strapazen seiner Wanderung auf sich zu nehmen und zu ertragen. Er trifft sich regelmäßig mit einem anderen Menschen, der den Brennpunkt seiner Aufmerksamkeit immer wieder auf ihn selbst zurücklenkt und auf ihre Beziehung in der menschlichen Gemeinschaft, die zwischen ihnen besteht. Er wird sich mit seiner Verantwortung für sein Handeln auseinandersetzen müssen und gleichzeitig entdecken, daß er nicht alles in seinem Leben ganz unter Kontrolle hat.

Und wie Bunyans Pilger wird er lernen müssen, sich allein durchs Leben zu schlagen, ein einsamer Wanderer zu werden, dessen ganzes Leben eine lange Pilgerschaft ist, die ihn schließlich umwandeln wird. In Behandlung zu sein, mag ihm den Weg zeigen, den er reisen muß, aber es wird ganz an ihm liegen, sein Heil immer wieder selbst zu erneuern, indem er für den Rest seines Lebens unterwegs bleibt.

10. Die Geschichte vom ewigen Juden

Die Legende vom ewigen Juden[1] hat ihre Wurzeln in vorbiblischer Zeit. In ihr spiegelt sich die unauflösliche Verstrickung des Menschen in Schuld und Sühne, seine Suche nach einem letzten Sinn und die Faszination des Mysteriums von Leben und Tod. Er wird diesen Fragen immer tief verhaftet bleiben, sie sind zeitlos und an keinen Ort gebunden. Volksmärchen sind aus diesem Stoff gemacht.

Der Anti-Held der Legende erscheint in der Folklore vieler Kulturen und in mancherlei Gewändern. Nur das Thema bleibt gleich: *das Problem der Sühne*. Ich werde diesen Wanderer bei seinem mittelalterlichen Namen nennen, Ahasverus. Als sich Christus den Weg nach Golgatha hinaufkämpfte, war es Ahasverus, der ihn nicht ausruhen ließ und auch noch verspottete: »Warum trödelst du so? Geh schneller, Jesus, geh schneller!« Und Ahasverus war gemeint, als Jesus sich umwandte und sagte: »Ich gehe, aber du wirst warten, bis ich wiederkehre.«

So wurde Ahasverus verdammt, verzweifelt auf der Erde umherzuziehen und Christi Wiederkehr zu erwarten, »so verflucht, *es wäre gut gewesen für diesen Mann, nie geboren worden zu sein*«.[2] Als heimatloser Wanderer durch die Ewigkeit geht er von Ort zu Ort. Fragt man ihn, wann er angekommen ist, antwortet er stets: »Gestern«, und wann er wieder geht: »Morgen.« Er ist eine Metapher für alle Kinder Israels, und die Juden sind für jedermann das Symbol der heimatlosen Menschheit. Man sagt, ein Jude sei genauso wie jeder andere Mensch, *nur noch mehr*.

Der unerlöste Wanderer erscheint in der Folklore Asiens ebenso wie in den Geschichten primitiver Kulturen; sogar in der jüdisch-christlichen Tradition hat er viele Gesichter. Zeitweilig galt er als identisch mit dem Antichristen, dem Widersacher Christi. Trotzdem ist seine lebendige Vergegenwärtigung der Endlichkeit und Fehlbarkeit des Menschen der beste Ausdruck für die Liebe Gottes. Ohne den Verrat des Judas Ischariot hätte es keine Kreuzigung und keine Auferstehung gegeben. Judas ist jedermann, das enthalten die Worte Christi an jene, die ihm folgen wollten, das Kreuz zu tragen:

Wahrlich, ich sage euch: Es stehen etliche hier, die nicht schmecken werden den Tod, bis daß sie des Menschen Sohn kommen sehen in seinem Reich.[3]

Adams Sohn Kain ist der erste ewige Wanderer, der in der Bibel erscheint. Weil er seinen eigenen Bruder erschlagen hat, verdammt ihn Gott dazu, als Flüchtling in der Welt umherzuvagabundieren, und damit ihn niemand tötet, erhält der das Mal Gottes.

Die mildere, wehmütige jüdische Version der Legende vom Wanderer ist die Geschichte von Elias. Gott erwählte ihn, um die Menschheit an das Kommen des Messias zu erinnern. Er wird bis dahin nicht sterben dürfen, aber er ist kein Ausgestoßener. Er zieht durch die Welt, lehrt die Menschen, gut zu sein, und wird überall freudig aufgenommen.

Der reuige Sünder ist immer Gottes liebstes Kind. Jeder Mensch lebt in einem Zustand vager kafkaesker Schuld. Wie Hiob fühlen wir alle, daß es einen Grund für unser Leiden geben muß; wenn wir unglücklich sind, müssen wir es wohl verdient haben. Deswegen verlangen wir nach Vergebung und Sühne. Schließlich gäbe es für uns ja keine Hoffnung mehr, jemals Vergebung für unsere Sünden zu finden und in Ewigkeit von einem liebenden, allmächtigen Gott beschützt zu werden, wenn wir zugeben würden, daß wir in einem zufälligen Universum leben, wo Tugend oft nicht belohnt und das Böse nicht bestraft wird.

Es liegt in der Natur des Menschenlebens, mit gewissen existentiellen Ängsten ringen zu müssen.[4] Er verurteilt sich selbst, hört aber die Anklage und den Schuldspruch als die Stimme Gottes, des Schicksals oder der Gesellschaft. Er versucht gut zu sein, weiß aber, daß sein Handeln auch mit bösen Absichten durchsetzt ist. Er fühlt sich frei und für sein Leben verantwortlich und weiß doch, daß er so vieles von seinem Schicksal nicht selbst in der Hand hat. Wenn alle Mittel versagen, kann er zuletzt immer noch sich selbst und sein Leben ernst nehmen. Aber wie oft fragt sich jeder von uns in der Stille der Dunkelheit: »Was zum Teufel bedeutet das alles? Worum geht es eigentlich?«

Wanderer auf der psychotherapeutischen Pilgerschaft verlangen oft nach einer Art psychologischer Wiedergutmachung, nach einer Zeit, wo sie alle Sorgen los sind. Ihr Guru-Bild von mir ist die Phantasievorstellung, daß ich weltliche Erlösung repräsentiere in der Form vollendeter Reife. Diesem Bild schreiben sie Merkmale zu, die ich nicht habe und auch gar nicht anstrebe. Oft sieht mich der Patient als jenseits der Angst, ohne Konflikte, frei von Schwäche, nie dumm, zum Bösen unfähig und immer glücklich. Ich erfahre diese Idealisierung als eine schreckliche Last und nicht als ein darin eingepacktes Geschenk der Bewunderung. Weil ich so stark bin und er so schwach, weil ich weise bin und er dumm, weil ich für ihn so wichtig bin und er für mich so wenig bedeutet, besteht er darauf, daß ich mich um ihn zu kümmern habe. In unserer Interaktion muß ich aufpassen, daß ich ihn nur ja nicht verletze, aber er kann mich behandeln, wie es ihm gerade paßt. Ich nehme die drückende Last der Illusion, daß wir nicht gleich sind, nicht an, denn ich weiß, wir sind beide unerlöste Sünder, wandern beide im Exil und sind beide gleich verwundbar. Die Patienten glauben beharrlich, ich sei schon erlöst, denn wenn es nicht so wäre, wie könnte ich dann sie erlösen? Am Beginn der Behandlung denken sie ganz sicher keinen Augenblick lang daran, daß jeder von uns sich selbst retten muß. *Wie* die Erfahrung der Ungleichheit von Pilger und Guru zustande kommt, ist genauso wichtig wie das *Weshalb*. Je mehr der Patient seine eigene Stärke und sein Wissen verleugnet, weil sie ja Verantwortung bedeuten, und auf meine Schultern projiziert, die so sehr breit nun auch wieder nicht sind, desto stärker und weiser erscheine ich ihm. In Augenblicken, wo ich selbst das verzweifelte Bedürfnis habe, über meine eigene starke/schwache, weise/dumme Persönlichkeit hinauszukommen, bin ich natürlich versucht, mich auf den Handel einzulassen. Er kann zum Ausgleich für die Kräfte, die er mir überträgt, meine Mängel haben. Ich warne den Patienten oft, daß meine Opiumträume von Allwissenheit, Allmacht und endlosen, schier unerträglichen Freuden mich sicher dazu verleiten werden, mich von ihm zu Mr. Wonderful machen zu lassen. Ich überlasse mich nicht einfach dem Genuß dieser schönen Phantasien; sie enden immer schlimm. Aber ich bin doch so leicht zu übertölpeln, daß es geradezu eine Pflicht des Patienten ist, auf diese Möglichkeit achtzugeben. Schließlich ist er ja schon länger Neurotiker als ich Therapeut bin; schon länger, als ich dagegen kämpfe, zum Narren gehalten zu werden, hat er Leute zum Narren gehalten, veranlaßte er sie zu akzeptieren, daß er zu hilflos sei, um sich selbst helfen zu können. Sicher wird er auch mich von Zeit zu Zeit hinters Licht führen. Aber wenn er es tut und gewinnt, verliert er, denn ich bin dann für ihn überhaupt keine Hilfe. Sein einziges Heil liegt darin, sich für diese Fallgruben zu interessieren, selbst zu sehen, wann ich versuche, ihn auszunutzen, indem ich so tue, als sei er wirklich so klein, wie er befürchtet, und ich so groß, wie er hofft. Wenn er bereit ist, mich auch mal zurückzupfeifen, mir zu zeigen, was er von mir hält, mir zu helfen, mich nicht meiner Überheblichkeit hinzugeben, dann schaffen wir es zusammen vielleicht, nicht dauernd steckenzubleiben. Wenn er mir meine Schwäche verzeiht, kann er anfangen, seine eigene Stärke zu akzeptieren.

Patienten sind oft enttäuscht, wenn sie sehen, daß auch ich unerlöst wandere und nicht besser dran bin als sie. Später mag es sie vielleicht eher beruhigen, daß ich auch nur ein kämpfender Mensch bin; wenigstens habe ich dann für sie das Verständnis des Mitwanderers. Das Erkennen meiner allzu offensichtlichen Fehlbarkeit kann ihnen das erleichternde Bewußtsein geben, daß ein bißchen Glück auch möglich ist, ohne daß man dafür erst perfekt sein muß. Aber bevor meine eigene Verletzlichkeit und Begrenztheit eine Quelle des Trostes sein können, erfährt sie der Patient als irritierende Enttäuschung. Er war so sicher, daß er Nirvana erreichen wird, wenn er nur lange genug arbeitet, lange genug leidet oder (wenn es damit nicht klappt) ich ihn befreie. Er kann seine Qual eine Weile aushalten, wenn er nur irgendwann, irgendwie den Zustand glückseliger Vollkommenheit erreicht, eine Zeit, wo er keine Konflikte, keine Zweifel und keine Ängste mehr hat. Wenn er mich von dem Sockel purzeln sieht, auf den er mich gestellt hat, begreift er voll Entsetzen, daß Erleuchtung noch nicht Vollkommenheit bedeutet. Statt dessen eröffnet sie einfach die nüchterne Möglichkeit, mit der akzeptierten Unvollkommenheit zu leben.

Ich erinnere mich an eine Gruppentherapie-Sitzung, in der einer der Patienten widerwillig diese Kurve nahm. Er will es ja akzeptieren, sagte er, aber die Vorstellung, für den Rest seines Lebens jeden Tag Probleme lösen zu müssen, behagte ihm gar nicht. Meine Ko-Therapeutin antwortete, keiner erwarte von ihm, daß er sich darüber freue. Dann erzählte sie, daß sie selbst mit dieser Tatsache nicht einverstanden war: »Als ich herausfand, wie das Leben wirklich ist, war ich wütend. Ich glaube, ich bin manchmal immer noch sauer.« Was soll ein Mensch denn tun, wenn er erkennt, daß seine Wanderung im Exil eine lebenslange Pilgerschaft sein wird, eine Reise, die eher in Vergessenheit als im Paradies endet? Camus kristallisierte die Absurdität des Lebens heraus, als er schrieb: »Es gibt nur ein wirklich ernstes philosophisches Problem: den Selbstmord.«[5] Es gibt nur *dieses* Leben. Nimm es, oder gib es auf! Es führt zu nichts, wenn du es widerwillig lebst und dich mit dem Gejammer umgibst, daß es nicht genügt, daß es irgendwer besser für dich machen soll.

Manche Patienten haben das Gefühl, sie könnten ihre Leiden in diesem gemischten Sack voller Mehrdeutigkeit und Unvollkommenheit, der das Leben ist, hinnehmen, wenn ihnen nur irgendein Guru erzählte, warum es gerade so sein muß. Wenn es einen Grund für ihr Leiden, eine Erklärung für ihr Unglück gibt, irgend etwas, wofür es gut ist, dieses Auf und Ab des Lebens auszuhalten, dann ist das Geschäft gemacht. Wenn nicht, dann weigern sie sich standhaft wie die Maultiere. Sie sehen nicht, da sie ihren Gram nur verdoppeln: sie sind unglücklich darüber, daß sie unglücklich sind. Wie Hiob lamentieren sie über ihr Los, protestieren, daß sie es nicht verdienen, so schlecht behandelt zu werden, verlangen Gerechtigkeit oder wenigstens ein bißchen Mitleid. Sie erfahren ihre Heimsuchung als Preisgabe durch Gott (oder durch pflichtvergessene Eltern) und merken gar nicht, daß sie mit ihrem Getue ihr Band zur Menschheit preisgeben. Was der Neurotiker als Entfremdung erfährt, ist seine selbstmitleidvolle Absonderung aus der Gemeinschaft mit anderen einsamen Wanderern.

Wie Hiob klagen sie jammernd:

Warum ist das Licht gegeben dem Mühseligen und das Leben den betrübten Herzen

(die des Todes warten, und er kommt nicht, und grüben ihn wohl aus dem Verborgenen,

die sich sehr freuten und fröhlich waren, wenn sie ein Grab bekämen),

dem Manne, dessen Weg verborgen ist und vor ihm von Gott verzäunt ward?

Denn wenn ich essen soll, muß ich seufzen, und mein Heulen fährt heraus wie Wasser.

Denn was ich gefürchtet habe, ist über mich gekommen, und was ich sorgte, hat mich getroffen.

War ich nicht glücklich? War ich nicht fein stille? Hatte ich nicht gute Ruhe? Und es kommt solche Unruhe![6]

Hiob war erst ein guter, ein unschuldiger Mensch, den das Unglück zufällig traf, aber er wurde danach zu einer Plage. Wenn Gott auch keinen klar erkennbaren Grund gehabt hatte, ihn mit diesen Schmerzen und Verlusten zu schlagen, so mag Hiob ihm wohl doch ziemlich auf die Nerven gegangen sein, als er sich anhören mußte, wie störrisch er darauf beharrte, daß er sein einziges Leben einfach nicht aushalten konnte.

Wenn ein Psychotherapie-Patient sich wirklich dazu durchringt, einigen der Dinge, die er aushalten muß, mutig entgegenzutreten, wird er oft mit einem Gefühl wachsender Freiheit und Lebensfreude belohnt. Trotzdem wird er vielleicht enttäuscht stehenbleiben und nicht weitergehen wollen, wenn er sieht, daß es kein Licht ohne Dunkelheit gibt, kein Ausruhen ohne neue Mühsal, und daß die Sorgen nie aufhören. Neue Lösungen führen zu neuen Problemen, neue Freiheit bedeutet neue Verantwortung.

Ich erinnere mich an einen Patienten, dessen Vater sehr viel von ihm verlangt hatte, ohne ihm jemals zu helfen, es zu erreichen. Schwierige Aufgaben wurden ihm übertragen, für die er oft noch zu klein war. Keiner führte und unterstützte ihn, und doch wurden Ergebnisse von ihm verlangt. Als er aufwuchs, fühlte er sich ausgeraubt und unzulänglich, nahm zwanghaft jedes Hindernis an, hatte aber nie genug Selbstvertrauen, sich über das Erreichte zu freuen.

Im Laufe der Therapie befreite er sich allmählich von dem Druck. Er lernte, daß es richtig war, um Hilfe zu bitten. Eines der vielen befriedigenden Ergebnisse seines Wachstums war, daß er lernte, seine Arbeit Schritt für Schritt zu erledigen, Verantwortung, wenn notwendig, zu delegieren und Rat bei seinen Vorgesetzten zu suchen. Er verstand schließlich, daß sein Vater zuviel von ihm verlangt und ihm zu wenig gegeben hatte. Er mußte die Enttäuschung, solch einen lieblosen Vater gehabt zu haben, ertragen, um es sich etwas leichter machen und seinen eigenen Wert erkennen zu können.

Seine wachsende Entspanntheit, Freiheit und Leistungsfähigkeit bei der Arbeit gaben ihm bald Gelegenheit, neue administrative Verantwortungen zu übernehmen. Er ging mit Zutrauen und Freude an seine neuen Aufgaben, merkte aber bald, daß diese ungewohnten Pflichten seinen alten nervösen Trieb wiedererweckten, alles, und zwar schnell und ohne Irrtum, allein zu machen. Er verpatzte einiges, und in der nächsten Therapiesitzung beschimpfte er sich selbst als einen Versager. Ich zog ihn auch noch auf und sagte, ich könnte gar nicht begreifen, wieso er nicht alles gleich richtig machte, egal wie neu oder schwierig der Job auch war. Sein Schmollen wich einem kurzen wütenden Ausbruch gegen meine zu hohen Erwartungen an ihn, aber dann lachten wir beide, es war gut, wieder zusammen zu sein. Ich neckte ihn, er würde nie den Punkt jenseits des Irrtums erreichen, wo ich schon war. Ernsthafter fragte er mich, wie mir meine Einfältigkeit jetzt erschien, wo ich über sie hinausgewachsen war. Mit Vergnügen erzählte ich ihm, wie ich die ersten Hindernisse meines Therapeutendaseins überwunden hatte.

Das Beispiel, das ich wählte, waren meine Schwierigkeiten, realistisch mit den Fragen meiner Honorare als Therapeut umzugehen, weil ich in meiner Kindheit die emotionale Bedeutung finanzieller Erwartungen irgendwie mißverstanden hatte. Und dann erzählte ich ihm, mit merklich weniger Vergnügen, wie ich mich vor kurzem noch einmal ziemlich dämlich angestellt hatte. Meine alte finanzielle Unwissenheit war wieder im Spiel, als ich linkisch mit einem Manuskript an einen Verleger herantrat. Ähnlich meinen Patienten – wie gehabt – sagte ich mir, daß ich eigentlich allein mit dieser Situation fertig werden müßte, und ließ mich deshalb nicht hinreichend beraten. Ich mußte wieder mal zahlen für meinen Willen, meine Probleme ein für allemal selbst zu lösen. Ich verlangte eine zu kleine Vorauszahlung auf die Tantiemen und bekam sie auch. Aber ich hatte nicht bedacht, daß sich der Verleger unter diesen Umständen natürlich weniger Mühe machen würde, mein Buch an den Mann zu bringen.

Der Patient verstand. Durch dieses Beispiel sahen wir beide etwas deutlicher, daß unsere Probleme bleiben und immer eine Versuchung sein werden, die Dinge zu verderben; wir müssen immer daran denken, daß wir niemals jenseits des Irrtums sein werden. Nichts wirklich Wichtiges läßt sich ganz und für immer regeln. Ein Patient, der eine lange und erfolgreiche Therapie durchgemacht hatte, beschrieb einmal diesen nie endenden Kampf mit der folgenden Metapher: »Ich kam zur Therapie, weil ich hoffte, dort Butter für das Brot des Lebens zu bekommen. Statt dessen hatte ich am Ende einen Kübel saure Milch, ein Butterfaß und eine Gebrauchsanweisung.«

Wir bleiben alle ewig wandernde Juden. Vielleicht können wir in der Therapie nichts weiter lernen, als zu akzeptieren, daß wir diese nie endende Reise machen müssen. Wenn Camus recht hat, und wir es wissen und doch *nicht* den Selbstmord wählen, wie sollen wir dann leben in einer chaotisch absurden Welt, die so oft vom menschlichen Leiden beherrscht ist? Vielleicht verlangt das nach dem chassidischen Bekenntnis zu »Freude in der Welt, wie sie ist, in einem Leben, wie es ist, in jeder Stunde des Lebens in dieser Welt, so wie diese Stunde ist.«[7] Das ist die Heiligung des Alltags, jede Erfahrung als natürlich hinnehmen, nicht als gut oder schlecht. Das lerne ich in der Therapie als Annahme meiner Gefühle, nicht weil sie konstruktiv oder moralisch oder gesund sind, sondern einfach, weil es *meine* sind, *hier* und *jetzt*.

Die Pygmäen im Kongo wissen, wie man zur Dunkelheit des großen Waldes, zum Leben, ja sagt:

Das vollständige Vertrauen der Pygmäen in die Güte ihrer Dschungelwelt drückt sich vielleicht am besten in einem ihrer großen Molimo-Lieder aus, die nur ganz gesungen werden, wenn jemand gestorben ist. Niemals bitten sie mit diesen Liedern um etwas, um eine bessere Jagd, um Genesung eines Kranken; es ist nicht nötig. Es genügt, den Wald zu wecken, dann wird sich alles finden. Aber wenn nicht, wenn doch jemand stirbt, was dann? Dann sitzen die Menschen am Abend um das Feuer und singen Lieder der Demut und der Lobpreisung, um den Wald zu wecken und zu erfreuen, um ihn wieder glücklich zu machen. Von dem Unheil, das sie befallen hat, singen sie in diesem einen großen Lied: »Finsternis ist um uns her, doch wenn da Finsternis ist und ist die Finsternis des Waldes, dann muß die Finsternis gut sein.«[8]

11. Die Geschichte einer Reise in die Finsternis des Herzens

Ein Elfenbeinhändler aus dem zivilisierten Europa namens Kurtz reist flußaufwärts tief in den Kongo. Dort ›degeneriert‹ er zum Menschen-Gott eines primitiven Eingeborenenstammes. Um seine Macht zu erhalten, ist er gezwungen, unbeschreibliche Riten von Menschenopfern und Kannibalismus auszuführen.

Diese Geschichte erzählt Joseph Conrad in seiner Novelle *Herz der Finsternis*.[1] In nichtsymbolischer, realistischer Erzählweise geschrieben, ist es eine quälende und packende Geschichte. Die Finsternis des Dschungelhorrors eröffnet sich Schritt für Schritt den neugierigen Augen Marlows, eines naiven jungen Opportunisten, der Kurtz begleitet und dabei mehr über sich selbst erfährt, als ihm lieb ist. Während er die wilden rituellen Tänze der bemalten Wilden beobachtet, verwandelt sich seine unbeteiligte Neugier in ein unbehagliches Gefühl der Verbundenheit. Das Schlimmste ist sein wachsender Verdacht, daß sie *nicht* unmenschlich sind, und die wachsende Faszination des Gefühls, daß er nicht so anders ist, wie er zuerst gern geglaubt hätte.

Sie heulten und hüpften und drehten sich um sich selbst und schnitten fürchterliche Grimassen; doch was einen schaudern ließ, das war gerade der Gedanke an ihre Menschlichkeit – unserer gleich –, der Gedanke an unsere entfernte Verwandtschaft mit diesem wilden und leidenschaftlichen Aufruhr. Häßlich. Ja, es war recht häßlich; doch wenn man sich ermannte, mußte man sich eingestehen, daß die schreckliche Freimütigkeit dieses Lärms in einem selbst einen leisen Widerhall fand, den undeutlichen Verdacht wachrief, es gebe hierin einen Sinn, den man selbst – der man doch so weit abgerückt war von der Nacht des frühesten Zeitalters – noch eben zu erfassen vermöchte. Warum auch nicht?[2]

Auch Psychotherapie-Patienten auf ihrer modernen geistigen Reise müssen sich ihrer Nähe zu primitiver Wildheit bewußt werden, dieses Teils von ihnen, den die Gesellschaft als inakzeptabel abgestempelt hat, dessen sie sich zu schämen gelernt haben. Als Kinder besaßen wir uns ganz, als Erwachsene sind wir durch die Erwartungen anderer gezwungen, viel von uns selbst zu verstecken, sogar vor unseren eigenen Augen. Solche ›freiwilligen‹ Deformierungen werden teuer bezahlt.

Niemand kann es sich leisten, irgend etwas von sich aufzugeben; alles an uns ist irgend etwas wert. Sogar das Böse wird zu einer Quelle der Vitalität, wenn man sich ihm nur stellt und es transformiert. Unser Wunsch, rein und gut zu sein, ist eine große Gefahr. Um als das zu erscheinen, was andere von uns erwarten, um moralischer zu sein, als je ein Mensch sein kann, opfern wir unsere Kraft.

Die Jagd auf das legendäre *Einhorn* ist ein instruktives Beispiel. Plinius, der römische Naturalist, beschreibt das Einhorn als:

eine wilde Bestie, an Gestalt einem Pferd gleichend, doch mit dem Kopf eines Hirsches, den Füßen eines Elefanten, dem Schwanz eines Ebers, einer tiefen, brüllenden Stimme und einem einzigen schwarzen Horn von drei Ellen Länge in der Mitte seiner Stirn.[3]

Man verfolgte dieses Fabeltier wegen der Wunderkräfte seines Horns, von dem es hieß, man könne es als Mittel gegen Vergiftungen oder, in Pulverform, als Potenzdroge benutzen. Aber das Einhorn war so flink, daß niemand schnell genug war, es einzufangen. Von seinem beweglichen Horn sagte man, es sei so stark, daß das Einhorn, wenn man es in die Enge trieb, sich einen Felsen hinunterstürzen und sicher darauf landen konnte, ohne sich zu verletzen. Die Jagd war ein hartes Geduldspiel für die Jäger.

Nur auf eine Art war dem Einhorn beizukommen. Es versuchte immer, seine einst sanfte Natur zurückzugewinnen; es hielt sich für einen großen Liebhaber voller Unschuld und Reinheit. So kamen die Jäger darauf, es mit einer Jungfrau zu ködern. Es näherte sich dem Mädchen voller Ehrerbietung, legte den Kopf in seinen Schoß und fiel in einen friedlichen Schlaf. In dem Augenblick gab die Treulose den Jägern ein Zeichen, und sie kamen herbei und nahmen das dumme Einhorn gefangen.

Patienten sind manchmal auf die gleiche Art dumm und hilflos. Sie beharren darauf, daß sie *in Wirklichkeit* gut sind (was das auch heißen mag), sie möchten alles Böse los sein, das sie in sich entdecken, sie reden davon, ihre ›Krankheit‹ oder ›Neurose‹ zu überwinden, damit sie sich dann der neuen Aufgabe widmen können, geistige Reife und Gesundheit zu erlangen. Sie können kaum glauben, daß das Gute nur die Rückseite des Bösen ist, daß beide Lebenskraft sind. »Sünde« ist nur ein alter Ausdruck der Bogenschützen und bedeutet »das Ziel verfehlt«.

Patienten sehen nicht gleich ein, daß sie schon alles haben, was sie für ein sinnvolles Leben brauchen. Homosexualität ist verirrte Heterosexualität, Feindseligkeit ist Selbstbehauptung durch das

Mittel der Brutalität, Passivität ist Sanftheit ohne ein entsprechendes Objekt. Als Guru habe ich die Aufgabe, den Patienten für das Böse in sich selbst zu interessieren, damit er es annehmen und transformieren kann. Er muß aufhören, vor seiner Schlechtigkeit zu fliehen, er muß lernen, den bösen Impulsen zu folgen.

Eine junge Frau, mit der ich arbeitete, pflegte sich als sanft, wohlwollend und hilflos darzustellen. Sie war das beste Mädchen, das man sich vorstellen konnte, aber sie kam einfach nicht zurecht. Ihr Problem war, daß die Gleichgültigkeit der Menschen in ihrer Umgebung sie so leicht verletzte. Sie brauchte Nähe und Wärme und Liebe, aber seltsamerweise schien sie diese Intimität immer bei Männern zu suchen, die gemein, kalt und zurückweisend waren. Gleichgültig zu wieviel Mißhandlung sie es brachte, nie zeigte sie ihre rachedurstige Wut, außer in der Form von pathetischem Jammern und häufigen Tränenausbrüchen.

Nach monatelanger Arbeit in einer Therapiegruppe für Paare begann sie zu sehen, daß sie trotz ihrer ewigen selbstmitleidigen Klagen irgendeine Sicherheit in der scheinbar undankbaren Beziehung zu ihrem schrecklich distanzierten Ehemann fand. Obwohl sie mich als emotional offen und zugänglich erfuhr, konnte sie auch zu mir keine Nähe fühlen. Da es dafür in *unserer* Beziehung keine selbstrechtfertigenden Ausreden gab, verstärkte sich bei ihr der Verdacht, daß sie selbst die Distanz aufrechterhielt.

Eines Tages erzählte ich der Gruppe einiges von meinen eigenen Schmerzen. Als Antwort auf den bewegenden inneren Kampf eines anderen Patienten berichtete ich, wie schwer ich es selbst kürzlich gehabt hatte. Eine schwere Krankheit hatte mich in den Wirbel ungelöster emotioneller Probleme zurückgeworfen, und es war mir furchtbar schwer gefallen, mir meine Verletzlichkeit direkt genug einzugestehen und wieder als Patient in die Therapie zurückzukehren.

Einige der Patienten waren gerührt, betroffen und voller Mitgefühl. Nur Fräulein Unschuldslamm rührte sich nicht. Sie schien nicht im Geringsten bereit anzuerkennen, daß meine Kämpfe auch für sie irgend etwas bedeuten konnten, sie hatte nur Interesse für sich selbst, hielt sich ganz zurück, gab nichts von sich. Jeder meiner Annäherungsversuche stieß bei ihr auf schroffe, abweisende Indifferenz. Als ich ihr sagte, was für ein kaltschnäuziges Biest sie im Augenblick sei, geriet sie ganz aus der Fassung, aber nicht etwa um meinetwillen. In späteren, individuellen Therapiesitzungen bemühte sie sich um Verständnis und Vergebung, die ein kleines Mädchen wohl erwarten kann, das nur deshalb versagt hat, weil von ihm mehr verlangt worden war, als es bewältigen konnte. Ich hatte mir Luft gemacht und war deshalb nicht mehr böse, aber jetzt war ich es, der von ihrem verlogenen Gutsein völlig unberührt blieb. In meinem hartnäckigen Schweigen fand sie keinen Griff zum anklammern. Sie schmorte weiter in ihrem Konflikt und versuchte herauszufinden, wie man es anstellt, gut zu sein. Als nach einer Weile ihre Ausweichbemühungen erlahmten, ermutigte ich sie zu einem Phantasietrip in das dunkle Gelände, aus dem sie zu entkommen versuchte.

Ich hatte alle Gründe gehört, warum sie die Distanz *nicht* wollte, jetzt war ich neugierig, was es ihr einbrachte, Intimität zu vermeiden. Wie üblich fing sie von ihrer schmerzlichen Verletzlichkeit an. Als sie klein war, konnte sie es noch nicht einmal ertragen, Blumen zu berühren, obwohl sie sie liebte. Die Weichheit, Zartheit und unerträgliche Zerbrechlichkeit jeder Blüte brach ihr das Herz; sie konnte keine Blume anfassen, ohne zu weinen. Eines Tages fand sie dann einen Weg, die Schönhiet der Blumen ohne Schmerz zu empfinden; seit der Zeit sind Stilleben eine Quelle der Freude für sie. Ihre schmerzlich-süße Beziehung zu romantischer Musik wich bald einer Vorliebe für die weniger konfliktbeladene Barockmusik. Ihre Rolle als süße, rehäugige Südstaatenschönheit, die auf ihren Ritter wartet, vertauschte sie von Zeit zu Zeit gegen die mit Bedacht gespielte Rolle der gebietenden Verführerin. Sie verdrehte Männern den Kopf in Situationen, wo sie sich unbewegt und unerreichbar fühlte.

Als sie soweit war, daß sie nicht mehr Verlegenheit über jede dieser Enthüllungen vorzuspielen brauchte, reagierte ich mit Enthusiasmus darauf, daß diese Erfahrungen ihr offenbar so viel bedeuteten. Sie zeigte immer offener ihr Einverständnis mit sich selbst, sogar Vergnügen, als ihre Geschichte sich allmählich entfaltete. Als sie über Gelegenheiten sprach, bei denen sie offen grausam war, wurde sie richtig ausgelassen. Bei ihrer Arbeit konnte sie unter dem Deckmantel administrativer Verantwortung andere Leute ungehindert erniedrigen und bestrafen. An diesem Punkt machte sie sich schon nichts mehr über diese ›schrecklichen Pflichten‹ vor, die sie täglich zu erfüllen *hatte*; sie wußte, daß sie sich auf Gelegenheiten freute, wo sie, ohne selbst Bestrafung erwarten zu müssen, von einer Position der Unerreichbarkeit, der Macht und undurchdringlicher Autorität aus, sadistisch sein und andere verletzen konnte.

In ihrer Bereitschaft zu zeigen, wie sehr sie ihre Grausamkeit genoß, erschien sie mir ehrlicher, impulsiver und lebendiger als je zuvor. Ich sagte ihr, wie erlösend es für mich sei, daß sie genauso zum Bösen fähig sei wie ich. Ich erzählte ihr, wie die Sklaverei mich schon immer fasziniert hatte, damit sie auch meine Bosheit und meine Art damit zu leben erfahren konnte.

Ich verabscheue die soziale Institution Sklaverei, würde nicht daran teilnehmen und mich sogar politisch für ihre Ausrottung einsetzen. Und doch, in der geheimen Finsternis meines Barbarenherzens weiß ich, daß ich es sehr genießen würde, Sklaven zu besitzen. Es muß erregend sein, einen anderen Menschen zu besitzen, ihn ganz in der Gewalt zu haben. Ich kann mit ihm machen und ihm antun, was ich will, ich kann ihn ganz nach meiner Pfeife tanzen lassen. Ich würde jede Laune an solch einem unglückseligen Objekt auslassen und nur darauf achten, daß *ich* meinen Spaß dabei habe. Es gefällt mir, daß ich solche Phantasien so genießen kann, nicht nur wegen der Befriedigung, die sie mir bringen, sondern weil sie meine Freiheit, anständig zu bleiben, vergrößern. Wenn ich dieses Übel in mir erkenne und in Phantasien befriedige, verringere ich die Gefahr, daß ich es eines Tages auf irgendeinem krummen Schleichweg an anderen auslebe. Weil ich nicht so tue, als ob ich nicht den Wunsch hätte, andere Menschen zu beherrschen und zu erniedrigen, besitze ich diese Wünsche wirklich und habe es selbst in der Hand, sie niemals auszudrücken, es sei denn durch bewußte, überlegte und verantwortliche Wahl. Deshalb bin ich normalerweise frei von der Versuchung, andere heimlich zu manipulieren und zu beherrschen.

Es ist sehr wichtig für mich, andere nicht zu verletzen, solange ich es nicht beabsichtige. Sollte ich mich dazu entschließen, einen anderen zu schlagen, dann möchte ich es mit Bedacht, wirkungsvoll und mit Genuß tun. Ich habe versucht, meine Söhne dieselbe Freiheit und Verantwortlichkeit zu lehren. Ich habe sie nur geschlagen, wenn ich wütend war. Als sie beide sehr jung waren, machten sie beide die übliche Kindheitserfahrung, etwas scheinbar Harmloses zu sagen, das jemand anderen tief verletzte. Ich wendete viel Zeit und Mühe daran, ihnen zu helfen, empfindlicher für die Gefühle anderer zu werden und zu lernen, welche Worte unnötigen Schmerz verursachten. Ich ermunterte sie, darauf zu achten, daß sie es vermieden, Menschen unnötig, gedankenlos oder unwillentlich zu verletzen; sie sollten lernen, selbst etwas dazu beizutragen, daß sie verstanden, wie andere fühlten. Aber ich habe auch versucht, ihnen zu zeigen, daß die andere Seite ihrer Empfänglichkeit für die Gefühle anderer – die andere Seite ihrer liebevollen Rücksichtnahme – die Macht des kontrollierten Bösen in ihnen ist. Der scharfgeschliffene, gebändigte Zorn konnte die meiste Zeit in der Tasche bleiben, aber sie durften nicht vergessen, ihn herauszuholen, wenn er gebraucht wurde. Wenn du jemand anderem erlaubst, dich kaputtzumachen, machst du dich im Namen deiner eigenen hochnäsigen, scheinheiligen Tugendhaftigkeit zum Komplizen seiner Destruktivität. Ich habe meine Söhne gelehrt zu lieben, aber vorher habe ich ihnen beigebracht, wie man offen haßt, wenn es nötig ist, um zu überleben.

Und ich habe ihnen auch meine eigene zweideutige, gute/schlechte Natur gezeigt, um ihnen zu helfen, mit der universellen Unreinheit aller Motive, auch ihrer eigenen, leben zu können. Keiner von uns handelt jemals aus reiner Güte, aber nicht ganz perfekt zu sein hat auch seine Reize. Ich habe meinen Söhnen frei und ohne Scham auch meine niederen Gefühle gezeigt; vielleicht helfe ich ihnen damit, ihr eigenes Ich akzeptabler zu finden. Ich bin nicht, was ich nach den Vorstellungen der Gesellschaft sein sollte, aber das ist niemand, soweit ich weiß.

Kürzlich hat mich meine schwere Krankheit wieder in engen Kontakt mit meiner eigenen Schlechtigkeit gebracht. Zuerst wünschte ich nur, ich könnte meine Krankheit irgendeinem üblen Kerl aufhalsen. »Adolf Hitler sollte meine Sorgen haben«, sagte meine Mutter immer. Als es dann aber sehr ernst wurde, hätte ich meine Schmerzen liebend gern jedem anderen angehängt, ganz gleich wer und wie wertvoll er war. Ich kenne auch den Geschmack meines Neids auf das Glück anderer (wenn ich auch meistens in der Lage bin, mich darüber zu freuen). Pech, Leid oder Tod eines Feindes gibt mir immer ein Gefühl des Behagens. Das wird gefeiert.

Offen gesagt, all das scheint mir weder gut noch schlecht zu sein, sondern einfach natürlich. Ob es dir paßt oder nicht, so bin ich nun mal. Ich kann nichts Besseres für mich tun, als alles, was in meiner widersprüchlichen, so fehlbaren Natur ist, *für mich* zu entdecken. In der Therapie kann ein Patient lernen, das Böse in sich zu erfahren, damit zu leben, wenn er kann, es zu genießen, wenn er mag, und sich zu verzeihen, daß er ein Mensch ist. In dem abschließenden Monolog seines autobiographischen Stückes *Nach dem Sündenfall* blickt Arthur Miller zurück auf seine unglücklichen Beziehungen zu Frauen. Sie waren gut und warm und aufregend, aber sie hatten immer auch destruktive Züge. Im Bewußtsein der Unvermeidlichkeit des Bösen in ihm selbst und in der Welt kämpft er mit der Frage, wie man mit diesem Ich in einer solchen Welt weiterleben kann. Er weiß, die Menschen werden sich weiterhin Schmerzen zufügen. Das ist das Wissen, das mit dem Sündenfall kommt. Aber was sollen wir mit der Erkenntnis des Bösen in uns anfangen?

129

Ist dieses Wissen alles? Zu wissen – und dabei glücklich zu sein –,
daß wir als Unselige uns treffen; nicht in irgendeinem Garten mit
Wachsfrüchten und gemalten Bäumen, der jenseits von Eden liegt,
sondern danach, nach dem Sündenfall, viele, viele Tode danach. Ist
dieses Wissen alles? ... Und der Wunsch zu töten wird niemals
getötet, doch mit ein wenig Mut können wir seinen Anblick aushal-
ten und – wie man einen Idioten im Hause liebevoll streichelt –
vergeben; wieder und wieder ... für immer?[4]

Der größte Teil des Problems scheint bei denen zu liegen, die sich
abwenden, die nicht ohne zu blinzeln in die Finsternis ihrer Herzen
blicken wollen. Katastrophen der Unmenschlichkeit wie die Mas-
senvernichtung der Juden durch die Nazis entstehen *nicht aus der*
ungeheuren Bösartigkeit einer einzigen menschlichen Bestie von
der unfaßbaren Monstrosität eines Adolf Hitler, sondern *aus der*
Torheit der Vielen. Weil so viele die Finsternis ihrer Herzen nicht
sehen wollen, können einige wenige ihre Zerstörungswut an uns
auslassen.

Wenn wir durch Annahme des Bösen in uns verhindern können,
daß solche Greuel sich wiederholen, dann wäre das Lohn genug.
Aber es gibt auch noch etwas von ganz persönlicher Bedeutung zu
gewinnen, wenn man sich der Finsternis des eigenen Herzens nicht
verschließt. In Conrads Erzählung wendet sich Marlow ab, ohne
sein geheimes Ich ganz erkannt zu haben. Am Ende der Reise, als es
zu spät ist, die Pilgerschaft zu Ende zu führen, vergleicht Marlow
das Versagen seiner Nerven mit Kurtz' Bereitschaft, bis ans Ende zu
gehen:

Freilich, er hatte jenen letzten Schritt getan, war über die Schwelle
getreten, während mir verstattet war, meinen zaudernden Fuß
zurückzuziehen. Und vielleicht liegt hierin der ganze Unterschied;
vielleicht sind alle Weisheit und alle Wahrheit und alle Aufrichtig-
keit gerade in diesem unfaßlichen Moment zusammengedrängt, in
welchem wir über die Schwelle des Unsichtbaren treten. Vielleicht!
Ich kann bloß hoffen, die Summe, die ich gezogen hätte, wäre nicht
ein Wort gleichgültiger Verachtung gewesen. Besser noch sein
Ausruf (Das Grauen! Das Grauen!) – viel besser. Er war eine
Bejahung, ein moralischer Sieg, der durch unzählige Niederlagen,
durch abscheuliche Schrecken, durch abscheuliche Befriedigungen
erkauft worden war. Doch es war ein Sieg![5]

Dritter Teil:
Fragmente aus dem Werdegang
eines Narren

Bis hierher, beim Erzählen der Geschichten habe ich mich in der Rolle des Guru dargestellt, als Führer, als Erfahrenster unter den Pilgern. Jetzt will ich den stolpernden Neuling vorführen, der ich einmal war, als ich die Pilgerschaft aufnahm, die meine Arbeit ist. Deshalb sind diese drei Geschichten Fragmente aus dem Werdegang eines Narren.

Ein halbes Menschenleben zurück, als sehr junger Mann und reichlich unausgereifter Psychotherapeut, aber mit genügend Überheblichkeit, kam ich als ein onkelhafter Besucher in ein Haus für unzurechnungsfähige Kriminelle. Meine Patienten sollten jene beschämend unbeherrschten Ausgestoßenen sein, die unter dem Namen sexuelle Straftäter bekannt sind. Ich kam, um ihnen zu zeigen, wie man leben muß, und blieb lange genug, um von ihnen zu lernen. Ich kam, um sie zu führen. Meistens versagte ich. Aber manchmal, wenn wir zusammen reisten, halfen wir einander. Noch jetzt ist mir nicht klar, ob ich ihnen so viel gegeben habe wie sie mir.

1. Wer fragt danach?

Norman erinnerte mich immer an eine weiße Maus, die ich als Kind hatte. Vielleicht lag es an der leichenblassen Farbe seines Gesichts, die nur durch die Röte um seine Augen und Nase aufgelockert wurde (was gleichzeitig den Anschein eines Dauerschnupfens erzeugte). Natürlich war Norman größer als eine Maus und wog auch mehr, aber er sah wirklich immer so viel kleiner aus als alle anderen in der Therapiegruppe. Auch sein Benehmen trug zu diesem Eindruck bei.

Ich weiß nichts über anderer Leute Mäuse, aber meine hatte nur zwei Zustände. Der erste war der der Zufriedenheit; die meisten Leute konnten allerdings nicht sehen, worin da der Unteschied zu schlichter Apathie bestand. In solchen Zeiten konnte man sie tätscheln oder schubsen, am Schwanz baumeln lassen oder zu einer Kugel zusammenrollen, nichts deutete darauf hin, daß sie sich gestört fühlte. Auch Norman begegnete allen Fragen, Bestätigungen und Kränkungen mit sanfter Nachgiebigkeit und mit immer dem gleichen wie um Nachsicht bittenden Lächeln, das ohne echte Fröhlichkeit war.

Die einzige andere Verhaltensweise meiner Maus trat in Form von episodischen Anfällen unmotivierter Panik auf. Sie kamen ohne Warnung oder sichtbaren Grund, so, als ob sie aus dem Inneren hervorbrachen, und äußerten sich in kurzen, ruckartigen Bewegungen, die zwar keinen besonderen Zweck zu haben schienen, aber doch irgendwie das dringende Bedürfnis zu fliehen ausdrückten (aber vor welcher inneren Quelle des Schreckens?). Ihre Schnurrbarthaare zuckten, die Augen flackerten und ein feines Zittern lief über den ganzen Körper. Sie schaute drein, als müßte sie unwillkürlich den Darm entleeren, und oft tat sie es auch. Norman fehlten nur die Schnurrbarthaare und der Mangel an Kontrolle über seinen Schließmuskel.

Er war, was man in unserer Branche »flach« nennt. Er war ein emotional leerer, ausgebrannter, zurückgebliebener Schizophrener. Er sagte: »Ich glaube, ich wollte immer meinen Bruder umbringen«, mit derselben milden Tonlosigkeit, als wenn er erzählte: »Zum Frühstück gab es bei uns immer Eier.« Das wird vielleicht klarer, wenn man bedenkt, daß es für Norman völlig gleichgültig war, was er zum Frühstück bekam und ob überhaupt. Zum Teil war es dieses Entmenschtlichte an ihm, dieser Mangel an Vitalität, der es mir so schwer machte, genügend Teilnahme für ihn aufzubringen. Noch bezeichnender war, daß ich ihm mit ärgerlichem Sarkasmus begegnete; er war ein so enttäuschender Patient, seine Indifferenz zerschlug jeden meiner verzweifelten Versuche zu therapeutischer Hilfestellung. Ich hatte schon immer diesen Anflug von Unfreundlichkeit bei solchen ausgebrannten Fällen, auch wenn ich selbst keine therapeutische Verantwortung für sie hatte. Bei solchen Patienten fühlte ich mich immer unbehaglich; sie hatten diese tote Lebendigkeit der Mannequins, ihnen fehlte die Vitalität, der Funke, der auch in dem langweiligsten Normalen noch zu finden ist. Manchmal kam mir in der Nähe solcher Patienten meine eigene Lebendigkeit unwirklich vor. Dann fühlte ich mich wie der Forscher in einer Abenteuergeschichte für Kinder, der von dem verrückten Wissenschaftler vor die Wahl gestellt wird, unter den von ihm wiedererweckten Leichen entweder als einer von ihnen zu leben oder so wie er ist. Der Forscher wählt das Letztere, weil er hofft, daß er entkommen kann. Aber er findet bei den lebendigen Leichen keinerlei Widerhall, so verzweifelt er es auch versucht, sie anschreit und schlägt. Schließlich (einige Zeit vor der unvermeidlichen Rettung) gesteht er sich ein, daß er sich falsch entschieden hat. Sein wildes Toben erscheint weniger wirklich als die ausdruckslose Gleichgültigkeit der Zombies.

Die Unfähigkeit, mich wirklich um einen Patienten zu bemühen, tritt nicht mehr so oft auf, und wenn doch, dann schäme ich mich auch heute noch. Damals war es so, als könnte der magische Mantel meiner Therapeutenrolle niemals meine Beschränktheit als Person verbergen, nicht vor den Patienten, noch vor meinen Kollegen und am wenigsten vor mir selbst. Auf eine abstrakte Art wußte ich, daß Menschen wie Norman unsäglich gelitten haben mußten, sonst hätten sie niemals so bar allen menschlichen Fühlens enden können. Nur Schmerzen, die nicht mehr zu ertragen sind, bringen einen Menschen dazu, auf jede Reaktion zu verzichten, und auf die Freude, wie andere zu leben.

In einem Versuch, die Barrieren seiner Apathie (oder die meiner eigenen Blindheit) zu durchbrechen, sah ich die medizinische Kartei der Klinik durch, um Ereignisse in Normans Biographie zu finden, die ihn mit anderen Menschen verbanden. Vielleicht würde ihn das für mich irgendwie lebendig machen; schließlich war er ja nicht mit vierundvierzig Jahren geboren worden. Er war zu diesem Punkt über einen Weg gekommen, den andere ausgetreten hatten. Seine Karte würde das sicher bestätigen und auch zeigen, daß er ein einzigartiges Individuum war. Dies habe ich dann auf seiner Karte gefunden:

Norman... Geb. 5. 1. 1911. Normale Entbindung. Die üblichen Kinderkrankheiten. 8. Schuljahr abgeschlossen. Intelligenz wird als im Rahmen des Normalen angesehen. Arbeit: sporadisch, meist ungelernt. Gemeinschaftsaktivität begrenzt auf freiwilligen Unterricht in der Sonntagsschule. Nie verheiratet, keine Rendezvous. Eltern in Deutschland geboren. Vater starb an Influenza, als Patient sechs Jahre alt war. Mutter abgestumpft, Invalide, Ursache unbekannt. 2 Brüder, beide erfolgreicher in Schule und Beruf. Beide unverheiratet. Alle drei lebten z. Z. der letzten Inhaftierung des Patienten zu Hause. Patient wurde von denen, die ihn kannten, als schüchtern, verschlossen, still, kooperativ und gutmütig beschrieben.

Das gegenwärtige Vergehen war nicht das erste, und fünf frühere Inhaftierungen fanden unter ähnlichen Umständen statt. Zweimal wegen Mangels an Beweisen wieder auf freien Fuß gesetzt, einmal zu 200 Dollar Geldstrafe verurteilt, einmal zu einem Jahr Arbeitshaus auf dem Land und schließlich zu fünf Jahren Haft im Staatsgefängnis.

In den Jahren dazwischen gab es weitere Vorfälle dieser Art, wie Norman später zugab, aber jahrelang kam man ihm nicht mehr auf die Schliche. Während seiner jetzigen Haft hatte sich die gesetzgebende Körperschaft des Staates dem weisen Ratschluß einer Lobby aus örtlichen Psychiatern, Organisationen im Dienste der geistigen Gesundheit und ähnlichen gebeugt, und so wurde Norman nach einem neuen Sexual-Strafgesetz für psychiatrische Fälle verurteilt. Es gab viel Krach um dieses Gesetz, das Therapie und Rehabilitation von Patienten forderte und nicht die Bestrafung und Abschreckung von perversen Verbrechern. Der Widerstand der gottesfürchtigen, rechtschaffenen Bevölkerung wurde zum Teil nur deshalb überwunden, weil der Nachbarstaat kürzlich solch ein Gesetz verabschiedet hatte. Das Wettrennen um den Titel der »progressivsten Regierung im ganzen Nordosten« war eine bedeutende moralische Triebkraft.

Dieser Komplex von Druck aus verschiedenen Richtungen zeitigte einige recht merkwürdige, paradoxe Ergebnisse. Norman zum Beispiel wurde in eine psychiatrische Klinik eingeliefert, um dort als Patient behandelt zu werden, und nicht zu einer Haft im Gefängnis verurteilt. Aber seine Anklage las sich so:

Anklageschrift Nr. 296 stellt folgenden Tatbestand dar: Norman... hat am einundzwanzigsten Tag des Juni 1954 in der Stadt Ridgeville durch Zwang und Waffengewalt auf Catherine..., ein weibliches Kind von weniger als sechzehn Jahren, daselbst einen verbrecherischen Anschlag verübt, und dann eine verbrecherische, gottlose, diabolische, widernatürliche geschlechtliche Affäre mit der besagten Catherine... gehabt, wobei er verbrecherisch, gottlos, diabolisch und wider die menschliche Natur mit der besagten Catherine... daselbst das scheußliche und ekelerregende Verbrechen der widernatürlichen Unzucht beging, das keinen Namen hat unter Christenmenschen, zum großen Unwillen des allmächtigen Gottes, zum großen Skandal der Menschheit, gegen den Frieden der Regierung dieses Staates und gegen die Würde desselben und darüber hinaus im Widerspruch zu den Bestimmungen des Staatsgesetzes Nr. 7A: 154–3. Auf der medizinischen Karteikarte folgte noch eine kurze psychiatrische Beurteilung, die über Norman sagte:

Sensorium klar; Halluzinationen oder Wahnvorstellungen nicht nachweisbar; Alkoholismus, Drogenmißbrauch und Selbstmordversuche verneint; emotional flach; Denken vage und wirr; zurückgezogen und verschlossen; keine Schuldgefühle bezüglich seiner Geschichte von Belästigungen präpuberaler Mädchen. Diagnostischer Eindruck: Schizophrene Reaktion, chronisch undifferenzierter Typ. Alles in allem half mir die Kartei auch nicht, Norman für mich lebendig zu machen und das erhoffte Mitgefühl zu wecken.

Ich hoffte, daß ich Norman in der Gruppe vielleicht dazu bringen konnte, seine Straftaten nach und nach zu erzählen, daß es sich dabei zeigen würde, welche Gefühle ihn dazu getrieben hatten. Nach vielem gutem Zureden erzählte er der Gruppe schließlich von Catherine.

Sie war unheimlich hübsch, blonde Haare und so. Und schlank. Ich hab sie gern schlank. Die Dicken sehen so alt aus und sind so weich. Sie ist immer an dem Drugstore vorbeigekommen, wo ich mir oft die Magazine angesehen hab, die mit den Bildern drin. Sie hatte 'ne Menge prima Ideen, und wir haben uns immer unsere Meinung und so von Filmen erzählt. Nach 'ner Zeit durfte ich ihr 'ne Soda kaufen. Ich fing richtig an, sie gern zu haben, sie war so patent und so.

Dann hatte ich mal meine Kamera bei mir, und da hab ich sie gefragt, ob sie nicht Lust hat, mal mit in den Wald zu gehen, ein paar Photos machen. Sie hat einfach nur »na klar« gesagt, und da hab ich gewußt, daß sie sich auch in mich verknallt hatte. Ich hab immer gedacht, ob sie wohl nachts an mich denkt, so wie ich nachts an sie denke. Na, jedenfalls, wie wir im Wald sind, hab ich gar nicht versucht, frech zu werden oder sowas ... jedenfalls nicht gleich. Die Mädchen haben das ja nicht so gerne, gleich beim ersten Mal, wo sie mit dir irgendwo hingehen. Ich hab mich wirklich ganz harmlos rangearbeitet. Erst hab ich mit ihr darüber geredet, daß wir viele Sachen beide gut leiden können, und daß ich sie schwer in Ordnung finde. Das hat ihr ganz gut gefallen.

Und dann, ich mach das immer so, bevor ich was probiere, hab ich angefangen, ihr alles Mögliche auszumalen. Zum Beispiel, wenn ein Kerl ihr 'n Kuß geben würde, wie wär das? Und wenn das so'n Kerl wie ich wär, na, und wenn ich es halt wär? So in der Art. Sie hat nur gesagt, daß sie das ganz gern mag, und da hab ich sie eben geküßt. Und dann, nach 'ner Weile, hatte ich sie so weit, daß sie ihr Höschen auszog, damit ich sie streicheln konnte. Und dann hab ich ihn sogar 'ne Zeitlang reingesteckt; hinten, mein ich. Hat ihr wirklich Spaß gemacht, gar nicht weh getan oder so, hat sie gesagt. Wir haben ziemlich lange so rumgemacht, zu lange, glaub ich. Darum hat ihre Mutter sie ausgefragt. Da sind die Leute natürlich völlig durchgedreht und haben sie von mir weggescheucht. Die wollten das zwischen uns kaputtmachen, deshalb haben sie mich einlochen lassen. Die Gruppe war wie betäubt, einige waren entsetzt von der ruhigen, schamlosen Art, in der Norman berichtet hatte. Er hatte gesprochen, wie man von einer längst vergangenen Liebesgeschichte erzählt; eine nicht mehr schmerzhafte, nur noch wehmütige Erinnerung. In keinem Augenblick schien ihn die Tatsache zu beeindrucken, daß er schon weit in den Vierzigern und Catherine erst *neun Jahre alt* war. Normans Stunde, wenn man das so nennen kann, kam erst fast ein Jahr später. Für mich war das ein langes Jahr. Ich beachtete Norman immer weniger; es gab bei ihm in all den Monaten wirklich keine wahrnehmbare Veränderung. Das Repertoire meiner therapeutischen Kampferöffnungen, gedacht, um einen Menschen aus sich herauszulocken, war längst erschöpft, zu impotenter Wirkungslosigkeit verdorrt vor der erschlagenden Macht von Normans unerschütterlicher Apathie. Auch die anderen ignorierten ihn meistens oder fühlten sich sogar gestört, wenn er einmal wach genug war, um seine genial irrelevanten Kommentare zu machen. Sie versuchten nicht einmal mehr ihn aufzuziehen, denn seine ausdruckslose Dankbarkeit für ihre Aufmerksamkeit gab ihnen ein vages Schuldgefühl. Vielleicht hatte deswegen niemand bemerkt, daß Norman in den letzten Sitzungen kein Wort gesagt hatte. Das war in der Zeit, als Ross und Jimmy die Ursprünge ihrer Homosexualität erforschten und mit sehr viel Liebe zum Detail durchdiskutierten, was in ihren Körpern vor sich ging, während sie es machten. Niemand hätte gedacht, daß Norman davon mehr bewegt werden könnte als von all den anderen Gefühlen und Erfahrungen, die hier schon durch die therapeutische Mühle gedreht worden waren. Ich hätte es vielleicht kommen sehen müssen, aber Norman war für mich genauso verloren wie für all die anderen Leute in seinem leeren Leben, die ihn mit etwas Aufmerksamkeit vielleicht hätten retten können.

Norman hatte es noch nie über sich gebracht, in einer Sitzung als erster zu sprechen. Aber es war nicht nur diese ganz aus dem Rahmen fallende Spontaneität, die jedermann aufhorchen ließ, sondern die Art, in der er sprach. Da war plötzlich ein Druck, der die Worte zwischen weißgespannten Lippen hervorpreßte, eine Angestrengtheit in seiner Stimme wie bei einem etwas zu hoch gestimmten Saiteninstrument. Offenbar ohne es zu bemerken sprach er lauter als sonst, so als seien die anderen zu weit weg für den normalen Konversationstonfall.

»Ich muß immer über euren Märchenkram nachdenken, den ihr da erzählt habt. Ich mein wirklich denken... und *beobachten*.«

Die Männer fühlten sich sichtbar unbehaglich und versuchten, ihn in seine Rolle zurückzuulken: »Du willst doch wohl nicht etwa wirklich denken, Normie Boy, das wird deinem Kopf nicht gut tun.«

Er ignorierte den Spott und sprach weiter mit plötzlich flüsternder Stimme: »Meistens sind es diese jungen farbigen Anfänger. Wenn die mal mit dem Ding von 'nem Weißen spielen können, dann können sie sich damit schon dicketun.«

Ich roch den faulen Gestank der Psychose, das innere Verrotten und Zerfallen von Denken und Fühlen. »Das regt dich ganz schön auf, was, Norman?«

»Nein, nein. Ich bin schlauer als die *meisten* Kerle glauben. Ich kann schon ganz gut auf Old Norm aufpassen. Glaubt ja nicht, ich kann das nicht. Die dürfen doch nachts nicht aus ihren Zellen raus, was? Ist doch das Gesetz hier, nicht Doc?«

»Richtig, Norman, das ist hier Gesetz«, sagte ich. Es sollte eine Bestätigung sein, aber meine Stimme war stumpf vor Resignation und leiser Niedergeschlagenheit. Die anderen verstanden meine Traurigkeit und waren sehr still danach.

Mehr zu sich selbst fuhr Norman fort: »Macht euch keine Sorgen, ich hab sie gehört. Sie reden immer über mich, eine Woche geht das jetzt schon. Sie haben so 'ne Art Geheimsprache, wie Spione. Aber ich hör' sie doch: ›Sein Arsch, sein Arsch‹. Oh ja, ich weiß genau, was die wollen. Aber das schaffen sie nicht, nicht bei Old Norm.« Und dann in plötzlicher, unerklärlicher Wut schrie er: »Und kein Lutschen! Kein Lutschen, ist das klar?« Dann, wieder ruhig und mit dem Glitzern überlegener Schläue in den Augen: »Aber ihr Kerle könnt ruhig aufhören, euch zu sorgen, ich zerschneide sie alle. Können Old Norm nicht mehr anfassen, wenn sie in Stücke geschnitten sind, oder? Manchmal mein ich, ich sollte mich lieber selbst umbringen, dann können sie mich überhaupt nicht mehr kriegen. Aber reg' dich nicht auf, Doktor, ich bring mich nicht um und auch sonst keinen, wenn sie mich nur in Ruhe lassen. Ich weiß, du magst das nicht, und du bist mein Freund. Vielleicht verschwinde ich einfach mal 'ne Weile. Sie wissen, daß ich jetzt hier oben in der Sexklasse bin. Vielleicht kann ich sie reinlegen, wenn ich mich unten in meiner Zelle verstecke. Darf ich runtergehen, Doc, darf ich?«

»Ja, Norman«, sagte ich, »sag' dem Wärter, er soll dich runterbringen in deine Zelle. Sag ihm, ich hätte es erlaubt. Keiner kann dir da was tun, Norman, das verspreche ich dir.« Mein Versuch, besonders freundlich zu sein, war ziemlich geschwächt von einer noch größeren Erschöpfung.

Norman stand auf, sichtbar befriedigt von seinem Plan. Sorgsam gedämpften Schrittes ging er den Gang hinunter und blickte dabei aus den Augenwinkeln in jede leere Zelle. Wir übrigen diskutierten für den Rest der Stunde betroffen, ob Norman es schaffen würde oder nicht. Wir wußten, daß wir versagt hatten, daß wir an ihm und an uns selbst viel versäumt hatten.

Nach der Stunde gab ich dem leitenden Psychiater einen Bericht von dem Vorfall. Norman wurde einer kurzen Schocktherapie unterzogen. Nachdem er sich von der Verwirrung durch die Schocks erholt hatte, besuchte ich ihn.

Jetzt ging er mich etwas an, jetzt, wo es zu spät war. Die anderen trauerten um ihn wie um einen kranken Bruder, der gestorben ist, wie um ein Kind, das irgendwie verlorenging, weil niemand es gefragt hat, wo es weh tat.

2. Das Land und das Meer

Bevor ich Ross' Geschichte hörte, haben mich Beschreibungen von Schlägen, die andere als Kinder hatten erdulden müssen, nie sonderlich beeindruckt. Eine Tracht Prügel ist zumindest eine ehrliche, offene, oft unpersönliche Stellungnahme zu dem Kind. Schmerzhaft, ja, aber der Schmerz vergeht mit der Zeit.

Die vielen Male, wo ich für meine Ungezogenheit geschlagen wurde, wußte ich immer, wann es gerechtfertigt war und wann nicht. Als das einmal klar war, konnte ich zurückhassen und rebellieren auf eine Weise, die meine Gefühle rein und frei ließ.

In meiner Familie war der Sünde Sold öfter der, daß man sich hinsetzen und herzzerreißende Geschichten von elterlichen Opfern und kindlicher Undankbarkeit anhören mußte. Die Saat der Schuld war so wohlgesät, daß die Ernte der Angst in jeder Reifezeit eines Menschenlebens reichlicher ausfiel. Die unkontrollierbaren Erträge hörten erst auf, oder wurden zumindest weniger, als ich mit Hilfe meines Therapeuten unter Schmerzen das ganze Feld umgrub, so daß ich mein eigenes Gemüse darauf anbauen konnte.

Selbst jetzt noch, so viele Jahre später, stellen sich mir auf Rücken, Hals und Armen die Haare auf, wenn ich mich an die Geschichte erinnere; das alte, leere, hilflose Gefühl kommt wieder, das in der Kehle und in der Magengrube zu sitzen scheint. Sie wurde den Kindern wieder und wieder erzählt, mal auf englisch, mal auf jiddisch oder in einem beliebigen Mischmasch aus beiden. Sie wurde immer dann erzählt, wenn Mama voller Sorge sah, daß die Kinder den Schatz ihrer Liebe nicht recht zu würdigen wußten. Als sie klein war, da war alles anders gewesen, da wußten sie noch, was eine Mutter war, sie dankten Gott auf den Knien für diesen Reichtum. Aber in eurem Amerika, was ist da eine Mutter? Dreck unter den Schuhen der Kinder, die sie unter Schmerzen geboren hat. »Gesegnet sei Kolumbus«, pflegte sie zu sagen und meinte natürlich: »Verflucht sei dieser Goy, mit dem all der Ärger angefangen hat.« Das wußte man zwar, aber sie sprach es nie aus.

Dann kam es. Mama begann immer mit einer rhetorischen Frage (beziehungsweise mit einer Frage, die sie lieber selbst schnell beantwortete, damit die undankbaren Gören gar nicht erst falsch antworten konnten). »Wißt ihr eigentlich, was eine Mutter ist? Also ich will euch sagen, was eine Mutter ist. Eine Mutter ist Liebe und Leid, und ihr wollt nicht wissen, was sie wert ist, bis es Zeit ist, Schivva für sie zu sitzen und sie zu betrauern. Aber dann ist es zu spät. Paßt auf, ich erzähl euch, was eine Mutter durchmacht für das Glück ihrer Kinder.« An dieser Stelle nahm ihre Stimme unweigerlich den Singsang-Tonfall und den Rhythmus der Synagogenliturgie an. Sie erzählte die Geschichte immer so, als hätten wir sie noch nie gehört. *Einst, vor langer Zeit, es kann zu jeder Zeit gewesen sein, eine Mutter ist eine Mutter, egal wann ... Also. Einst, irgendwann in der Vergangenheit, lebte eine arme jüdische Witwe und ihr Sohn. Ganz allein zog sie ihn auf. Er war kein schlechter Junge, aber als er achtzehn Jahre war, verliebte er sich in eine Schickse. Es gab eine Menge netter jüdischer Mädchen in dem Dorf. Seine Mutter sagte ihm, er soll unter seinesgleichen bleiben, aber Jugend ist taub und blind und dumm. Nun ... was soll ich euch sagen, sowas passiert eben. Es geschah also, daß er sich in diese schöne Schickse verliebte, die gedankenlose Liebe der Jugend.*

Seine Mutter wußte natürlich, daß er Kummer hatte (eine Mutter weiß das immer), aber sie wußte den Grund nicht, weil der dumme Bub sich ihr nicht anvertraute. Nun nahm die Schickse den Jungen gar nicht ernst, Närrin, die sie war. Sie spielte nur mit ihm. Was kann man von einem christlichen Kopf anderes erwarten? Schließlich war sie ihn satt. Das war seine Chance zu entkommen, zurück zu seiner Mutter. Aber ein Junge, ein Narr, muß unbedingt haben, was er nicht haben kann. Er sagte dem Mädchen, er würde alles tun, alles, was sie verlangte, wenn sie ihn nur heiratete.

Schließlich, nur um ihn endgültig loszuwerden, schloß sie ein schreckliches Abkommen mit ihm, weil sie glaubte, daß er es nie erfüllen würde. Nicht mal ein Goy würde so etwas ernsthaft verlangen. Aber sie kannte das Feuer seiner törichten Leidenschaft nicht. Sie sagte ihm ... sie sagte ihm ... ich kann es kaum erzählen ... sie sagte zu ihm: »Ich heirate dich nur, wenn du deiner Mutter das Herz herausschneidest, nur so kannst du deine Liebe beweisen.« Der Junge war entsetzt. Die eigene Mutter töten ... Trotzdem, er mußte dieses verbotene Mädchen haben. Und so stahl er sich in sein eigenes Haus, wie ein Dieb in der Nacht. Und im Dunkel der Nacht kniete er neben dem Bett nieder, in dem seine Mutter den Schlaf des Gerechten schlief. Er kniete und betete zu Gott, er möge verstehen und ihm vergeben, was er tun mußte. Und dann nahm er ein Küchenmesser aus dem Gürtel und stach es seiner armen schlafenden Mutter in die Brust. Er tötete sie und schnitt ihr

das Herz heraus. Er konnte die Wärme ihres Herzens in seinen
blutbefleckten Händen fühlen, als er zu dem Haus seiner Schickse
lief. Als er die Pflastersteine des Dorfes hinunterlief, das Herz der
Mutter in den schuldigen Händen, stolperte er und wäre beinah
hingefallen. Und wie er stolperte, hörte er die Stimme des Herzens
seiner Mutter aus seinen Händen zu ihm sprechen. Das Herz sagte:
»Gib acht, mein Sohn.« Das ist Mutterliebe.[1]

Anfangs habe ich selten die Kindheitsprobleme von Patienten mit
meinen eigenen in Zusammenhang gebracht; ich wußte, daß sie
diese Probleme in ihrer Neurose verdrehten und übertrieben. Nur
aus Sympathie habe ich manchmal an ihren Phantasien teilgenommen. Ein Teil ihrer Krankheit war natürlich, daß sie immer noch ein
Bild von ihren Eltern hatten, das entstanden war, als sie hilflose
Kinder waren und so vollständig abhängig, daß ihre Eltern dadurch
riesengroß wurden. Ich nenne diese Perspektive gern den »Punkt
des Nachteils.« Deshalb war es für mich so hilfreich, die Eltern der
Patienten zu treffen und zu sehen, was für eine Sorte Mensch sie
wirklich waren, weil ich dann die aus der Neurose des Patienten
geborenen Verdrehungen wieder zurechtrücken konnte.

Als ich hörte, daß Ross' Pflegemutter zu Besuch kommen würde,
war ich gespannt, was für ein Mensch sie wohl war. Ross hatte von
ihr immer mit Ärger und Bitterkeit erzählt, aber auch mit einer Art
Resignation angesichts der Macht, die er ihr irrtümlich zuschrieb.
Ich wußte aus der sorgfältig ausgearbeiteten Fallgeschichte des
Sozialarbeiters, daß Ross' Stiefmutter eine Näherin gewesen war,
jetzt eine kränkelnde Frau von fast sechzig Jahren. Ich freute mich
schon darauf, meinen Eindruck von dieser kleinen alten Dame der
Gruppe berichten zu können, um damit Ross zu helfen, sich realistischer einzuschätzen. So würde er erkennen, daß er sich in all den
Jahren von seiner eigenen verzerrten Wahrnehmung hatte bangemachen lassen, und daß ein erwachsener Mann sich nicht länger vor
einer alternden Stiefmutter fürchten muß, deren Gesundheit nicht
mehr die beste ist.

Deshalb machte es mir nichts aus, noch abends im Hospital zu
bleiben. Das war so, wie es sein sollte. Ich nahm mir vor, mich von
meiner Frustration über das verschobene Abendessen nicht dazu
verleiten zu lassen, mit dieser armen Frau kurz angebunden zu sein.
Sie kam von so weit her, aus Sorge darüber, daß man ihren Sohn
eingesperrt hatte. Während ich auf ihr Klopfen wartete, dachte ich:
»Du mußt sehr freundlich zu ihr sein.« Aber das Klopfen kam nicht.
Statt dessen flog plötzlich die Tür auf wie von einer Sturmbö vor
dem Gewitter. Und es kam in Gestalt einer riesigen Frau mit

stahlgrauem Kopf und wuchtigen Schultern, die sich durch den Türrahmen schob und den Rest ihrer Massen hinter sich her schleppte. Sie war streng gekleidet und hochgeschnürt, allerdings nicht gerade in einer an Weiblichkeit erinnernden Art, sonder eher so, daß ich an jene Stahlplatten denken mußte, die für das effektive Funktionieren von Panzern so wichtig sind.

Sie schwenkte ein dickes, schmuckloses, schwarzledernes Buch, das in bedrohliche Nähe meines Kopfes kam, als sie vor meinem Tisch scharf abbremste, und folgte ihrem ausgestreckten Arm mit der Anklage: »Sie sind Dr. Kopp?« Ich gestand und erwartete zitternd das Urteil, mußte mir aber erst noch eine detaillierte Beschreibung meiner Verbrechen anhören. Mir war nicht erlaubt zu unterbrechen, um mich zu verteidigen, obwohl ich es an mehreren Nahtstellen versuchte. Die Anklage lautete wie folgt:

Ich bin diesen ganzen langen Weg gekommen, fast drei Dollar hin und zurück, und das bei dem Zustand von meinem Herz. Leute wie Sie sind das, die andere Leute elend machen. Gehen Sie mir bloß weg mit von wegen Sie tun nur Ihre Arbeit. Mein Rossey sollte erstens schon mal gar nicht hier sein. Ein guter Junge, zusammengesteckt mit diesen unverbesserlichen Verbrechern! Wenn er wirklich irgendwie Schwierigkeiten kriegt, nachdem ich ihn hier rausgeholt hab, dann geht das auf Ihr Konto. Dieser Dreck und dann der Fraß. Er kriegt sicher nichts Grünes hier, und er ist doch so pingelig mit dem Essen. Er war ein sehr mageres Kind. Nein, erzählen Sie mir bloß nichts! Ich bin Steuerzahler, und eines Tages werden auch den anderen die Augen über Euch alle aufgehen. So, mit wem kann ich jetzt da drüber reden? Wer ist Ihr Chef? Ich will, daß mein Rossey sofort entlassen wird oder wenigstens in einen sauberen Teil vom Haus kommt. Eingesperrt mit diesen ganzen Mördern und Dieben und was weißlich. Nein, ich will nichts hören über diese ganzen Lügen, die sie im Gericht über Rossey erzählt haben. Sie kennen ihn nicht, sonst würden Sie diesen ganzen Dreck nicht glauben. Alles gelogen. Kann doch auch gar nicht sein. Sehen Sie sich doch bloß mal an, wie genau er mit seinen Sachen ist, immer sauber und ordentlich. Er hat in meinem Haus noch an keinem Abend sein Bad verpaßt, seit ich ihn zu mir genommen hab als er acht war. So, und jetzt erzählen Sie mir mal, wie er irgendwas von diesen widerlichen Sachen, die sie im Gericht erzählt haben, wohl getan haben soll. Nein, wagen Sie bloß nicht, sie zu wiederholen! Ich bin eine gut christliche Frau. Ich bin nicht jede Woche in die Kirche gegangen, um mir dann all den schmierigen Dreck anzuhören, den ihr Psychiater studiert.

Das ging immer so weiter, und meine Versuche zu unterbrechen wurden immer schwächer. Als ich schließlich für sie ein Treffen mit dem Klinikdoktor arrangierte, tat ich es mit Wut und Bitterkeit, aber auch mit einer Art von Resignation angesichts der Urgewalt, der ich in ihr begegnet war.

Nach diesem Treffen waren Ross' Erfahrungen realer für mich. Erst konnte ich ihn mir in der Rolle des Verführers kleiner Jungen kaum vorstellen. Er sah einfach nicht so aus. Er war groß und kräftig, hatte einen mächtigen Brustkorb und lange, schlanke, muskulöse Arme, die er frei schwingen ließ, so als hätten seine Füße das rollende Deck nie verlassen. Der Titel »Vollmatrose« paßte zu ihm, und es war viel von dem alten Salz in seinem mühelos abgespulten Seemannsgarn von fernen Häfen und der unendlichen See. Er hatte einen Zynismus an sich, der das Land nicht so sehr zurückwies als vielmehr verlangte, daß es wußte, wo es hingehörte. So war er nicht nur ein Mann, sondern ein Weltreisender, von dem man erwarten sollte, daß er in vielen Häfen Frauen zurückließ, die an ihn dachten. Trotzdem kam in seine Stimme Sanftheit auch jetzt noch nur, wenn er von einem »wunderschönen Kind« erzählte, irgendein Junge, den er auf der Straße gefunden hatte, schlecht ernährt und ohne jemanden, der sich um ihn kümmerte. Er ging dann mit ihm über die Hafenmärkte und Basare, bis er genau den richtigen Kompaß oder das richtige Teleskop gefunden hatte, das den Jungen in Staunen und Begeisterung versetzte. Wenn er ihn so erst einmal eingefangen hatte, nahm er ihn mit zum Essen, wo er haben konnte, was und wieviel er wollte. Dann kaufte er ihm die Kleider, die ihn am meisten begeisterten, gab ihm mehr Geld, als er jemals besessen hatte und nahm ihn schließlich mit auf ein möbliertes Zimmer. Dort nahm er den Jungen auf die Knie und sagte: »Jetzt möchte ich gern, daß du dich von mir lieben läßt. Wenn du nicht willst, kannst du gehen. Aber ob du bleibst oder gehst, du kannst alles behalten, was ich dir gegeben habe. Und ob du bleibst oder gehst, ich werde dir nie wieder etwas geben, nichts zu essen, kein Geld, keine Geschenke. Wenn du bleibst, dann nur, weil du willst, daß ich dich liebe.« Er behauptete, daß nur sehr wenige Jungen gegangen seien, und deshalb wußte er, daß viele seine Liebe wirklich wollten. Er nannte diese Begegnungen immer seine »Stunden der Wahrheit«. Erst Monate später stellte sich heraus, daß sehr wenige dieser Jungen Englisch verstanden, die einzige Sprache, die er beherrschte.

Früher fanden die meisten seiner Affären nur statt, wenn sein Schiff in ausländischen Häfen anlegte. Obwohl keine Frauen an Bord waren, hatte er nie versucht, einen Geschlechtspartner unter der

Besatzung zu finden. Statt dessen verbrachte er seine Freizeit damit, zu lesen, sein Tagebuch über seine Phantasien zu führen und seine eigenartige, unreife, zynische Metaphysik mit jedem, den er ködern oder irgendwie engagieren konnte, zu diskutieren.

Wenn sein Schiff im Hafen war, begann er seinen Landgang gewöhnlich damit, sich eine Frau zu suchen, und manchmal fand er auch eine, die mit ihm ins Bett ging. Aber dann kam immer bald die Sache mit dem Souvenir. Seine Pflegemutter, die einzige Mutter, die er kannte, war sicher dankbar für das Geld, das er schickte, aber wenn er ein wirklich guter Junge war, dann mußte er ihr ein Andenken schicken, irgendein Kinkerlitzchen, um zu zeigen, daß er sie nie vergessen würde, wie weit weg der Hafen auch war. Wenn er bei einer Frau war oder auch nur auf der Straße eine suchte, erinnerte ihn immer irgend etwas an seine Pflicht. Seltsam, wie die Erinnerung an sein Versprechen, das er diesem Gottesweib gegeben hatte, das ihn mit Bibelsprüchen und einem Lederriemen aufgezogen hatte, unweigerlich erwachte, wenn er mit einem beliebigen hedonistischen Luder zusammen war, für die er so gut war wie jeder andere Mann mit Geld. Keine Maria Magdalena, die nicht durch eine Madonna verdorben wird. Vielleicht war es gerade der Kontrast, der ihn so irritierte, als ob seine Erinnerung von einem seltsamen Gesetz der Gegensätze bestimmt wurde.

Wie groß sein bitterer Groll gegen die Mutter auch war, sie wollte ihn unbedingt vor ... vor Hölle und Verdammnis bewahren, wie sie sagte. Sie meinte vielleicht vor jener Frau, die er an diesen dunklen Orten suchte, so weit weg von ihrem gestrengen Licht. Und in gewisser Hinsicht hat sie es vielleicht auch geschafft. Gedanken an sie waren immer da, um ihm die Süße seiner Lust zu vergällen. Ihm blieb nichts als der Ekel vor der Frau, vor sich selbst, vor den Dingen, die sie heimlich miteinander taten. Manchmal versuchte er, die Gefühle zurückzudrängen, aber das blockierte ihn nur noch mehr, machte ihn krank, erstickte alles Verlangen, das ihn zu einem potenten Mann gemacht hätte. Dann suchte er sich ein wunderschönes Kind.

In dem Jahr vor seiner Inhaftierung konnte er wegen einer nicht diagnostizierten Krankheit, unklare Schmerzen und Fieber, eine Zeit lang nicht zur See fahren. Zum ersten Mal seit Jahren lebte er wieder unter den urteilenden Augen seiner rechtschaffenen Pflegemutter. Er merkte bald, daß sein Bedürfnis nach kleinen Jungen immer öfter auftrat, immer dringender wurde und seine gewohnte Vorsicht verdrängte. Schließlich kam es, wie es kommen mußte. Ein Junge bekam so viel Angst, daß er seinen Eltern erzählte, was der

Mann mit ihm gemacht und von ihm verlangt hatte.

Die Verhaftung nach dieser Begegnung brachte Ross in unsere Therapiegruppe. In den vielen Monaten der Behandlung schien er eine seltsame Mischung aus Geheimhaltung und Offenheit zu sein. Manchmal war er recht offen für Schmerz und Unglück der anderen, aber wenn man ihm das zeigte oder ihm dankbar war, distanzierte er sich sofort von seiner Teilnahme oder zog sich in zähnefletschenden Sarkasmus zurück. Zuerst waren die anderen wütend oder verletzt oder einfach verblüfft. Nur allmählich begriffen sie. Und, merkwürdig genug, Ross schien sich auf eine verborgene Art darüber zu freuen, daß sie sich ihm gegenüber so weise verhielten, die Weichheit in ihm akzeptierten, die er selbst sich nicht eingestehen konnte.

Er sprach nie wirklich ernsthaft über sich selbst. Fragte man ihn etwas, dann wich er aus und machte seine Seekiste mit Geschichten auf, warnte aber gleich davor, etwas davon zu glauben. Manchmal gab er auch satirische Stücke einer erfundenen Autobiographie zum besten. Diese Episoden waren so dick aufgetragen, daß man sie allenfalls als Halbwahrheiten ansehen konnte, aber die Art, wie er die Tatsachen verdrehte, enthüllte mehr, als sie verdeckte. Zum Beispiel eine sehr lange, ausführliche ›wissenschaftliche‹ Geschichte über seinen Versuch als Junge, seinem Hund beizubringen, in Mutters Hand zu beißen, wenn sie ihn fütterte. Er unterbrach das Lachen der Männer und versicherte, das sei alles »reine Wahrheit«. Die Geschichte endete damit, daß der Hund jaulend das Weite suchte und nie wieder gesehen wurde, weil seine Mutter schneller zugebissen hatte. Bei all dem Scherz gab er aber doch oft zu, daß das alles nur eine »Nebelwand« war, hinter der Gefühle lagen, zu schrecklich, um sie mitzuteilen.

Einige Wochen vor Ross' Stunde hatte ich ihm ganz schön zugesetzt: er hielte die Gruppe immer mit seinem Seemannsgarn auf, genauso, wie er das Meer benutzt hatte, um von seiner Mutter wegzukommen. Wie ironisch, daß es ihm nicht gelungen war, seine stürmische Mutter loszuwerden, während es ihm sehr wohl gelingen konnte, sich vor dem schützenden Hafen zu bewahren, den diese Männer ihm mit ihrem Mitgefühl anboten. Die Tiefe seiner Verstörtheit zeigte sich am besten, wenn er mich bat: »Nimm mir die See nicht weg. Das kann ich nicht zulassen. Sie ist alles, was mir geblieben ist. Es wird keinen anderen Ort geben, wo ich mich verstecken kann, und dann werde ich wissen, wie leer ich bin.« Die anderen Männer begegneten dieser Bitte, indem sie die Risiken beschrieben, die sie auf sich genommen hatten, als sie ihre eigenen

Festungen aufgaben, Alkohol, Härte, Nachgiebigkeit und dergleichen. Diese Bekenntnisse waren so direkt, daß sie Ross gegen sein
Sträuben bewegten. Seit der Stunde erzählte er viel von sich, er
sprudelte seine zerschlagenen Gefühle nur so hervor, mit krampf-
haftem, gepreßtem Tonfall, so als könnte er nicht schnell genug
erzählen und wagte nicht zu zögern, damit er nur ja alles sagte. Er
erzählte, wie sehr er sich nach einem Vater gesehnt hatte. In jedem
Alter hatte er neue Geschichten erfunden und so gut erzählt, daß
seine Schulkameraden ihn um den abwesenden Vater beneideten,
der ihre eigenen Väter so weit in den Schatten stellte. Alles, was er
tatsächlich genau wußte, war, daß sein Vater wenige Wochen vor
seiner Geburt auf einem Frachter den Hafen verlassen hatte. Auch
an seine leibliche Mutter konnte er sich nicht erinnern und an die
Jahre im Waisenhaus nur vage. Seine Pflegemutter sagte ihm nur,
daß sie eine schlechte Frau war, und daß er sich glücklich schätzen
konnte, vom lieben Gott ein christliches Heim bekommen zu haben
und jemanden, der ihn richtig erzog. Sie sei die einzige Mutter, die
er habe und jemals haben werde, er solle besser auf die Knie fallen
und Gott danken, daß er etwas Besseres bekommen hatte, als er
verdiente. Wenn er nach seinen Eltern fragte, bekam er keine
Antwort, sondern wurde bestraft, weil er so ein undankbarer
kleiner Sünder war.
Über diese Strafen begann er an dem Tag zu sprechen, an dem seine
Stunde kam. Viele der anderen waren selbst auch ziemlich übel
herumgestoßen worden und waren nicht bereit, viel Mitgefühl für
bloße physische Strafen aufzubringen. Auch ich war nicht gerade
erschüttert; ich habe simple Schläge immer anderem vorgezogen,
was ich als Kind ertragen mußte. Erst als ich Ross zu Ende gehört
hatte, wußte ich, daß es nicht darauf ankommt, ob ein Kind
geschlagen wird oder nicht. Es kam darauf an, was die Strafe
bedeutete, und daran entschied sich dann, ob sie einfach nur außen
weh tat oder an den Eingeweiden zerrte, auch wenn man mittler-
weile ein Mann hatte werden müssen.
Die anderen Männer forderten Ross auf, die Geschichte weiter zu
erzählen, die er in der letzten Sitzung nicht zu Ende gebracht hatte.
Er tat es, langsam und leise, durch fast geschlossene Zähne. »Wenn
ich was über meine Leute gefragt hab, dann hat sie immer in ihre
Schürzentasche gelangt, nach einem Nähmaschinenriemen, den
hat sie immer bei sich gehabt. Und dann gings los. Erst langsam. Sie
konnte mit jedem Schlag anders ausdrücken, wie sündig und
undankbar ich war. Dann hat sie sich immer mehr aufgeregt und
dabei immer schneller geschlagen. Sie konnte überhaupt nicht

mehr aufhören. Sie hat mich geschlagen, bis ich geschrien hab, aber das war noch nicht das Schlimmste.« Er unterbrach sich für einen langen Augenblick und befeuchtete mit der Zunge die ausgetrockneten Lippen. »Danach hat sie mich weitergeprügelt, bis ich aufgehört hab zu schreien. Mein Gott, manchmal wars verdammt schwer aufzuhören... Und dann, wenn ich nur noch gewimmert hab, hat sie mich gezwungen, zu ihr zu kommen, und ihr zu sagen, daß ich sie liebte, und daß es mir leid tat, daß ich so undankbar zu der einzigen Mutter war, die Gott mir gegeben hat.«

Es war ein schmerzvolles Stöhnen in der Runde: »Wie ist das bloß möglich?« und »du armes Schwein.« Ross machte eine Pause, atmete tief und fuhr fort: »Ich hab sie gehaßt, Mensch, wie ich sie gehaßt hab.« Dann, in verzweifelt leichtem Tonfall: »Ich hab sogar versucht, sie umzubringen. Ja, wirklich. Ich hab ihr Mottenpulver in den Tee getan, aber sie hat ihn nicht mal probiert, und ich hab nicht den Nerv gehabt, es noch mal zu versuchen. Aber das ist alles vorbei. Sicher, ich wollte sie kaltmachen, wie Kinder eben manchmal sowas einfach wollen. Mottenpulver! Könnt ihr euch das vorstellen? Nur jetzt bin ich eben groß, und die Sachen liegen ganz anders.«

»Sind Sie wirklich so anders... innen?« fragte ich.

Ross versuchte, die Frage ganz leichthin abzutun, aber ich blieb hart und die anderen auch. Ross biß die Zähne zusammen, beugte sich vor und umklammerte den Stuhl, daß seine Knöchel weiß hervortraten; das verriet ihn. Ein paar Worte gingen noch hin und her, dann hörte er auf zu antworten, und die anderen sprachen unter sich weiter. Als er schließlich aufsprang, verstummte die Gruppe in plötzlichem Begreifen. Sie sahen den irren Ausdruck in seinen Augen.

Er kam mit langsamen, schweren Schritten auf mich zu. »Ich will diesen Stuhl haben, und ich krieg ihn auch«, krächzte er heiser. Ob aus Furcht oder Weisheit, ich stand schnell auf und trat zur Seite. Ich dachte: »Mein Gott, wie er diesen Stuhl braucht, er würde mich dafür umbringen.« Zu Ross sagte ich nur sanft: »Na klar, wenn du ihn so dringend brauchst, kannst du ihn haben.«

Einen Moment lang sah er geschlagen und enttäuscht aus. Dann, wie mit wieder wachsender Kraft, trat er vor und griff nach der schweren Rückenlehne meines Stuhls. Als er ihn hoch hob war erschrockenes Luftschnappen zu hören, aber keiner rührte sich. Ross schien weit weg zu sein, irgendwo in seinem Kopf. Er ging langsam auf das Gitter der nächsten Zelle zu und schlug mit plötzlicher, großer Gewalt zu. Obwohl das Krachen des zersplit-

147

ternden Holzes auf dem Stahl des Gitters jedermann ins Leben hätte
zurückrufen müssen, bewegte sich immer noch keiner.
Ich fand mich selbst seltsam entrückt von all dem. Angst und Zittern
kamen erst später, woanders und zu einer anderen Zeit. Im Moment
spekulierte ich beiläufig, wie über eine ganz unwahrscheinliche,
hypothetische Situation. Alles schien weit weg zu sein. Beim ersten
splitternden Krachen tauchte nebelhaft die Frage auf, ob Ross
vielleicht nur den Stuhl in eine handlichere Form brachte, um mir
dann eins überzuziehen. Und dann, als die Schläge durch die langen
Gänge von Stein und Stahl dröhnten, fragte ich mich, aus noch
größerer Entfernung, wie teuer so ein Stuhl sein mochte und ob sie
die Kosten von meinem ohnehin dürftigen Gehalt abziehen
würden.
Nach einer langen Zeit voller Lärm und schier unerschöpflicher
Wut lagen die Trümmer des Stuhls wie die Stille um Ross' weitge-
spreizte Füße. Als nur noch Kleinholz übrig war, schien auch seine
Wut aufgebraucht. Er fiel in sich zusammen, die Arme hingen
schlaff herunter, völlig erschöpft.
Jetzt löste sich die Gruppe aus ihrer langen Erstarrung, als glaubten
sie erst jetzt, daß ihnen ebenso wenig wie Ross Strafe und Aussper-
rung drohte.
»Komisch«, sagte Ross zu mir, »die ganze Zeit, während ich den
Stuhl zerlegt hab, hab ich gedacht, daß ich die Stücke aufsammeln
und mit in meine Zelle nehmen muß.«
»Aber jetzt brauchst du das nicht mehr, was? Wer braucht einen
kaputten alten Stuhl, der sowieso nicht so besonders bequem war?«
»Genau. Noch was, ich bin wirklich froh, daß du nicht versucht hast
mich anzuhalten. Du bist'n prima Kerl, ehrlich. Vielleicht der
einzige, der wirklich versteht, ich meine, alles versteht. Ich will dir
nicht irgendwie weh tun. Aber als ich den Stuhl haben wollte, da
wollte ich, auf eine ganz komische Art wollte ich eine Chance haben,
dafür zu kämpfen. Bekloppt, wie?«
»Vielleicht hast du mich eine Weile mit deiner Mutter verwech-
selt.« Ross nickte. Jetzt kam auch Widerhall von der Gruppe, erst
nervöses Lachen und spannungsauflösende Witzeleien; dann setzten sich alle wieder hin und versuchten ernsthaft zu erklären, was
das alles bedeutete. Sie besprachen es hauptsächlich unter sich, denn
Ross und ich hörten nicht sehr aufmerksam zu. Es war nicht nötig.
Wir wußten beide Bescheid, jeder auf seine Weise.
Ross sprach in den folgenden Monaten wenig über seine Mutter,
aber jetzt war seine Freundlichkeit gegenüber den anderen Männern eine offene, stolze, blühende Sache, und er war glücklich,

wenn die anderen bemerkten, wie es um ihn stand. Schließlich, kurz vor seiner Entlassung, erzählte er voll Sehnsucht von einer jungen Frau, die er kannte, eine Witwe, die mit zwei kleinen Kindern zurückgeblieben war, als ihr Mann auf See umkam. Ich habe nie erfahren, was daraus geworden ist. Ross schrieb nie und kam auch nie vorbei, als er wieder draußen war. Aber ich fühle doch, daß er jetzt besser dran ist, so wie auch für mich damals manches besser wurde.

Die ganze Zeit über waren die weißbekittelten Wärter wohlweislich hinter der Gittertür am Ende des Ganges geblieben. Jetzt erst schlossen diese Mistkerle die Tür auf und kamen heroisch angerannt, um mich zu retten. Das brachte mich schmerzhaft ins Leben zurück, und ich winkte sie voll Abscheu weg. Plötzlich fühlte ich mich Ross sehr nahe und so erschöpft wie er, als hätte auch ich meine Wut ausgetobt.

Ross stolperte zu seinem Stuhl und brachte ihn schwerfällig zu mir herüber. »Hier Doktor, nimm meinen«, keuchte er.

»Danke«, sagte ich matt und setzte mich todmüde hin.

Ross selber klappte danach zusammen wie eine Marionette, der man die Bänder durchgeschnitten hat. Er richtete sich in eine sitzende Position an der Wand auf. Seine Augen flammten noch einmal auf, als er heftig hervorstieß: »Ich bleibe bis zum Schluß. Das ist meine Sitzung, und ich bring sie auch zu Ende. Danach können sie mich meinetwegen einsperren, aber nicht bevor sie vorbei ist.«

Ich fand eine neue Ruhe in mir, als ich sagte: »Du kannst bleiben, Ross. Es ist alles in Ordnung, ich habe sie weggeschickt.«

3. Ein wenig für ihn, ein wenig für mich[1]

Der Wärter schloß die große Stahltür der Isolierungszelle auf. Ich stieß sie auf und fand den neuen Insassen auf einem Holzstuhl sitzend, den er nach hinten gekippt und an die Zellenwand gelehnt hatte, als ob er sich sonnte.

Er lächelte mit einer Hälfte seines Mundes, halbherzig und wenig überzeugend. Sein zerlumptes, kragenloses Hemd ließ ein Paar muskulöser Arme sehen, die er zum Ausdruck beiläufiger Mißachtung gekreuzt hatte. Er stand nicht auf, lehnte sich nicht einmal vor, als ich hereinkam.

»Guten Morgen. Ich bin Dr. Kopp. Sind Sie Anthony Dellini?«

»Na klar, der kleine Tony D. Kommst du mich aushorchen, Doktor?«

»Ich will dich kennenlernen, Anthony, vielleicht kann ich helfen.«

»Aha. Wie stehen die Chancen mit der Strafaussetzung? Der Richter, der hat mir gesagt, ich kriege nach sechs Monaten eine Chance. Deswegen bin ich lieber in die Klapsmühle gegangen als ins Staatsgefängnis.«

»Leute, die nach dem Sexualstrafgesetz verurteilt worden sind, werden alle sechs Monate begutachtet, aber man kann dich hier auch die ganzen fünfzehn Jahre festhalten. Wir brauchen dich nicht freizulassen, bis wir glauben, daß du so weit bist.«

»Fünfzehn Jahre, du kriegst die Motten! Ich wollte gleich wieder raus. Kein Quatsch, Doktor, ich muß raus. Ich hab drei Blagen. Der kleine Dominick, das ist ein gerissener Kerl, aber der hört nur auf mich und sonst auf keinen. Seine Mutter ist zu weich und zu blöd. Er ist so wie ich.«

»Du würdest auch auf keinen anderen als auf deinen Vater hören?«

»Mein Alter, jessas, der ist aus der alten Heimat. Der weiß nicht, was irgendwo außerhalb von Sizilien los ist. Ich auf den hören? – nee. Ich hab noch auf keinen gehört.«

»Wie kommt das, Tony?«

»Die erzählen mir immer: ›Sei ein braver Junge.‹ Meine Brüder, die kamen immer mit allem durch. Ich werd auch kein braver Junge, um hier rauszukommen. Man kann auch ein Mann sein und trotzdem Strafaussetzung kriegen, oder?«

»Du kommst raus, wenn wir sicher sind, daß du nicht wieder in Schwierigkeiten kommst.«

»Schwierigkeiten? He, was für Schwierigkeiten? Das Ganze ist doch sowieso ein Schwindel. Das Mädchen hat doch bloß behauptet, ich hätte sie gelegt, weil sie eifersüchtig war. Die wollte doch, daß ich mit ihr rummache. Hat mir wochenlang in den Ohren gelegen. Bloß ich wollte eben nicht.«

»Du wolltest nicht, weil du verheiratet warst?«

»Nein, Mann, weil sie potthäßlich war, dieses Weibsstück sah aus . . .«

»Wie kommt es, daß sie die Jury überzeugen konnte?«

»Ich hab doch keine Jury gehabt. Dieser unfähige Winkeladvokat hat mir doch gesagt, ich soll noli . . . noli wasweißich . . .«

»Noli me contendere. Das heißt also, du hast gar nicht ausgesagt. Du hast vor Gericht gar nicht behauptet, daß du unschuldig bist.«

»Genau. Dieser krumme Hund hat gesagt, ich könnte mich gar nicht rechtfertigen, weil ich so stinkblau war, daß ich überhaupt nicht mehr wissen konnte, was in der Nacht passiert war. Ich weiß noch, daß sie zu mir rübergekommen ist und mit mir reden wollte, und ich hab in meinem Wagen gesessen und grade noch ne Halbe reinlaufen lassen. Aber damit hat sichs. Mann, war ich voll.«

»Du weißt also gar nicht genau, daß du sie nicht vergewaltigt hast?«

»Was soll das . . . Nee, ich glaub ich weiß nicht mehr.«

»Erzähl mir mehr von den Schwierigkeiten, die du mit deiner Familie hattest.«

»Ich *hatte* keine Schwierigkeiten. Die haben mir welche gemacht.«

»Kannst du mir ein Beispiel geben, wie sie auf dir herumgehackt haben?«

»Ein Beispiel. Mensch, eine Million Beispiele, wenn du willst.«

»Das letzte, an das du dich erinnerst, vor der Vergewaltigung.«

»Ich hab keinen vergewaltigt.«

»Jaja, gut, dann also das letzte, bevor die Leute gesagt haben, du hättest das Mädchen vergewaltigt.«

»Klar. Mal sehn. Ja, ich weiß. Weihnachten war das. Soll ja ne glückliche Zeit sein, stimmts? Also, wir haben ne Familienfeier bei meiner Mutter. Meine Brüder waren auch da mit ihren Frauen. Alle waren am trinken. Und ich, ich will mir einen Dago red genehmigen, und Mama schnappt mich gleich am Ärmel und sagt: ›Tony, sta

151

d'accord.‹ Das heißt: ›Immer mit der Ruhe.‹ Die anderen saufen sich alle voll, und sie macht das Maul nicht auf. Kaum will ich mir einen nehmen, kommt sie mir gleich mit ihrem ›sta d'accord‹. Ich werd ihr sta d'accord geben. Ich hab ihr gesagt: ›Mama, laß mich um Gottes willen in Ruhe‹, aber sie ist mir immer weiter auf den Nerven rumgetrampelt, bis mir wirklich der Kragen geplatzt ist. Mann, ich hab angefangen zu saufen, als wenn es das letzte Mal Weihnachten wär, bevor sie den Vatikan dichtmachten. (Bekreuzigt sich hastig.) Ich war blau für Jesus, Maria *und* Joseph zusammen. Bevor ich fertig war, hab ich einen Tisch und zwei Stühle zerlegt, einem Bruder eine dicke Lippe für zwei Wochen gehauen und meinem kleinen Bruder beinah den Kiefer gebrochen.«

»Mir scheint, du hast wirklich allerhand Ärger gehabt. Also, ich muß wieder gehen, aber ich will dir was dalassen, worüber du mal nachdenken kannst. Wir machen hier eine Gruppentherapie. Einige der Patienten treffen sich dreimal in der Woche mit mir, um über ihre Probleme zu sprechen. Viele von ihnen hatten auch Ärger mit ihren Familien. Das hilft dir vielleicht auch, ob du das Mädchen nun vergewaltigt hast oder nicht. Nimm dir Zeit zum Überlegen, ich komme wieder und dann reden wir darüber.«

»He, Doktor, da brauch ich nicht erst lange drüber nachzudenken. Ich hab keinen vergewaltigt, aber für ne Strafaussetzung geh ich in die kommunistische Partei. Ich bin dabei.«

»Fein. Ich lasse deinen Namen auf die Liste setzen. Montag kannst du anfangen. Aber ich kann dir nicht garantieren, daß du dadurch früher wieder rauskommst.

Tony hatte mit starkem Gefühl gesprochen und dramatisch in seiner italienischen Art gestikuliert, aber er war nicht aufgestanden. Sogar sein Stuhl war in der gekippten Lage geblieben.

Von dieser ersten Begegnung an achtete ich scharf auf die Unterschiede der Kulturen, die uns hervorgebracht hatten. Es war sicher eine Reaktion auf etwas, das tiefer lag als unsere unterschiedlichen Ausdrucksweisen. Trotzdem schien mir der Unterschied in unserer Gestik der Schlüssel zum Verständnis unserer so sehr verschiedenen Herkunft zu sein, der auch erklären konnte, auf wie verschiedene Weise wir gelernt hatten, unsere Beziehung zur Welt zu sehen.

Tonys Gestik war deutlich sizilianisch. Obwohl er nie näher an der italienischen Inselheimat seiner Eltern war als ich an dem osteuropäischen Einwandererghetto, in dem meine Großeltern aufgewachsen waren, wären wir beide als echte Kinder unserer Urheimat durchgegangen – zumindest pantomimisch. Tonys weitausladende

Gesten gingen von seinen muskulösen Schultern aus in großen, gleitenden Bögen bis zu seinen harten, dunklen Händen. Sie fingen die Aufmerksamkeit des Zuhörers ein mit der fließenden Intensität des Gefühls, mit der seine Arme nach allen Seiten in die Welt griffen. Die Kraft seiner kehligen Stimme entfaltete sich am besten in der Dramatisierung durch das Crescendo und Diminuendo primitiver Gefühle, die er mit den weichen, kraftvollen Bewegungen seiner Arme darstellte. Er erlebte die Welt mit Leidenschaft und mit Gusto, mit starken Impulsen, heißem Blut und plötzlicher Explosivität.

Im Gegensatz dazu ließ an mir vieles den Juden erkennen. Ich gestikulierte auch beim Sprechen, aber nichts von diesem malerischen Ausbreiten der Gefühle war darin. Meine Bewegungen gaben eher die Unsicherheit und Kompliziertheit des quälenden Kreuz und Quer der Gedanken wieder, die hinter dem lagen, was ich zu sagen versuchte. Obwohl ich selbst nicht den Talmud studiert habe, arbeitet mein Verstand in der traditionellen Weise des Abwägens von Alternativen, in der Freude an Kommunikation und Diskussion über die Ungewißheiten der inneren Welt, in der die Antworten im Fluß bleiben und nur die Fragen ewig sind.

Die Direktheit seiner Gestik erzeugte den Eindruck, daß für Tony das Leben klar und verständlich war. Mein nichtverbales Ausdrucksverhalten hat weniger Möglichkeiten, ist begrenzter und ungleichmäßiger. Ein Schulterzucken, ein Schräghalten des Kopfes und abrupte, komplizierte Bewegungen meiner weniger muskulösen Unterarme und der fast zarten Hände. Es war fast so, als klebten meine Oberarme fest an meinem Körper; die Bewegungen, verwickelte Figuren, mit denen ich die Kompliziertheit meiner Grübeleien ausdrückte, gingen nur von den Ellenbogen und Handgelenken aus. Meine Gesten reflektierten den Kampf des Verstandes, der sich einen Weg aus dem qualvollen Gewirr der Sackgassen im Labyrinth der Vorstellungskraft zu bahnen versucht. Das war mein Gegenstück für Tonys Art, seine Gefühle zu entfesseln und strömen zu lassen.

Und doch gab es eine Entsprechung zwischen uns. Jeder war ein Mann, jeder auf seine Weise vollständig. Tony war so wenig ohne Verstand, wie ich ohne Gefühl. Es war mehr eine Sache der Priorität; einer lebt seine Gefühle aus und mußte dann die Folgen ausbaden, der andere ringt mit der Bedeutung und den Implikationen seiner Handlungen, bevor er fähig ist, sie auszuführen. Im Laufe der Therapie habe ich intensiv versucht, Tony zu helfen, seine Gefühle zu verstehen, um ihm dadurch zu ermöglichen, der Welt

153

weniger irrational zu begegnen. Und wenn ich Glück hatte, würde vielleicht etwas von seiner Lebhaftigkeit an mir hängenbleiben und mich davon befreien, daß ich zu viel verstand, um ich meine Gefühle, unbehindert durch den Verstand, direkt ausdrücken zu können.

Die gleichgültige Widerstandshaltung, die ich bei Tony gleich am ersten Tag gesehen hatte, blieb auch bei den Gruppentreffen. Aber nach drei Monaten Kampf mit mir und der Gruppe war er soweit, daß er den längst fälligen Anfang machte. Seine Stunde kam. Ich hätte vielleicht merken müssen, was kommen würde, als ich ihn vor der Sitzung den Gang abschreiten sah. Ich sah nichts, aber die Gruppe sah es, und das machte es mir einfacher, meinen Part zu spielen.

Die Aufmerksamkeit war schon vor dem Anfang der Sitzung auf Tony konzentriert. In allen möglichen Haltungen, von unberührter Gleichgültigkeit bis zu gespannter Erwartung, saßen sieben Patienten, alle Sexualtäter, einander gegenüber auf ihren Stühlen. Tony tigerte in seinem durchgeschwitzten T-shirt herum und fluchte wie ein Fuhrknecht. Ich wurde in den Zellenblock eingelassen und begann meinen langen, selbstbewußten Weg über den Gang auf die Männer zu. Tony sah mich, blieb stehen und empfing mich mit übertriebener Nonchalance. Als ob er zur Gruppe sprach, aber doch laut genug, daß ich es hören konnte, sagte er: »Schau, schau, da kommt der Mann der Stunde.« Er blieb herausfordernd stehen, bis ich mich hingesetzt hatte. Als er dann nur Apathie und Ärgerlichkeit in den Gesichtern der anderen sah, setzte er sich mit betonter Lässigkeit hin.

Martin antwortete: »Weißt du was, Tony, du bist jetzt erst zwei Monate in der Therapie. Ich bin schon fast ein Jahr lang hier und ziehe aus der Summe meiner Wahrnehmungen den Schluß, daß Patienten, die versuchen, sich eine Attitüde . . .«

»Herrgottnochmal«, unterbrach ihn Ed, »wenn du ihm was erzählen willst, dann tus doch so, daß wir es alle verstehen können.«

»Oh, ja, tut mir leid. Ich wollte sagen, wenn ein Patient so tut, als wenn er die Sache nicht ernst nimmt, dann hat er meistens irgendwas Wichtiges im Hinterkopf, das er nicht sagen kann, weil er zuviel Angst hat.«

Tony ging ihn sofort an: »Du sagst also, ich hab die Hose voll. Jetzt paß mal gut auf, ich bin zwar nicht aufs College gegangen wie du, aber ich bin verdammt ein Mann. Ich hab mich nicht an achtjährige Kinder rangemacht, und ich hab vor überhaupt nichts Angst.«

Ross ging dazwischen: »Ich bin auch nicht aufs College gegangen, aber mir machts nichts aus, daß Martin drauf war. Warum erzählst du ihm das, wenn er versucht, dir was über...«

Tony ließ ihn nicht ausreden: »Ja, schon gut, vergiß das mit dem College. Aber denk dran, daß ich genauso ein Mann bin, wie jeder Kerl hier im Haus.«

Jetzt schaltete sich Charly ein: »Kann schon sein. Ich hab das über mich auch gedacht, bis mir was aufgefallen ist. Aber jedenfalls kannst du wenigstens den Doktor anständig behandeln. Er will doch helfen.«

Tony wurde sich seiner Sache immer sicherer: »Oh ja, helfen will er. Was weiß er denn, wie wir aufgewachsen sind? Er hat doch sicher reiche Eltern gehabt, mußte nie kämpfen oder sowas. Kriegte alles gemacht. Und die ganze Familie macht so ein Getue, als wenn er was ganz Besonderes wär.«

»Warst du in deiner Familie nie was Besonderes, Tony?« fragte ich ihn sanft.

»Oh ja, was Besonderes«, gab er sarkastisch und angewidert zurück, »ich war so verdammt besonders, daß ich überhaupt nicht zur Familie gehört hab. Wenn ich dem Alten nicht so ähnlich gesehen hätte... ah, scheiß drauf.«

Earl wollte es wissen: »Ja, was denn? Du mußt es mir nicht erzählen.« Tony stand langsam und drohend auf. »Platz nicht gleich«, sagte Earl, »ich erzähl dir mal was von mir. Du warst noch nicht in der Gruppe, als ich mich mit dem Doktor in der Wolle gehabt hab, weil er wußte, daß ich ein Mistkerl bin. Ja, ich war einer. Du bist eben einfach wie einer behandelt worden. Ich weiß nicht mal, wer mein Vater war; meine Mutter hat es mit so viel Kerlen getrieben. Ich hab immer so getan, als wärs gar nicht so, hab immer Angst gehabt, daß es einer merkt. Deshalb war ich wütend auf jeden. Mensch, als ich endlich aufgehört hab, die Gruppe hier zu hassen, da hab ich gemerkt... (die Stimme bricht, aber er spricht weiter)... hab ich gemerkt, daß sie mich gern hatten, egal, was. Ob ich ein Schweinehund war, mich Frauen so gezeigt hab, machte überhaupt nichts. Ich hab aufgehört, wütend zu sein, und hab geheult wie ein Kind. Erst hab ich mich noch geschämt, aber sie haben mir gezeigt, daß man manchmal mehr Mann sein muß, um zuzugeben, daß man weinen muß. Warum versuchst dus nicht mal?«

Tony war weit davon entfernt, sich auf irgend etwas einzulassen: »Komm mir bloß nicht mit diesem Quatsch. Ich hab nicht mehr geheult, seit ich zwei Jahre war. Nicht mal, wenn der Alte mir den Arsch versohlt hat. Und der war ein Bulle, einer aus der alten Heimat.«

Mit Sehnsucht in der Stimme sagte Don: »Mann, du hast was gehabt und hast es weggeworfen. Wenn mein Vater mich bloß einmal verprügelt hätte, daß ich gewußt hätte, er kümmert sich darum, was aus mir wird.«

Jimmy, der länger geschwiegen hatte als sonst, erwiderte: »Quatsch. Mein Alter war immer blau. Er hat mich nur geschlagen, weil ich grad da war. Mein Bruder war schlauer. Der war immer als erster draußen. Und nach ner Weile hab ich mich dann auch immer rechtzeitig verdrückt. He, Doktor, sollen wir uns damit abfinden? Der Alte übersieht mich, wenn er nüchtern ist, und haut mich grün und blau, wenn er getankt hat. Soll ich das vielleicht für Liebe halten, wie Don sagt?«

»Schwer, sich mit so wenig abzufinden«, sagte ich mitfühlend.

Aber Jimmy begriff nicht: »Abfinden, Deibel, ich wär auch ganz gut ohne diesen Drecksack zurechtgekommen. Besten Dank, das ist nichts für mich.«

Ich versuchte es noch einmal: »Obwohl du uns erzählst, daß du das nicht verstehst, kriegst du deine homosexuellen Liebhaber doch immer dazu, dich zu schlagen.«

Ross sah den Punkt: »Na eben, wie stehts dann damit?«

Martin erklärte in seiner üblichen nüchternen Gelehrsamkeit: »Ich glaube, das ist eine masochistische Kompulsion.«

Jetzt nahm Tony sich ihn zum Ziel: »Und ich glaube, daß du ein Riesenarschloch bist.«

Aber Jimmy war inzwischen von meiner letzten Bemerkung eingeholt worden: »He, Moment... Mensch, warte mal. Du meinst, ich versuche immer noch, die einzige Art von Aufmerksamkeit zu kriegen, die mein Alter mir gezeigt hat?«

»Blödsinn, keiner will geschlagen werden«, unterbrach Norman einfältig.

Martin versuchte sein Prestige wiederzugewinnen: »Norman, also du verstehst aber auch gar nichts. Motive sind kompliziert. Sie...«

Aber Ross ließ das nicht durchgehen: »O.K. Martin, du brauchst Norman keine Vorlesung zu halten, bloß weil er so dran gewöhnt ist, mit Kindern zu reden, daß er dich hier als einziger Professor spielen läßt.«

Norman verteidigte Martin nur allzu bereitwillig: »Ich kann Martin gut leiden, Ross. Er weiß ne Menge. Er hat mir alles über Astronomie und Planeten und das alles erzählt.«

Tony fiel sarkastisch ein: »Irgendwer sollte dem Kerl mal was über das Leben hier auf der Erde erzählen.« Alle lachten, aber Norman schien nicht darauf zu achten. Er fragte, als ob er noch nie von der ganzen Geschichte gehört hätte. »Mochtest du deine Familie nicht, Tony?«

Diesmal antwortete Tony ganz ohne Ärger: »Ob ich sie mochte? Doch, ja, sicher. War ne gute Familie. Italiener halten zusammen. Vier Brüder. Wir sind eng zusammen groß geworden. Ha, sie haben immer gesagt: ›Hier kommen die vier Reiter.‹ Alle hatten bißchen Ärger, aber bei mir isses immer schlimmer geworden. Keiner von ihnen ist je im Knast gewesen, höchstens mal für ne Nacht, besoffen oder so.«

Ich sagte langsam und mit Bedacht: »Du fängst wohl an, dich zu fragen, ob es vielleicht irgendwie an dir gelegen hat.«

»Natürlich, du bist genau wie meine Alte. Irgendwas klappt nicht, dann kann ichs nur gewesen sein.«

Jimmy versuchte ihn zu bremsen: »Er will dir nicht die Schuld zuschieben, Mensch. Er will nur rausfinden, was schiefgelaufen ist.« Tony wurde ganz krank davon: »Sehr schön. Verteidigt ihn auch noch. Was zum Teufel ist eigentlich los mit euch? Er kann es sich leisten, großzügig zu sein. Er geht abends nach Hause. Aber ihr, ihr sitzt hier fest, genau wie ich … solange wir nicht brave Jungs werden. Hau doch ab, Mensch!«

Ich war mir meiner Sache jetzt sicher: »Sieht so aus, Tony, als ob du glaubst, daß es hier jeder auf dich abgesehen hat, wie zu Hause.«

Ross zog ihn auch noch auf: »Was ist denn los, Tony? Soll Martin dir erklären, daß du einen paranoiden Komplex hast?«

»Du hältst jetzt die Klappe, oder ich nehm dich mit nach draußen und mach deinem Arsch einen Komplex«, schleuderte Tony zurück. Alle lachten, Ross ziemlich nervös.

Earl versuchte das Gespräch wieder ernst zu machen: »Ich hab auch gedacht, daß der Doktor dauernd auf mir rumhackt, kein Quatsch Mensch. Er hat mir gezeigt, daß ich immer geladen war. Wenn du Streit suchst, findest du, glaub ich, immer ne Gelegenheit.«

»Ich kann ihn finden und auch zu Ende bringen«, stieß Tony herausfordernd hervor.

Ich bohrte weiter: »Hast du den Kampf mit deiner Familie gewonnen, Tony?«

Jimmy schlug sich jetzt ganz auf die Sieg versprechende Seite: »Ja eben, wenn du gewonnen hast, wieso bist du dann der einzige, der eingelocht ist?«

Tony wurde etwas unsicher: »Na, ich bin eben hingegangen, wo ich wollte, und bin erst nach Hause gegangen, wenn es mir paßte. Und wenn ich mich besaufen wollte, dann hab ich das eben auch gemacht.«

Ich hakte sofort nach: »Hast du sie jemals dazu gebracht, dich zu lieben, Tony?« Lange Pause. Totenstille. Alle warteten.

Tonys Stimme war sehr unsicher, als er endlich sagte: »Laß den Scheiß. Sie konnten mich lieben, als ich klein war, wenn sie wollten.« Charly antwortete: »Ist dir wohl egal, wenn sie dich jetzt nicht lieben, wie? Ich hab gesehen, daß du nach Briefen von deiner Alten Dame guckst, auch wenn sie dir überhaupt nichts schickt.«

Tony kam jetzt allmählich ganz aus der Fassung: »Hör mal, laß mich jetzt gefälligst in Ruhe, ja?«

Ross hatte es offenbar satt: »Also mir langts jetzt. Wir brechen uns hier einen ab, um diesem Kerl zu helfen, und alles, was er dazu sagt ist: ›Leck mich am Arsch.‹«

Jimmy war immer noch verständnisvoll: »Mein Gott, er ist eben unglücklich.«

Aber damit war Ross nicht zufrieden: »Na und? Ich auch. Ich will was haben von dem ganzen hier und mir nicht dauernd diesen groben Mist anhören. Kein Wunder, daß seine Brüder die Nase von ihm voll hatten.«

Das war zuviel für Tony. Er sprang auf, Fäuste geballt. »Du willst also genau wissen, ob das Mist ist. O.K., O.K., ich konnte auch mit meinen Brüdern nicht reden. Bei mir hat sichs überhaupt ausgeredet. Ich bin fertig mit euch Klotzköpfen und mit eurer Gruppe und mit diesem breitärschigen Predigerdoktor. Aber bevor ich geh, brech ich euch noch alle Knochen. Die können mich meinetwegen für ein Jahr einlochen, aber nur, weil ich zuviel Mann bin für diesen Haufen hier. Ihr Kerle hackt doch nur die ganze Zeit auf mir rum. Alle. So, und jetzt werd ich mir zur Abwechslung mal einen von euch vorknöpfen. Du bist doch so groß im Reden, Ross. Wollen doch mal sehen, wie groß du wirklich bist. Steh auf, du Dreckskerl.«

Er ging in geduckter Kämpferhaltung an mir vorbei auf Ross zu, der schon sprungbereit war, aber noch auf seinem Stuhl saß. Ich legte meine Hand auf Tonys Arm und sagte sanft: »Tony, sta d'accord.«

Tony blieb stehen, erstarrt, wie ein Bild, wenn der Filmprojektor plötzlich stehen bleibt. Er drehte mir sein Gesicht zu, aus dem alle Farbe gewichen war, und seine Stimme war ein heiseres Keuchen, so als hätte er einen Schlag in die Magengrube erhalten.

»Jesus, für einen Moment hab ich gedacht, Mama ist hier.«

Langes Schweigen. Die Gruppe schaute verwirrt und erwartungsvoll drein. Sie wußten, dies ist Tonys Stunde.

Er wandte sich der Gruppe zu. »Also wißt ihr, der Doktor, er ist nicht mal Italiener.« Dann fuhr er stockend fort: »Wie ich hergekommen

158

bin, hab ich ihm diese italienischen Worte gesagt, und er weiß sie noch. Sagt sie sogar wie eine echte Guinea.«

»Was heißt das denn, Tony?« fragte Jimmy freundlich, als hätte er Angst, die Stimmung zu zerstören.

»Hm? Oh, es heißt ›immer mit der Ruhe‹. Meine Mutter hat das oft zu mir gesagt, nie zu meinen Brüdern. Aber der Doktor, ich glaub, der wollte einfach nur, daß ich keinen Ärger kriege.«

Ich sah ihm direkt in die Augen: »Ja, Tony, und vielleicht bin ich nicht der einzige.«

Ross schien damit einverstanden zu sein; er wollte jetzt auch helfen: »Wenn du nicht mehr sauer auf mich bist, vielleicht will der Doktor nur sagen, daß sich deine Mutter doch was aus dir gemacht hat.«

»Oh ja, natürlich! Also du kannst...«, polterte er los, aber es ging nicht mehr. »Scheiße, ich glaub, ich bin gar nicht richtig wütend auf dich, Ross.«

Dan war verlegen, als er sagte: »Vielleicht machen wir uns alle was aus dir; ist nur so verdammt schwer, es einem anderen Kerl zu sagen.«

Tonys Stimme brach völlig, als er jetzt jammerte: »Maria, Mutter Gottes!« Er begann zu schluchzen, obwohl er angestrengt versuchte, seine Gefühle zurückzuhalten. »Aber das kann nicht sein«, protestierte er, »sie haben sich immer für mich geschämt.«

Tommy sagte freundlich: »Also, ich will dich ja nicht wieder sauer machen, aber vielleicht, ich meine, vielleicht hatten sie Grund, sich zu schämen. Ich wette, du warst genau wie ich, immer die Penne geschwänzt, geklaut, dich rumgeprügelt, deine Leute angebrüllt und dich vollaufen lassen.«

»Ja«, dehnte Tony verschämt, »ich glaub, daß ich verdammt nicht gut war, nicht sie.«

»Du kannst nicht gar so schlecht gewesen sein, wenn sie sich weiter um dich gekümmert haben, wieviel Mist du auch gemacht hast«, beruhigte ich ihn.

»Ja, gut, ist ja gut.« Tony weinte jetzt offen. »Aber laßt mich jetzt in Ruhe, bitte. Bitte! Ich halt das nicht aus, es tut so weh.«

Da fühlte ich, daß ich auch weinte, ganz tief unten in mir weinte ich. Zum ersten Mal fühlte ich so bei meiner Arbeit. Noch lange danach schwang dieses Gefühl stärker werdend in mir weiter: »Mein Gott, ich weine ja auch. Ein wenig für ihn, ein wenig für mich.«

Es war damit längst noch nicht alles in Butter für Tony. Es gab viele Rückschläge, aber langsam, unregelmäßig geschahen mehr und mehr gute, warme Dinge. Nach vielen Monaten erinnerte er sich

159

sogar an die Vergewaltigung, aber nicht wie an einen sexuellen Überfall; es war sein verrückter Weg, seinen Anteil zu bekommen und vielleicht auch den Anteil eines anderen, ob das Mädchen ihn nun hergeben wollte oder nicht. Und wieviel mehr Weinen und Traurigkeit, als er merkte, daß der Anteil, den er wirklich wollte, immer für ihn bereit gestanden hatte.

Vierter Teil:
Triffst du Buddha unterwegs ...

> Triffst du einen Buddha – töte Buddha
> Triffst du einen Patriarchen – töte Patriarch
> *Mumonkan (Zen-Text, China 13. Jh.)*

1. Das Lernen lernen

> Keine Ebene, auf die nicht ein Abhang folgt,
> kein Hingang, auf den nicht die Wiederkehr folgt.
> Ohne Makel ist, wer beharrlich bleibt in Gefahr.
> Beklage dich nicht über diese Wahrheit,
> genieße das Glück, das du noch hast.
>
> *I Ging*[1]

Ob Pilger oder Wanderer, wer auszieht, die Wahrheit (oder so etwas) zu suchen, merkt bald, daß es nichts gibt, das irgendein anderer ihn lehren kann. Wenn er es aufgibt, unterrichtet werden zu wollen, wird er sehen, daß er schon weiß wie er leben muß, daß es in seiner Geschichte enthalten ist. *Das Geheimnis ist: es gibt kein Geheimnis.* Alles ist genau das, was es zu sein scheint. Dies hier ist es! Es gibt keinen verborgenen Sinn. Bevor ein Mann erleuchtet wird, steht er jeden Morgen auf, bestellt tagsüber sein Feld, kehrt heim zum Abendbrot, geht zu Bett, liebt seine Frau und schläft ein. Aber wenn er die Erleuchtung erlangt hat, dann steht er jeden Morgen auf, bestellt tagsüber sein Feld, kehrt heim zum Abendbrot, geht zu Bett, liebt seine Frau und schläft ein. *Mit den Alltagsaugen schauen,* das ist der Zen-Weg, die Wahrheit zu sehen.[2] Nur die herzlose Frage nach dem ›Leben an sich‹ verschließt uns gegen das wirkliche Leben. Der Mensch braucht keine Antwort, um Frieden zu finden. Er muß sich nur seiner Existenz hingeben und aufhören, nutzlose, leere Fragen zu stellen. Das Geheimnis der Erleuchtung heißt: *iß, wenn du hungrig bist, schlaf, wenn du müde bist.*
Der Zen-Meister ermahnt: »Begegnest du dem Buddha, so töte ihn.« Diese Mahnung weist darauf hin, daß kein Sinn, der von außerhalb unserer selbst kommt, wirklich ist.*
Wir haben alle die Buddhaschaft schon, wir müssen es nur wahrnehmen. Philosophie, Religion, Patriotismus sind leere Götzen; der einzige Sinn, den unser Leben hat, ist der, den wir selbst ihm

---

* Vor allem heißt es: Töte den Begriff »Buddha« in dir. – Wie alle übrigen Begriffe Vorstellungen hält uns auch dieser im dualistischen Denken und Fühlen gefangen ist eben nicht Buddha [Anm. d. Übs.].

geben. Den Buddha töten heißt, die Hoffnung zerstören, daß irgend etwas außer uns selbst unser Meister sein kann. Keiner ist größer als irgendwer sonst. Es gibt für Erwachsene keine Mütter und Väter, nur Schwestern und Brüder.

Wenn ein Patient einmal gesehen hat, daß er nicht krank ist, also auch nicht geheilt werden kann, dann mag er die Behandlung ruhig abbrechen. Er ist vielleicht in Berührung mit seinen guten Seiten gebracht worden und mag auch weiterhin Nutzen von der Beziehung mit dem Therapeuten haben; aber nur, wenn er einsieht, daß er in der Psychotherapie immer Lernender bleiben kann, mag er begreifen, daß es absurd ist, Patient zu bleiben und wird frei zu gehen. Wir müssen den Meister aufgeben, ohne die Suche aufzugeben. Wenn niemand größer ist als ein anderer, an wen kann ein Mensch sich dann wenden? Wenn wir alle gleich stark und gleich schwach, gleich gut und gleich schlecht sind, was bleibt uns dann? Jedes Leben muß eine geistige Reise werden, die nie endende Suche des in der Fremde Lebenden. Jedem ergeht es gleich, das ist unser einziger Trost auf diesem einsamen Weg.

Aber wenn es nichts zu verlieren und nichts zu gewinnen gibt, warum dann suchen? Wozu immer wieder versuchen? Der *Brujo*[3] der Yaqui-Indianer, jener Medizinmann, Zauberer, Schaman, der ein Wissender ist, lehrt, daß man Wissen nicht endgültig haben und in der Tasche behalten kann. »Ein Wissender zu sein ist nichts von Dauer«.[4] Vielmehr gibt es natürliche Feinde, die man herausfordern muß, Gefahren, an denen die meisten scheitern. Der erste Widersacher ist die Angst. Wenn ein Mensch die Angst überwindet, gewinnt er die Klarheit des Geistes. Aber gerade erst erkämpft wird die Klarheit auch schon zum nächsten Gegner. Sie verführt den Menschen dazu, den Zweifel an sich selbst aufzugeben. Das ist der Lauf der Dinge: Jede Errungenschaft wird zum nächsten Hindernis, das überwunden werden muß.

Viele Erfahrungen muß ein Mensch machen, um diesen Feinden begegnen zu können. Wenn der Neuling wissen will, welchen Weg er wählen soll, antwortet der Yaqui-Brujo: »... du (mußt) immer daran denken, daß ein Weg nur ein Weg ist ... Alle Wege sind gleich, sie führen nirgendwo hin.« Die einzig wichtige Frage lautet: »Ist dieser Weg ein Weg mit Herz?«[5] Wenn er Herz hat für dich, dann wage es, ihm zu folgen.

Es ist sehr wichtig, unnötiges Fragen aufzugeben, darauf zu achten, daß man sich nicht selbst verschwendet. Immer wenn der Neuling nach Erklärungen fragt, um denkend zum Wissen zu kommen, dreht ihn sein Lehrer herum und löst ihn von seinem Verstand,

damit er ins Wissen stolpern kann. An einem bestimmten Punkt
lenkt er den angehenden Schüler auf den »kleinen Rauch« (ein
halluzinogener magischer Pilz) und lehrt ihn, sich in eine Krähe zu
verwandeln und zu fliegen, damit er ein größeres Gesichtsfeld
bekommt. Später fragt der junge Mann: »Wurde ich wirklich eine
Krähe? Ich meine, würde jeder, der mich sah, gedacht haben, ich sei
eine gewöhnliche Krähe?« Der Lehrer sagt ihm, daß eine richtige
Krähe so etwas nicht fragen würde. »Solche Fragen sind sinnlos …
Wenn du nicht so viel Angst hättest, wahnsinnig zu werden, oder
deinen Körper zu verlieren, würdest du dieses wunderbare Geheimnis vielleicht verstehen. Aber vielleicht mußt du warten, bis du
deine Furcht verlierst, um zu verstehen, was ich meine.«[6]
Manche verlieren ihre Furcht nie. Sie unterliegen ihr und möchten
am liebsten die Suche aufgeben. Solche Rückzüge sind häufige
Phasen einer Lehrzeit, Phasen, die sogar ein ganzes Leben lang
anhalten können.
Auch der Brujo ist niemals ganz jenseits seiner Torheit. Aber er hat
gelernt, mit *kontrollierter Torheit* zu handeln. Seine Handlungen
sind aufrichtig, aber sie sind nur »die Handlungen eines Schauspie-
lers.«[7] Wenn er einmal gelernt hat zu sehen, ohne das, was er sieht,
zu beurteilen, erfährt er, daß alle Dinge gleich sind. Nichts hat
Bedeutung an sich selbst; die Wichtigkeit der Dinge liegt in dem,
was man über sie zu denken gelernt hat. Der Wissende hat erfahren,
daß jede Bemühung, die Dinge zu beherrschen oder andere Menschen zu verändern, nutzlos ist. Dieses Wissen macht ihn frei, es
weiterhin zu versuchen, solange er sich über die Nutzlosigkeit
seines Tuns nichts vormacht. Er muß so weitermachen, *als wüßte er
es nicht*. Das ist die kontrollierte Torheit des Zauberers. Sie ähnelt
sehr dem natürlichen Leben im Buddhismus; kein innerer Zwang,
zu ändern, was nicht zu ändern ist, aber tun, was man trotzdem tun
möchte, ohne Illusion. Er erreicht den Punkt, wo er sich »keinerlei
Sorgen« mehr macht, »ob seine Handlungen gut oder schlecht
waren, ob sie ihm gelangen oder nicht.«[8]
Wenn wir mit den Augen des Wissenden *sehen*, finden wir uns
allein in einer Welt voller Torheit. Wir müssen uns dem unterwerfen, sonst versuchen wir immer wieder, den Dingen einen Sinn zu
unterschieben, und verwechseln Erklären mit Verstehen. Wenn
wir lernen, auf diese zwangfreie, nicht beurteilende Art zu sehen,
müssen wir die gewohnte Art, die Welt *anzuschauen*, nicht aufgeben, »denn nur wenn wir die Dinge anschauen, können wir die komische Seite der Welt erfassen. Andererseits, wenn unsere Augen sehen, dann gleicht sich alles so sehr, daß nichts mehr ko-

misch ist.«[9] Kontrollierte Torheit erlaubt uns, die Welt manchmal nur *anzuschauen*, damit wir lachen können. Oder weinen. Es ist ganz gleichgültig, nur beim Lachen fühlt man sich »körperlich besser als beim Weinen.«[10] Das ist einer der Gründe, warum ein Mensch den Weg mit Herz wählen soll: damit er sein Lachen finden kann.

Nichts kann gelehrt werden, aber es gibt etwas zu lernen, zu verstehen, jedoch nur, wenn wir nicht verlangen, daß es uns erklärt wird. Es kann etwas geschehen mit uns, aber nicht, wenn wir darauf warten, daß es von außen kommt.

Wie ein Mensch seine geistige Erfüllung und Vervollständigung erlebt, hat Martin Buber bewegend in seinem *Traum vom Doppelruf* beschrieben:

Der Traum beginnt auf sehr verschiedene Weise, immer aber damit, daß mir etwas Außergewöhnliches widerfährt, zum Beispiel, daß ein kleines, löwenjungenähnliches Tier, dessen Namen ich im Traum, aber nicht im Erwachen kenne, mir den Arm zerfleischt und von mir nur mit Mühe bezwungen wird. Das Seltsame nun ist, daß dieser erste und sowohl der Dauer wie der äußeren Bedeutung der Vorgänge nach weitaus belangreichere Teil der Traumgeschichte stets in einem jagenden Tempo abgespielt wird, als komme es auf ihn nicht an. Dann verlangsamt es sich plötzlich: ich stehe da und rufe. Meiner wachbewußten Übersicht der Ereignisse nach müßte ich ja annehmen, daß der Ruf, je nachdem, was ihm vorausgeht, einmal freudig, einmal schreckhaft und einmal wohl zugleich schmerzlich und triumphierend sei. Aber mein Gedächtnis am Morgen meldet ihn mir nicht so gefühlsbetont und wandlungsreich; es ist jedesmal derselbe Ruf, nicht artikuliert, aber rhythmisch streng, ab- und wieder ansetzend, schwellend bis zu einer Fülle, die meine wache Kehle nicht trüge, lang und langsam, ganz langsam und sehr lang, ein Lied-Ruf—wenn er endet, stockt mir der Herzschlag. Dann aber erregt sich irgendwo, in der Ferne, auf mich zu ein anderer Ruf, ein anderer und der gleiche, der gleiche von einer anderen Stimme gerufen oder gesungen, dennoch nicht der gleiche, nein, ganz und gar nicht ein ›Widerhall‹ des meinen, vielmehr sein wahrer Gegenhall, Ton um Ton die meinen nicht, auch nicht abgeschwächt, wiederholend, sondern den meinen entsprechend, entgegnend – so sehr, daß die meinen, die eben erst meinem eigenen Ohr durchaus nicht fragend klangen, nun als Fragen, als eine lange Reihe von Fragen erscheinen, die jetzt alle eine Antwort empfangen, unausdeutbar so Antwort wie Frage. Und doch scheinen die dem einen gleichen Ruf entgegnenden Rufe einander nicht zu gleichen. Die Stimme ist jedesmal eine neue. Wie nun aber die Erwiderung zu Ende ist, im ersten Nu nach ihrem abscheidenden Schall, gerät eine Gewißheit, eine echte Traumgewißheit über mich: Nun ist es geschehen. Nur eben dies, gerade so: Nun ist es geschehen.[11]

Buber hatte denselben Traum jahrelang immer wieder. Dann, eines Nachts:

Erst war's wie sonst (es war der Traum von dem Tier), mein Ruf verklang, wieder stand das Herz mir still. Dann aber war Stille. Kein Gegenruf kam. Ich horchte hin, erhorchte keinen Laut. Ich erwartete nämlich, zum erstenmal, die Antwort, die mich sonst stets, als hatte ich sie nie zuvor erfahren, überrascht hatte; und die erwartete blieb aus. Nun jedoch geschah etwas mit mir: als hätte ich bisher keine anderen Zugangswege von der Welt zur Empfindung gehabt, als die über die Ohren führen, jetzt aber entdeckte ich mich als schlechthin mit Sinnen, organbekleideten und nackten, ausgestattetes Wesen, so reichte ich mich offen, zu aller Empfangnahme, Wahrnahme aufgeschlossen, an die Ferne. Und da kam, nicht aus ihr, sondern aus der Luft nah um mich, lautlos die Antwort. Eigentlich kam sie nicht, sie war da. Sie war – so darf ich wohl erklärend sagen – schon vor meinem Ruf dagewesen, war überhaupt da und ließ sich nun, da ich mich ihr auftat, von mir empfangen. Ich habe sie so vollständig wahrgenommen wie nur je in einem der früheren Träume. Wenn ich berichten sollte, womit, würde ich berichten müssen: mit allen Poren meines Leibes. Wie nur je der Gegenhall in einem der früheren Träume, entsprach, entgegnete sie. Sie übertraf ihn noch in einer ungekannten, schwer zu bezeichnenden Vollkommenheit: eben daß sie schon da war.

Als ich geendet hatte sie aufzunehmen, verspürte ich wieder, glockenhafter als je, jene Gewißheit: Nun ist es geschehen.[12]

Die Erleuchtung und die Freiheit, die sie bringt, stehen immer schon vor uns, aber unsere Bemühungen, zu greifen und festzuhalten, was wir suchen, hindern uns daran, es zu sehen. Wir sind wie der Mann, der sich selbst für einen Gefangenen in einer Zelle hält.[13] Er steht am einen Ende des kleinen, dunklen, öden Raums auf den Zehen. Die Arme nach oben gestreckt, versucht er sich am Gitter eines kleinen Fensters, der einzigen Lichtquelle im Raum, festzuhalten. Wenn er sich fest anklammert, sich ganz nah an das Gitter drückt und den Kopf schräg hält, kann er zwischen den oberen Stäben einen winzigen Flecken strahlenden Sonnenlichts sehen. Dieses Licht ist seine einzige Hoffnung, er will es auf keinen Fall verlieren. Er bleibt am Fenster, ans Gitter gepreßt und schaut nach oben. Dieser Schimmer von Licht, der ihm das Leben bedeutet, ist so wichtig für ihn, daß er nie auf den Gedanken kommt, davon zu lassen und den dunklen Teil der Zelle zu erforschen. Deshalb entdeckt er nie, daß die Tür am anderen Ende offen ist, daß er frei ist. Er war immer frei, durch die Tür in den hellen Tag zu gehen, wenn er nur losgelassen hätte. Viele der Niederlagen auf unserer Pilgerschaft sind nicht nur auf die Enge unseres Gesichtsfeldes und die Angst vor der Dunkelheit zurückzuführen, sondern auch auf unsere Ausreden. Wie oft machen wir die Umstände zu unserem Gefängnis und andere Leute zu unseren Kerkermeistern. Wenn ich nicht verheiratet wäre, oder wenn wenigstens meine Frau nicht so ängstlich wäre, was für Abenteuer könnte ich erleben! Übersetzung: Wie gut, daß meine Frau mich an die Gefahren mancher Unternehmungen erinnert; sonst würde ich vielleicht kopfüber in einen Abgrund stürzen. So kann ich mit realistischer Vorsicht handeln und dabei immer noch glauben, daß ich ein unerschrockener Abenteurer bin. Aber ich verzichte dadurch eben manchmal auch darauf, zu sehen, wie weit meine Freiheit reicht, umgehe ängstlich Situationen, die mir unheimlich sind, und suche dann nach Ausreden dafür. In meinen besten Augenblicken übernehme ich die volle Verantwortung für das, was ich tue und lasse. Dann sehe ich, daß es kein Gefängnis gibt außer dem, welches ich selbst baue, um mich vor meinem Schmerz und vor Verlustrisiken zu schützen. Es ist so schwer, sich an die Erkenntnis zu halten, daß es letztlich gleichgütig ist, was man tut. Was immer ich erreiche, es wird mein Leben nicht ändern; wieviel Schmerz ich auch ertragen muß, ich werde imstande sein, zu überleben.

Schlomo, ein alter Chassidim, rief eines Tages voller Verzweiflung: »Was habe ich gewonnen durch meine Blindheit, ich sehe ja immer noch mich selbst?« Armer Mann! Nichts hätte er gewonnen, wenn er aufgehört hätte sich selbst zu sehen. Das Spiel ist ein Schwindel; es gibt gar nichts zu gewinnen und – schlimmer noch – nichts zu verlieren.[14]

Wir alle sterben bald; eigentlich ist nichts wichtig. Warum also nicht ruhig mal versuchen, alles zu tun, was wir können, um unseren eigenen Sinn in unser Leben zu bringen? Frei sein heißt doch nur: nichts zu verlieren haben. Ich will damit nicht sagen, daß ein Mensch einfach bestimmen kann, wie seine Welt und sein Leben aussehen soll. Ein Mensch ist schließlich nur ein Mensch. Er steht irgendwo zwischen absoluter Freiheit und völliger Hilflosigkeit. Alle wichtigen Entscheidungen muß er auf der Basis unzureichender Daten fällen. Es genügt, wenn ein Mensch seine Freiheit auf sich nimmt, sein Bestes gibt, die Konsequenzen seines Tuns trägt und keine Ausflüchte macht. Es scheint nicht fair zu sein, daß er voll verantwortlich für sein Leben sein soll, ohne es ganz beherrschen zu können; aber wohl oder übel, so ist es nun mal.

Das Dilemma, ein Leben in totaler Verantwortlichkeit, aber gleichzeitig mit nur unvollständigem Wissen und eingeschränkter Freiheit führen zu müssen, spiegelt das Leiden »einer Menschheit, die im großen Meer von Geburt, Tod und Leid ertrinkt.«[15] Ein Mensch in einer Welt ohne höhere Instanzen, in der Gott tot ist, hat niemanden, der ihm vergeben kann. Er wird »*durch* seine Sünden gestraft, nicht *für* sie.«[16] Deshalb muß er sich selbst vergeben, jeden Tag, immer wieder. Er ist seiner eigenen Beschränktheit unterworfen in einer wechselvollen Welt, die ein Idiot sich ausgedacht hat. Jeder Mensch ist fähig, Wärme, Liebe und Verständnis zu geben; er kann wachsen, er kann sich anderen transparent machen und für sie empfänglich sein. Gleichzeitig *und vielleicht genauso sehr* ist er zum Bösen fähig, zu Täuschungen, Betrug und Destruktivität; er kann andere ausschließen und ausnutzen.

Mir scheint, daß diese Dinge nie verbessert werden können. Neue Lösungen brüten neue Probleme aus, und der Mensch ist nicht so perfektionierbar, wie seine Technologie glauben machen möchte. Er kann versuchen zu wachsen, aber seine Pilgerschaft ist nur »eine endlose Reise von dem, was wir zu sein scheinen zu dem, was wir sind.«[17] Jeder Tag, jede Stunde bringt neue Ungewißheit, mit der wir fertig werden müssen. Die Welt ist prinzipiell willkürlich in ihrer Bewegung, vorhersagbar nur da, wo es am wenigsten darauf ankommt. Und doch muß ein Mensch trotz begrenztem Verständnis und unzureichenden Daten in jedem Augenblick Entscheidungen treffen, so, als wüßte er, was er tut.

Wenn ein Mensch wächst und freier wird, stellt er fest, daß ihm ironischerweise an jedem Punkt, wo er sich, gestützt durch die neue Freiheit, wieder aufs Spiel setzen muß, neue Erfahrungen begegnen, auf die er nicht vorbereitet ist. Er trifft auf neue Seiten von sich, die ebenso wunderbar wie erschreckend sein können (wie etwa das Erwachsenwerden). Das Neugewonnene löst sich in neue Probleme auf, und wir sind im Grunde nicht weiter, als wir am Anfang waren. Und doch, im besten Sinne Mensch sein heißt, weiterzumachen auch ohne zählbaren Gewinn. Wie Sisyphos sind wir dazu bestimmt, für immer einen schweren Stein den Berg hinaufzuwälzen und dabei zu wissen, daß er wieder hinunterrollen wird. »Der Kampf gegen den Gipfel vermag ein Menschenherz auszufüllen. Wir müssen uns Sisyphos als einen glücklichen Menschen vorstellen.«[18] Natürlich muß sich dieser Kampf nicht im geographischen Raum und in geschichtlicher Zeit abspielen. *Die wichtigste Schlacht findet im Ich statt.* Ich weiß noch, wie bewegt ich war, als ich einmal einen jungen Mann auf seiner schmerzvollen Reise durch den inneren Raum seiner Seele begleitete.

Raymond kam wegen Eheschwierigkeiten zur Therapie. Er war Physiker und Ingenieur, und sein Leben spielte sich zwischen den Polen abstrakter theoretischer Analyse und seiner superpraktischen Begabung ab. Das funktionierte natürlich gut in seinem Beruf, obwohl er auch da weniger kreativ war als seine beachtliche Intelligenz versprach. In der Ehe trieb es seine sehr emotionale Frau natürlich die Wände hoch.

Nachdem ich ihnen geholfen hatte, einige ihrer Taktiken aufzugeben, mit denen sie ihre Ehe in die Sackgasse gebracht hatten, befragte ich Raymond über Probleme seines Lebens, auf die er durch unsere Gespräche inzwischen selbst neugierig geworden war. Der Angelpunkt seiner Geschichte war sein Kampf ums Überleben seit seinem vierten Lebensjahr, als sein Vater plötzlich und viel zu früh gestorben war und ihn im Stich gelassen hatte. Danach hatte er wenig Liebe, aber viel Mißachtung und Mißhandlung erfahren. Aber er dachte nicht daran, über seine Tragödie (oder über irgend etwas anderes) zu weinen, denn »Tränen lösen keine Probleme«. Er erinnerte sich an seinen Vater eher mit Bitterkeit als mit Bedauern. Der alte Herr war ein Einwanderer aus Deutschland, ein Werkzeug- und Stempelmacher, der immer etwas Besseres hatte sein wollen und deshalb viel Zeit, Mühe und Geld in Fernkurse investiert hatte.

Raymond beklagte sich, daß sein Vater ihm nicht viel mehr als unbezahlte Rechungen und einen Karton alter Bücher hinterlassen hatte. Trotz großer materieller Probleme war es Raymond gelungen zu studieren und zu graduieren.

Mich fesselte die Vorstellung von diesem magischen Karton alter Bücher. Es waren Abhandlungen über die Physik. Raymond weinte zum ersten Mal seit seiner Kindheit als er sah, daß sein Vater ihm einen Traum als Vermächtnis hinterlassen hatte, und daß er, der Sohn, ihn verwirklicht hatte.

Langsam begann er, die weichen und schmerzvollen Gefühle zurückzugewinnen, die zum Mannsein gehören. Schließlich ergriff die Idee Besitz von ihm, nach Ostdeutschland zu reisen, um die kleine Stadt zu sehen, in der sein Vater geboren und aufgewachsen war. Wenn er nur diese Wallfahrt machen könnte, dann würde er wissen, wer er wirklich war.

Nur widerwillig ließ er sich auf meinen Vorschlag ein, die Reise zunächst nur als Phantasie-Trip zu machen. Dann, eines Tages, tränenüberströmt, sah er sich in der alten deutschen Stadt, ging, wo der verlorene Vater gegangen war und wußte, wie das Leben dieses Mannes mit seinem Traum, der ihn gezeugt hatte, dort gewesen war. Wir waren alle da, er und ich und sein noch nicht geborener Sohn. Er war endlich der Sohn seines Vaters. Sein tödlicher praktischer Sinn fiel von ihm ab. In diesem Moment lernte er, daß seine *Gefühle* das waren, was in seinem Leben zählte. Er wußte, daß er eines Tages die Reise in die Vergangenheit tatsächlich machen konnte, wenn er wollte, aber er *mußte* es nicht mehr tun. Er hatte gelernt, »daß der Weise ankommt, ohne zu gehen«.[19]

Manchmal sieht das Leben wie ein armseliger Käfig aus, und der Mensch ist dazu verurteilt, darin frei zu sein. Verdammt zu dieser Freiheit ist es schwer, das Gefühl, nicht in diese Welt zu passen, zu ertragen, schwer, bis man entdeckt, »daß letztlich kein Mensch in diese Welt paßt«.[20] Es scheint keinen Ausweg zu geben:

Einmal, im Orient, unterhielt ich mich mit einem Weisen, dessen klare und freundliche Augen für immer einen ewigen Sonnenuntergang anzustarren schienen, über den Selbstmord. »Sterben ist keine Lösung«, versicherte er mir. »Und leben?« fragte ich. »Leben auch nicht«, *gab er zu.* »Aber wer sagt denn, daß es eine Lösung gibt?«[21]

2. Die Pilgerschaft der Jugend

> Jugendtorheit hat Gelingen.
> Nicht ich suche den jungen Toren,
> der junge Tor sucht mich.
> Beim ersten Orakel gebe ich Auskunft.
> Fragt er zwei-, dreimal, so ist das Belästigung.
> Wenn er belästigt, so gebe ich keine Auskunft.
> Fördernd ist Beharrlichkeit.
>
> *I Ging*[1]

Ich war ein Hipster. Hätte ich meine Jünglingsjahre in den Dreißigern ausgelebt, statt in den Vierzigern, wäre ich ein Marxist gewesen. Wäre ich zehn Jahre (eine Teenager-Generation) jünger, ich wäre in den Fünfzigern ein Beatnik gewesen, noch etwas jünger, in den Sechzigern, ein Hippie oder wie meine Söhne, ein Freak (oder was wohl noch) in den Siebzigerjahren. Jede Generation Heranwachsender sucht auf ihre eigene Art nach einem Sinn. Die Pilgerschaft der Jugend ist individuell, obwohl sie zusammen gehen. In jeder Generation gibt es einige, die auf ihrer Pilgerschaft in die Tiefe dringen und sich ganz in das Abenteuer ihres Lebens werfen. Viele andere machen es auf Teilzeitbasis, holen sich Kraft aus der Identifikation mit den mythischen Volkshelden, die sich ganz der Sache verpflichtet haben. Manche bleiben ganz draußen und hätten auch genauso gut in der Zeit ihrer Eltern aufwachsen können. Gestalt, Farbe und Klang der Reise dieser Jugend sind in jeder Generation anders, jede setzt sich bewußt gegen die früheren ab. Aber die Unrast, das Suchen, der Hunger, sind immer dieselben. In den Vierzigern war ich ein Hipster, aber vor allem war ich einfach ein junger Sucher.

Ich weiß nicht mehr, wie ich meinen Weg gewählt habe; der Ruf schien einfach in der Luft zu liegen, ich hörte ihn und antwortete. Marxismus sah nicht nach einer lebensfähigen Alternative aus, er war vielleicht für uns mit dem Stalinismus gestorben oder mit dem Sowjet-Nazi-Pakt. Wahrscheinlich war er einfach nicht mehr das, wo was los war. Das einzig Anziehende an den älteren Jungkommunisten, die ich kannte, bestand in ihren Arbeiterliedern und in ihren proletarischen Blue Jeans und Arbeitshemden. (Die Kostüme sind immer noch beliebt, aber der Sinn der Metapher ist jetzt noch verwaschener als die Jeans.) Ihre evangelistische Beharrlichkeit und die Vorhersagbarkeit ihrer Argumente machte ein Gespräch mit ihnen unweigerlich langweilig.

Für uns kam es darauf an, »hip« zu sein. »Wir«, das waren hauptsächlich die gescheiten aber unglücklichen »out-of-it«-Kinder, die weder Ball spielten, noch ihrer Familie Freude machten. *Hip* hieß, daß man den Durchblick hatte, cool war, mit allen Wassern gewaschen, ein intellektueller Primitiver, der mit seiner Rebellion nicht die Gesellschaft retten, sondern ihr entkommen wollte. Ich wußte damals nicht, daß der Ausdruck »hip« von einem viel älteren Ausdruck »to be on the hip« abgeleitet war. Ursprünglich kam er aus dem Argot des Opiumrauchens; der Rauchende liegt auf der Hüfte, während er in seiner inneren Welt unterwegs ist. Ich wußte es damals nicht, und hätte ich es gewußt, es hätte mich sicher nicht gestört. Ich wäre nie darauf gekommen, daß meine Eltern in den Zwanzigerjahren, als sie selbst »Flappers« waren, sich dem Kurzzeit-Hedonismus der Flüsterkneipen ergeben hatten, dem Charleston und dem »I don't care«. Ich konnte nur die leere Erwachsenen-Konformität sehen, in der sie sich eingerichtet zu haben schienen, und ich wußte nur, daß ich da raus wollte. Sie waren nette Leute, die an ihre Wahlsprüche glaubten: »Mach keinen Ärger«, »bleib unter deinesgleichen«, »arbeite hart und sei gut, dann wirst du glücklich.« Aber ›nette Leute‹ hatten auch die beiden Weltkriege entfacht, hatten sich der Vernichtung von sechs Millionen Juden nicht widersetzt und die Atombombe entfesselt, die uns jetzt alle bedroht. Ihre Moralität schien eine reine Äußerlichkeit zu sein, ihre Binsenweisheit eine leere Heuchelei, eine Sackgasse.

Ein Hipster zu werden war eine Art, einen anderen Weg zu suchen, »nein« zu ihnen und »ja« zu mir zu sagen. Ich glaubte nicht, daß ich in der sauberen, hellen Mittelklassenwelt meiner Eltern einen Sinn finden konnte und wendete mich auf meiner Suche den dunklen, schmutzigen Ecken der Halbwelt zu. Wie meine Bücherhelden Baudelaire und Rimbaud pflückte ich meine »Blumen des Bösen« und verbrachte »eine Zeit in der Hölle«. Als Kameraden auf der Pilgerschaft der Hipster suchten wir uns andere Fremde, Heimatlose, Ausgestoßene. Ich trieb mich in den Jazz-Clubs der »Swinging Street« (zweiundfünfzigste Straße in New York City) herum, wurde ein Nachtschwärmer, den nicht religiöse oder patriotische Hymnen und Oden bewegten, sondern Bee-bop und Blues. Harlem und Greenwich Village waren meine anderen Verstecke. In diesen Hip-Häfen bewegte ich mich unter Musikern, Spielern, kleinen

Kriminellen, Rauschgiftsüchtigen, Homosexuellen, Huren und anderem Straßenvolk.

Ich bewegte mich unter diesen Ausgestoßenen, wurde aber nie einer von ihnen. Entweder, weil es auf der Pilgerschaft der Jugend einfach sein muß oder aus einem simplen Versagen der Nerven, wagte ich mich zwar immer wieder dorthin, kam aber jedesmal wieder in die Sicherheit des Zuhause zurück, gegen das ich rebellierte. Unter den bunten, nicht akzeptablen Bewohnern meiner Hip-Welt war der Schwarze der zentrale mythische Held. Norman Mailer hat den Hipster den »weißen Neger«[2] genannt, und dieses Bild trifft gut. Wir Mittelklassen-Hipster romantisierten den Neger ebenso gefühllos, wie die Marxisten den Arbeiter veredelt und verdreht hatten. Das geht immer so weiter. Spätere Generationen haben wieder andere zu ihren edlen Wilden gemacht. Die Beatniks gingen auf die Straße und glorifizierten das Los der Heimatlosen, aber ohne echtes Mitgefühl. Die Hippies nahmen freiwillig Armut auf sich, aber sie verhöhnten damit nur die Hoffnungslosigkeit der Vielen, die in Armut geboren und in Armut gefangen waren. Die Freaks werden Möchtegern-Indianer oder -Bauern, wollen aber nur die dramatische Seite davon haben, nicht die Isolation und die Not.

Hip zu sein war eine Art, die Erfahrenheit des »primitiven Weisen«[3] anzunehmen, indem wir angestrengt die Liederlichkeit und Sinnlichkeit, die man den Schwarzen nachsagte, zu imitieren versuchten. Wir sahen uns als entfremdet, aber doch auch als privilegiert gegenüber denen, die in der Welt ihrer Konventionen und Normen gefangen waren. Wir suchten Erlösung im Orgasmus des Jazz, in momentanen sexuellen Vereinigungen, in den unvorhersehbaren Abenteuern der dunklen Straßen. Es gab keinen Zweck und keine Regeln, nur die endlose Suche nach »Kicks«, diesen existentiellen Momenten des Abenteuers, die uns das Gefühl gaben, daß wir lebten.

Die scheinbare Freiheit des Hipster muß man im Zusammenhang mit seiner Attitüde des »Cool«-Seins sehen. Es war ein versteckter Selbstschutz in unserer Weigerung, uns von irgendwelchen Belangen oder Normen des Nett- und Normalseins aus dem Gleichgewicht bringen zu lassen, an die die »Squares« (die konventionellen und konservativen Zeitgenossen) gebunden waren. Unsere Ungerührtheit gab uns die nicht näher geprüfte Illusion magischer Allmacht. Wir raubten den Squares ihre Macht, indem wir sie unsicher machten, dabei aber selbst passiv und gelassen blieben. In unseren Augen waren wir eine Elite von Durchblickern, die »gediggt« hatte worum es wirklich ging.

Mir scheint jetzt, daß wir diese Pose nicht ohne die psychopharma-
zeutische Unterstützung durch Haschisch und Marihuana aufrechterhalten konnten und von der Drogen-Subkultur abhingen, in
der wir die Bekanntschaft dieser lebenserleichternden Drogen
machten. Heute kennt jeder »Gras« entweder als Problem oder als
Vergnügen, jeder spricht davon, und sogar Eltern versuchen es.
Aber es ist nur eine der Stützen des jungen Pilgers von heute. Ideen,
die von Massenmedien verbreitet werden, Drogen, politischer
Protest und die verbindende Kraft von Rock-Texten bilden ein
Netzwerk identitätsfestigender Strukturen.

Für uns Hipster stand Marihuana im Zentrum unserer kultischen
Rituale. Wir konnten offen als *Pot* darüber sprechen, nannten uns
selbst *Vipers* und brauchten uns keine Sorgen zu machen, daß
jemand unser Hip-Argot verstand. Die Neger schienen alle einge-
weiht, aber die weiße Mittelklassenwelt, gegen die wir uns absetz-
ten, hatte keine Ahnung, mit welcher weltlichen Hostie wir unsere
Hip-Kommunion feierten.

Schon die Beschaffung von Gras war ein umständlicher, zeitrau-
bender, abenteuerlicher Ausflug in jene Nachbarschaft, vor der
unsere Eltern uns immer gewarnt hatten. Dabei kamen wir mit
Leuten in Berührung, von denen sie lieber geglaubt hätten, daß es
sie gar nicht gibt. Es war eine dunkle, gefährliche Freude, die mit
einem geheimen Ritual endete, bei dem die in Streifen geschnitte-
nen Blätter von Samen und Zweigen gereinigt wurden (Abfall, der
nur verpuffen und nichts zum High beitragen würde). Die Joints
wurden mit Zigarettenpapier gedreht (das merkwürdigerweise
während der Zigarettenknappheit im Krieg verstärkt im Handel
war).

Schließlich brannten wir einen an und spekulierten vom ersten Zug
an darüber, ob wir echten *Dynamit-Stoff* bekommen hatten oder
eingeseift worden waren mit minderwertigem Pot oder sogar mit
Tee, Pfefferminze oder Oregano. Welche Schande, wenn das einmal
vorkam! Wenn der Joint das zweite Mal die Runde machte, waren
wir schon so ungeduldig, daß wir anfingen darüber zu jammern, daß
wir Shit erwischt hatten, der überhaupt nicht wirkte. Wir ignorierten die verräterischen Anzeichen der beginnenden Wirkung (die
Trockenheit im Mund, das Nachlassen der Muskelspannung, das
Summen in den Ohren) und redeten über anderen Pot, zu anderen
Zeiten und an anderen Orten. Diese Geschichten wurden immer
unwahrscheinlicher und komischer, bis wir merkten, daß wir über
Sachen lachen mußten, die wohl nicht so komisch gewesen wären,
wenn wir nicht high gewesen wären. Zwischen den Lachanfällen

gratulierten wir uns dann dazu, daß wir hip genug gewesen waren, das tollste und umwerfendste Gras aller Zeiten zu finden.

An diesem Punkt vertieften wir uns dann oft in diese wechselnden Monologe, die wir irrtümlich für tiefschürfenden Dialog hielten. High zu sein konzentrierte meine Aufmerksamkeit so punktförmig, daß irgendein winziges Detail – wie jemand seine Zigarette hielt oder der Titel eines Jazzstückes – von kosmischer Bedeutung durchdrungen schien. In diesem Mikrokosmos sah ich plötzlich alle verborgenen Geheimnisse des Universums. Unsere glühend gestammelte Pseudo-Kommunikation schien das zu bestätigen. »Einfach wow«, sagte ich dann, »Mann, kannst du diese Szene diggen?« »Einfach super«. Und irgendein anderer sagte: »Als ob es das wär, worum alles geht.« In dem Augenblick schienen wir beide dasselbe Zentrum der Dinge zu sehen, den Nabel der Welt, und eins mit ihm zu sein.

Eines Nachts nahm einmal jemand diesen einsichtsschwangeren Dialog auf Band auf. Am nächsten Tag freute ich mich schon darauf, mir diese Tiefsinnigkeiten anzuhören, wenn ich nicht high war. Der Grund dafür war, daß die poetische Tranzparenz der Welt für mich beim Rauchen zwar lebendig war, aber kurz danach konnte ich mich an diese seelenverwandelnden Einsichten nicht mehr erinnern. Wir spielten das Band ab. Es war ernüchternder Blödsinn. Ich teilte einem Hipster-Freund meine Enttäuschung mit und sagte, wenn eine dieser Einsichten in der Nacht vorher irgend etwas bedeutet hatten, so konnte ich sie jetzt jedenfalls nicht mehr verstehen. »Na klar«, sagte er, »wenn du *diggen* willst, was sie bedeuten, mußt du high sein.«

Es war eine Falle. Es führte nirgendwohin. Ein Grund, warum ich aufhörte, high zu werden, war, daß der farbige Nebel auszusehen begann, als sei er die einzige Wirklichkeit. Das Leben zwischen den Highs war zu oft ein leeres Sich-Hinschleppen. Viele meiner Mit-Hipster fingen an, diese Lücke mit Heroin zu füllen. Manche von ihnen sind jetzt tote Junkies, gestorben an einer Überdosis Illusion. Ich versuchte es nie selbst, weil ich instinktiv wußte, ich würde es so sehr genießen, daß ich sofort der Hipste aller Junkies geworden wäre, mich selbst für immer verloren hätte. Seit der Zeit sind chemisch erzeugte Pilgerreisen für mich irreführende Abwege. Man kann dem Weg nicht folgen, indem man die Ekstasen von außen in den Körper bringt; man muß sie *innen finden*. Drogen können Vergnügen machen, ein High kann ein Mordsspaß sein, aber das Wesen der Pilgerschaft liegt nicht in der Phiole.

Immerhin haben die Drogen uns aber davor bewahrt, in dem leeren

Konformismus unserer Ex-Flapper-Eltern unterzugehen und von dem längst mechanisch gewordenen linientreuen Marxismus korrumpiert zu werden. Sie gaben uns Orientierungspausen, so daß einige von uns als Erwachsene neue Wege finden konnten. Die Beat-Generation, die jungen Pilger der Fünfzigerjahre, sahen unsere Art, einen Sinn zu finden, als leer und destruktiv an. Allen Ginsberg, einer ihrer frühen Sprecher, faßte seinen Schmerz so zusammen:

> Ich sah die besten Köpfe meiner Generation vom Wahn zerstört hungrig hysterisch nackt
> im Morgengrauen durch Negerstraßen irrend auf der Suche nach einer tüchtigen Spritze
> Süchtige mit Engelsköpfen lustentbrannt nach uralter sphärischer Verbindung zum Sterndynamo in der Maschinerie Nacht ...[4]

Nicht daß die Beat-Generation[5] Drogen ganz mied; sie benutzten sie nur anders. Sie wurden romantische Sucher und wollten den Zynismus und die Gleichgültigkeit der Hipster überwinden, indem sie auf die Straße gingen und versuchten, ein whitmaneskes Amerika wiederherzustellen, heimatlos und sexbessen, auf der Suche nach einem vagabundierenden Ich. Seltsamerweise war ihr eigener Drogengebrauch in ein östliches Streben nach Hingabe an das Universum eingebettet und in ein Leben ohne festen Ort und ohne feste Identität. Sie nahmen Haschisch und Morning Glory Samen in Ritualen, bei denen sie Mantras sangen. Wie paradox, daß sie ihre östliche Reise machten, während sie westwärts durch Amerika zogen! Ihre unrasierte, ungewaschene, pionierartige Heimatlosigkeit war ein Affront gegen das amerikanische Establishment, obwohl sie ebensogut auch die Großmütigkeit dieses Landes hätte wiederherstellen können.

Die Pilgerschaft der Jugend hat hauptsächlich den Zweck, die Kinder zu retten. Der Rest der Bevölkerung schreckt vor der Herausforderung seiner Gewißheiten zurück, vor dem dummen und undankbaren Herumwandern der Jugend. Später zieht dann jeder seinen Nutzen daraus, aber erst wenn die seelenaufsprengende Lebendigkeit der jugendlichen Pilgerschaft schal genug geworden ist, um vermarktet werden zu können. Er wenn dem, was die Kinder uns Erwachsene lehren können, die Spitze, das Revolutionäre genommen ist, nehmen wir es als eine verwässerte Lektion an.

Die Hippies der Sechzigerjahre, die Blumenkinder, gründeten eine Gegenkultur[6], mit der sie die schon obszöne Abgestumpftheit herausforderten, in der wir leben. Aber das puritanische Amerika konnte Sex ohne Bindung und Drogengenuß ohne die Buße des Katzenjammers nicht verstehen. Ins Bett zu gehen, statt Krieg zu machen, schien unmoralisch, ebenso wie Verzicht auf Errungenschaften des Fortschritts aussah wie Verachtung der Technologie, die wir brauchen, um glücklich zu sein. Und doch, wenn wir heute das lebensverneinende Bekenntnis zur traditionalen Sexualmoral befragen, die Idiotie des Vietnamkrieges wahrnehmen und unser Unbehagen an der Führungsrolle von Militär und Industrie, dann verdanken wir das unseren Hippie-Kindern.

Was werden wir wohl aus der Pilgerschaft der Freaks in den Siebzigern lernen? LSD ist nicht mehr der Weg zur kosmischen Wahrheit; es macht nur die Freude der sinnlichen Erfahrung farbiger. Politisch scheinen die Freaks an zwei Stellen gleichzeitig zu sein. Sie fordern das System heraus und entziehen sich dem Wehrdienst, aber auf eine Weise, von der sie hoffen, daß sie zu sympathetischen Entscheidungen des Obersten Gerichtshofs und zu einer Harmonisierung der Gesetze führen wird. Sie versuchen, die Universitäten zu radikalisieren, um vielleicht etwas an der Art, wie die Dinge geleitet werden, zu ändern, aber sie werden auch »Drop-Outs«, um in Kommunen zu leben, deren Gemeinschaft auf Liebe, Dezentralisierung und Anarchie beruht. Sie brechen mit dem kapitalistischen Götzen des heiligen Eigentums. Sie stehlen von den Mächtigen, wo sie nur können und nennen dieses Rowdytum politische Enteignung. Aber sie engagieren sich auch tief für die Rechte des Menschen und vermeiden den kommunistischen Totalitarismus genau so wie den der sogenannten freien Welt. Ihr Gottesbegriff ist *Bündnis*. Sie hoffen auf ein Wiedererwachen der Einigkeit, auf das Zusammenkommen der Unterprivilegierten. Sie identifizieren sich mit den Arbeitern der ethnischen Minderheiten, die sich kaputtschuften; sie fühlen sich einig mit den Indianern, den Chicanos, den armen Schwarzen. Sie romantisieren die Dritte Welt, die große, machtlose Masse der Menschheit, die ihre Bemühungen oft irrelevant findet.

Der Liberalismus, auf den ich einmal stolz war, ist jetzt als kryptofaschistisch verschrien. Ich liebe sie, aber sie sagen, daß ich der Feind bin. Vielleicht haben sie recht. Wie seltsam, obwohl ich das weiß, glaube ich immer noch, daß es die einzige Hoffnung jeder alternden Generation ist, den Kindern zu vertrauen.

3. Meine Pilgerreise zum Meer

> Wasser fließt ununterbrochen und kommt ans Ziel[1]
> Ruhige Wiederkehr. Heil![2]
>
> *I Ging*

Soweit ich zurückdenken kann mußte ich in jedem Jahr meines Lebens einmal ans Meer zurückkehren. Das lebendige Wasser zieht mich immer wieder an seine Ufer zurück. Es scheint mir sagen zu wollen, daß es nie anders wird, obwohl es sich ständig verändert. Der Ozean ist unendlich still und zerstörerisch wild, er beruhigt meinen eigenen inneren Aufruhr und warnt mich doch beständig vor den dunklen Mächten, die unter seiner und meiner Oberfläche liegen.

Wenn ich offenbleibe für den Rhythmus der Gezeiten, bringt das Meer mich mit Ebbe und Flut meiner eigenen inneren Unrast in Berührung, mit aufsteigenden Kämpfen, die sich mit Zeiten der Hingabe und Erlöstheit abwechseln. Meine Romanze mit dem Meer hilft mir, zu sehen, wie wichtig meine Einzigartigkeit ist und wie bedeutungslos mein triviales Sein.

Ein altes (chassidisches) Sprichwort sagt, daß ein Mensch zwei Hosentaschen braucht, in die er dann und wann greifen kann, je nachdem, was er gerade braucht. In der rechten Tasche muß er die Worte »um meinetwillen wurde die Welt erschaffen« aufbewahren und in der linken: »Ich bin Staub und Asche.«[3]

Seit vielen Jahren mache ich diese Pilgerfahrt nun schon, mit meiner Frau Marjorie und mit meinen drei Söhnen. Um die Macht und das Geheimnis dieses Abenteuers vor uns selbst zu verbergen, sprechen wir oft von unserer Reise so, als wäre sie nur ein Sommerurlaub auf Marthas Vineyard, einer der Cape Cod vorgelagerten Inseln. Aber insgeheim wissen wir alle (sogar die Kinder), daß die Fahrt zu Marjories magischer Insel und zu meinem großen Wasser ringsum, ein Ritual ist, mit dem wir unsere Ehe neu schließen.

Seit wir uns zum ersten Mal begegneten war ich für sie eine Insel, auf der sie frei war von den Verwirrungen dieser seelenverschlingenden Welt. Gleichzeitig war sie für mich die lebensspendende Tiefe des Meeres, die Kraft, die mich wachsen läßt, jene ewige weibliche »Daheit«, die die Kräfte der Natur fließen macht. Ihre weibliche Weisheit ist das Gegenstück, das mich erfüllt und vervollständigt. Als Mann muß ich gegen die Natur kämpfen, Definitionen aus ihr herausmeißeln, die ich so vom Leben selbst wegreiße. Während unserer Pilgerschaft wird sie für sich selbst die Insel, wie ich für diese Zeit eins werde mit dem Meer. Dann ist es so, als ob jeder sich selbst vervollständigt. Und seltsam, gerade dann können wir einander mehr geben, einfach, weil es nicht mehr sein *muß*.

Schon die Überfahrt, die eigentlich aussieht wie eine schlichte vier Meilen, fünfundvierzig Minuten dauernde Fahrt über den Nantucket Sund vom Kap zu Marthas Vineyard, ist ein machtvolles Ritual, das unsere Pilgerfahrt einleitet. Wir warten gespannt auf die Fähre und fürchten immer, daß sie diesmal vielleicht nicht kommt. Aber jedesmal läuft sie dann schließlich *doch* ein, und jedesmal gehen wir so aufgeregt an Bord, als wäre es das erste Mal. Ich stehe auf dem Oberdeck an der Reling und markiere zoologisches Interesse an den gierig schreienden Möwen, um mich von meiner Sorge über den bedeckten Himmel abzulenken, von der Angst vor drei Wochen Stubenwetter. Das Nebelhorn bläst immer unerwartet und immer eine Spur lauter, als ich es in Erinnerung habe.

Dann beginnt die Fahrt hinaus in den Kanal. Ich muß mir selbst erklären, daß das Schiff sich bewegt und nicht etwa die Alltagswelt des Festlands davontreibt. In der Mitte der Überfahrt immer dieses Vorhöllengefühl auf dem wild bewegten Wasser des Sunds. Und wie in einem wiederkehrenden Kindheitstraum beginnt an diesem Punkt die Umwandlung. Während der Loslösung von dem allmählich verschwindenden Festland reißt die gleichmäßig graue und wäßrige Wolkendecke auf und weicht einem bunten Gewebe aus allen möglichen, teils wolkigen, teils heiteren meteorologischen Kategorien. Die Zeit scheint schneller zu laufen, der Tag ändert seinen Ausdruck rascher als ich es begreifen oder beurteilen kann. Ich werde unruhig, weil keine Orientierungspunkte mehr zu sehen sind. Dann kommt plötzlich die Sonne heraus mit ihrer beruhigenden, durchdringenden Wärme, und man kann den Augenblick nie vorhersagen.

Auf einmal sehe ich das kristallene Glitzern des Wassers, die Luft, eben noch eine undurchdringliche Barriere, wird nun zu einer Linse für die Augen, die ihre Kurzsichtigkeit vorher gar nicht bemerkt hatten. Alles steht so klar und strahlend da, daß die Welt fast theatralisch erscheint, wirklicher als wirklich. Ich weiß, daß ich so weit sehen kann, wie ich will, und bin enttäuscht, daß das Festland achtern schon hinter dem Horizont verschwunden ist. Aber dann

179

fällt mir etwas ein. Ich wende mich vom Kielwasser ab, und da, vor mir, steigen die grünen Hügel der Insel aus dem Meer auf. Ich begrüße sie mit einem Ausruf der Freude, Erleichterung und Erregung. Ich komme heim.

Die Insel selbst ist typisch für die Formation, die vor zehntausend Jahren von den sich südwärts ausbreitenden Eiszeitgletschern ausgepflügt worden sind. Sie hat in der Mitte einen langen Moränenwall, von dem das Land nach beiden Seiten hin abfällt. Das Gelände ist sehr uneben, aufsteigend und abfallend zu sogenannten Höckern und Kesseln; Findlinge und kleinere Felsbrocken sind über die Gegend verstreut. Die Bewohner machen aus diesen Steinen niedrige Wälle, mit denen sie ihre Ländereien eingrenzen. Die ganze Insel ist dicht bewaldet und von Stränden eingefaßt. Überall Wasser. Marthas Vineyard ist nicht nur vom Sund und vom Atlantik umgeben, sondern auch von kleinen Gewässern übersät.

Die vielen Bäche, das große Salzwasser, die Tümpel in den Kesseln ziehen mich jetzt an wie einst die Indianer, die an ihren Ufern gelebt haben. Sie hatten dort ihre Lager und lebten vom Schellfisch und den Tieren in den Tümpeln, die man auch heute noch hier findet. Der Wunsch, noch einmal einen Teil dieser primitiven Existenz zu fühlen, zieht mich dort hin. Aber auch die *Stille* dieser Wasserlöcher spricht mich an; wenn ich in ihren unbewegten Spiegel schaue, sehe ich das Bild meines Gesichts. Es ist mein wahres Gesicht, das ich in diesem Spiegel sehe, und die Ruhe des Wassers erzeugt in mir eine Stille, die mich den gewohnten verzweifelten Kampf um die Verschönerung meines Bildes vergessen läßt. Es reflektiert das wahre Bild, das Gesicht hinter der Maske. Es ist immer eine Enttäuschung und doch auch eine Erleichterung, wenn ich sehe, daß ich zwar weniger bin, als ich gern sein möchte, aber doch so, wie ich nun mal bin.

Ich komme immer wieder zu den spiegelnden Tümpeln, aber ich kann nicht an ihrem stillen Ufern bleiben. Im Hintergrund ist immer der hypnotisierende, rhythmische, sirenenhafte Schlag der großen Brandung jenseits der Dünen zu hören. Wie im Traum, ohne eigenen Willen, gehe ich wie ein Schlafwandler und lasse mich widerstandslos zurück an den großen Südstrand ziehen. Auf diesem Sand hat sich der Winter meines Lebens in der Perspektive des Wahnsinns enthüllt.

Einmal am Strand, bin ich völlig von der Einfachheit der Welt gefangen. Endloser blauer Himmel, darin gerade genug weiche, freundliche Wolken, ihn mit der Erde zu verbinden; seine rätselhafte Weite ist mehr, als ein Blick erfassen kann. Dieses Blau, das wechselnde Grün des Ozeans und das Gelb des Sandes sind die Farben vom Anfang der Zeit. Die Luft ist klar und hat eine reine Süße, die nur vom Salzwassergeruch des Lebens gewürzt ist. Kein Geräusch außer dem steten Rauschen der Brandung, dem Flüstern des Sandes im Wind und dem Schreien der fischhungrigen, Bögen in den Himmel zeichnenden Seemöwen.

Der Eindruck der Geräusche, Bilder und Gerüche ist so einfach, daß ich aufschreie vor Staunen über die plötzliche Erleichterung. Es ist, als hätte die ganze übrige Zeit ein zu laut eingestelltes Radio eines Nachbarn in meine Ohren geplärrt, ohne daß ich es bemerkte. Erst wenn ich am Strand bin, erst wenn sie abgestellt ist, wird mir diese erdrückende Kakophonie ganz bewußt. Mein Geist ist leer, und ich fühle mich wieder ganz offen und durchlässig.

Ich gehe den wilden Strand entlang, vorbei an dünengrasbewachsenen Sandgebirgen, im Schatten hoher, brüchiger Lehmfelsen, durch flache Sandwüsten. Ich sammle farbige Strandkiesel zum Schutz gegen die grenzenlose Offenheit von Himmel und Meer. Die unberechenbaren Schaumbäder der auslaufenden Wellen spielen mit meinen Füßen.

Ich schaue über das Meer; mein Blick schafft und beschreibt die Welt, ich bin der Herr. Dann, vielleicht durch Gottes Auge, wie high von Haschisch, sehe ich auf mich selbst. Die Weite des Ozeans ist nicht zu begreifen. Ich sehe mich selbst als armseliges Fleckchen am Rand einer kosmischen Lache, als ein winziger Augenblick, der gern glauben möchte, daß er die Ewigkeit in den Händen hält. Es ist schrecklich, so hilflos allein zu sein. Sehnsucht und Schmerz brennen in meiner Brust, die Augen werden feucht.

Am Ufer des Meeres bin ich der letzte Mensch. Aber auch der erste, der je geschaffen wurde. Es ist *mein* Ozean, *mein* Himmel. Ich fühle die Macht meiner Herrschaft. Es ist herzzerreißend einsam. Dieses Gefühl dauert nur einen Moment; ich ertrage den Gedanken nicht, daß es immer so sein wird.

Das geschieht jedes Jahr. Ich weiß, daß diese Erfahrung kommt, kann mich aber nie daran erinnern, wie beklemmend sie ist. Und doch kehre ich zum Teil gerade deswegen ans Meer zurück; ich will die schreckliche Einsamkeit wieder spüren, um noch einmal zu erfahren, daß ich sie ertragen muß. Ich darf nicht vergessen, daß diese Qual für uns alle gleich ist, sie ist Schwäche und Stärke jedes Menschen.

Im vergangenen Sommer hätte ich fast meine letzte Pilgerfahrt zum Meer gemacht. Im vorausgegangenen Winter mußte ich mich der qualvollen Zerreißprobe einer Gehirnoperation unterziehen, die mich fast das Leben gekostet hätte. Danach war ich für eine Weile psychotisch. Ich war dankbar, überlebt zu haben, obwohl ein Teil des Tumors nicht entfernt werden konnte und meine Zukunft höchst ungewiß blieb. Auf einem Ohr konnte ich nicht mehr hören, und ich habe jetzt Gleichgewichtsstörungen, die ich als einen Verlust an Würde erfahre, wenn ich mich in der Welt bewege. Der Schmerz war mein unwillkommener Begleiter geworden, der mich zwei- oder dreimal am Tag mit Kopfweh heimsuchte. Hätte ich nur einen Tag ohne diesen Schmerz, es wäre wie ein langer Atemzug in der süßen, frischen Luft, nach einer zu langen Zeit unter der Oberfläche. Aber in dem Winter und Frühling nach der Operation war es anders. Sicher, ich fühlte mich irgendwie wie ein zerfallendes Wrack, als das ich dem Terror des Hospitals entkommen war, aber mehr noch fühlte ich, daß ich gewonnen hatte. Ich lebte ja, hatte nur ein paar Handicaps, die ich überwinden mußte. Die Krise rief in mir die alte »Ich werd mit allem fertig«-Attitüde hervor, die ich vor so langer Zeit angenommen hatte, als Mutter zu ihrem zitternden Kind sagte: »Du hast gar nicht wirklich Angst; du bist tapfer genug, alles zu tun, was du willst (was ich will).«

Während meiner Erholungszeit zu Hause schrieb ich als erstes einen Bericht über meine schwere Prüfung.[4] Ich war halbtot, noch immer voll Entsetzen, und hatte nichts Besseres zu tun, als einen gottverdammten Bericht darüber zu schreiben. Es war ein weiser Versuch, meine Geschichte zu erzählen, um mich selbst wieder zurechtzufinden, um bekanntzumachen, daß Lazarus auferstanden war. Aber für einen kranken Mann war es auch ein offensichtlich absurdes Unternehmen. Ich war niedergeschlagen worden und wollte jetzt aus meiner Tragödie eine Herausforderung machen. Ich sah nicht, daß es schwarzer Humor ist, einen Gehirntumor eine »Wachstumserfahrung« zu nennen.

Ich riß mich zusammen, warf mich ins Leben, ging wieder an die Arbeit (zu früh und zu viel) und schrieb sogar ein Buch. Ich war in einem manischen Rausch, mißachtete meine Verluste, meine Schmerzen, meine Ängste. Freunde und Patienten, die an meiner Qual bis dahin großen Anteil genommen hatten, waren froh und erleichtert. Ich war nicht mehr der Ausgestoßene, der sie ständig an ihre eigene Verwundbarkeit erinnerte. In gutem Glauben applaudierten sie meinem Mut und feierten meine Rückkehr ins Leben. Nur Marjorie, meine Frau, die mich versorgt und mir das Leben gerettet hatte, war weise und liebevoll genug, mir immer wieder am Ärmel zu zupfen und zu sagen: »Paß auf, Liebling, irgendwas ist verrückt an dem, was du tust.« Als Selbstschutz begann sie nach einer Weile offen ärgerlich über meinen unverantwortlichen Rausch zu werden.

Dann, im Sommer, auf meiner Pilgerfahrt zum Meer, brach ich zusammen. Ohne die Ablenkung durch meine Arbeit, wieder offen und durchlässig wie immer im Urlaub, war ich ganz ungeschützt, und all die Sorgen und Schmerzen, die ich so verzweifelt von mir gewiesen hatte, holten mich wieder ein. Das unverfälschte Spiegelbild meines wirklichen Gesichts im Wasser und die klärende Einfachheit des Meeres taten sich zusammen und ließen mich meiner verborgenen Verzweiflung begegnen. Ich fühlte mich so tief hilflos und hoffnungslos wie seit zwanzig Jahren nicht mehr, als ich ein Junge war, wertlos und verloren.

Angst, daß der kleine Rest des Tumors wieder wachsen würde, gab mir das Gefühl, daß ich nicht eines Tages einfach sterben, sondern daß ich völlig zerstört würde. Oder noch schlimmer, die Vorstellung des Schreckens, daß ich vielleicht gar nicht sterbe, sondern nur paralysiert werde. Wie wird das wohl sein, wenn man jahrelang in einem toten Körper eingesperrt ist? Was, wenn ich selbst nichts mehr für mich tun kann und keiner da ist, der die Mühe auf sich nimmt, mir zu helfen, es sei denn, aus bedrückendem Mitleid?

Ich tat mir sehr leid. Ich würde es nicht ertragen, so ohne Kontrolle über mein Leben zu sein. Meine Frau war da, mit ihren eigenen Schmerzen und auch sehr offen für meine. (Sie nannte es später »der Sommer, in dem wir am Strand geweint haben.«) Aber ich war so verbohrt, so erschreckt, so entschlossen, meinen Willen zu behaupten und meinen eigenen Weg zu gehen, daß nichts anderes eine Rolle zu spielen schien.

Ich verbrachte viele Stunden zusammengekauert allein und brütend am leeren Strand. Immer wieder beschloß ich, daß dies meine letzte Begegnung mit dem Meer sein sollte, daß ich so weit wie ich konnte hinausschwimmen und mein qualvolles Leben wie ein Bündel alter Kleider am Strand zurücklassen würde. Und jedesmal tat ich es dann doch nicht, erklärte mir, daß meine Frau und meine Kinder mich brauchten, mich zu sehr vermissen würden. Aber Fairneß gegenüber meiner Familie war nicht der Grund, warum ich nicht ins Wasser gegangen bin; als ich dem Selbstmord nahe war, interessierte mich wirklich nur noch die Flucht vor meiner Hilflosigkeit und Angst. Wenn ich mich daran erinnere, schäme ich mich auch jetzt noch.

Als wir die Insel verließen, um nach Hause zu fahren, war ich immer noch sehr deprimiert und unsicher, ob ich überhaupt fähig war, anderen zu helfen. Jetzt war es Zeit, daß ich selbst Hilfe suchte, aber es war so schwer, das zu akzeptieren. Ich war so niedergeschlagen, daß der Gedanke, wieder als Patient in die Therapie zu gehen, mir das Gefühl gab, mein ganzes Leben sei ein Selbstbetrug und ein Fehlschlag gewesen. Und doch, wenn ich nicht gehen und etwas für mich selbst erbitten würde, dann war alles, was ich meinen Patienten angeboten hatte, Lüge.

Ich kannte einen älteren Therapeuten in der Stadt, dem ich vertraute. Er hatte vor Jahren, in der Zeit, als mein Vater im Sterben lag, meine Arbeit beaufsichtigt. Jedesmal, wenn ich kam, um mir Rat zu holen, weinte ich. Er hatte mir damals geholfen, und ich hoffte, er würde es wieder tun.

In der Hoffnung, daß er Zeit für mich haben würde, rief ich ihn an und erzählte ihm von meiner Krankheit und auch von der Deprimiertheit, die ich endlich wahrgenommen hatte. Ich war dankbar und tief bewegt, als er sagte, daß er sich »Zeit nehmen« würde. Als ich in seine Praxis ging, hatte ich Angst, war aber finster entschlossen, die Sache durchzustehen und alles ans Licht zu bringen. Ich gab ihm einen detaillierten, wohlgeordneten Bericht, und sagte, daß ich am liebsten gleich wieder an meine Arbeit möchte, um meine Depressionen zu überwinden und wieder auf die Füße zu kommen. Obwohl er voller Mitgefühl für die Qualen meiner Operation war, antwortete er auf meine Ungeduld sarkastisch: »Wie kommt es nur, daß so ein großer, starker Kerl sich von einem kleinen Gehirntumor umwerfen läßt?«

Dieses nette Ekel rückte mir den Kopf so zurecht, daß ich endlich über mich lachen konnte, weil ich geglaubt hatte, ich könnte mit allem fertig werden, ohne Sorgen zu haben, ohne auszuruhen. Er zeigte mir meine Sehnsüchte, als er mir erklärte, daß ich meine Selbstmordabsichten *nicht* aufgegeben hatte, weil meine Familie mich brauchte, sondern weil *ich sie brauchte.* »Wenn Sie sich umbringen, sehen Sie Ihre Frau und Ihre Kinder nie wieder. Niemals. Denken Sie daran, wie sehr sie Ihnen fehlen würden.«

Nach vielem Weinen und einigem Wüten begann ich zu begreifen, wie krank ich gewesen war. Dieser Tumor war keine existentielle Herausforderung, sondern einfach ein Schlag, der keinen Grund hatte. Ich war in gewisser Hinsicht hilflos und vielleicht weiterhin gefährdet, aber ich lebte und konnte haben, was für mich da war, wenn ich mich nur den Tatsachen beugte.

Diesen Sommer bin ich an die See zurückgekehrt und fühlte kein Verlangen mehr, hinauszuschwimmen und nicht zurückzukehren. Ich gehe ins Wasser, um mit den großen Brechern zu kämpfen. Meine Balance bleibt unsicher und mein Durchhaltevermögen begrenzt, aber mein Mut ist zurückgekehrt. Ich überlasse mich der Kraft des Wassers, reite selig auf den Wellen, lasse mich von jeder sich brechenden Woge an den Strand zurücktragen, wo ich hingehöre. Ich verschmelze nur kurz mit der See; ich weiß, daß ich aus dem Wasser komme, aber nicht aus Wasser bin. Die See erneuert mich mit ihrer dunklen Kraft, aber ich bin ich, und sie ist sie. Meine Pilgerfahrt zum Meer wird nicht aufhören, solange ich lebe. Und ich weiß jetzt, ich *werde* leben, solange meine Zeit reicht. Sollte mein Körper noch mehr zerschlagen werden, dann will ich leben, wie ich kann, genießen, was ich darf, die Freude haben, die ich bekommen kann und für die Menschen, die ich liebe, sein, was immer ich bin. Ich muß weitergehen auf meiner Pilgerschaft, es ist mein einziger Weg, offen zu bleiben für diese Vision. Für den Rest dieser Wanderung, die mein Leben ist, muß ich darum kämpfen.

Unterwegs muß ich meine Bürde tragen wie jeder andere. Aber ich habe nicht vor, sie dankbar oder still zu tragen. Ich werde meine Traurigkeit annehmen, und wenn ich kann, mache ich sie singen. Wenn andere mein Lied hören, werden sie vielleicht aus der Tiefe ihres eigenen Fühlens mitschwingen und antworten.

In der Finsternis des großen Waldes werden wir einander zurufen, damit wir uns nicht verlieren. Wie die unschuldigen Waldmenschen[5] leben wir dann einen Augenblick lang in einer Welt, die ein gütiger Gott geschaffen hat: wenn wir in Not sind, wissen wir, er schläft. Und wie bei den Chassidim, wenn das Leben am schwersten ist von Schmerz und Angst, dann ist es Zeit, daß wir zusammen singen und tanzen, um den schlafenden Gott unserer verlorenen Hoffnung zu wecken.

Epilog

Die drei Träume und der *Waschzettel*, die diesen Epilog bilden, sind Gottesbegegnungen, die ich während meiner Pilgerschaft hatte. Ich erzähle euch meine Träume, wenn ihr mir eure erzählt.

Traum eins: Der Bankraub

Mein erstes Buch, *Guru*, hatte ich aus der Einheit von Erfahrung und Verstehen geschrieben, die während der Jahre meiner Beschäftigung mit jüdischer, christlicher und östlicher Literatur und mit der Mythologie gewachsen war. Bei der Entscheidung, ob ich mein nächstes Buch, *Triffst du Buddha unterwegs...*, schreiben sollte, fühlte ich mich eher wie vor einer Reise in Gegenden, für die es noch keine Landkarten gibt. Diesmal wollte ich über die geistige Pilgerschaft schreiben, und dafür mußte ich selbst bereit sein, unbekanntes Gelände zu betreten, zu suchen, ohne zu wissen, wo es hingehen würde.

Das unangenehme Gefühl, unvorbereitet zu sein, stieg an die Oberfläche, als ich die *Canterbury-Erzählungen* mit meiner Frau Marjorie diskutierte. Ich hatte vor, Geschichten aus dieser mittelalterlichen Rahmenerzählung als Beispiele in meinem neuen Buch zu benutzen. Meine Frau hatte sich mit Chaucers Werk eingehend beschäftigt und machte mir deutlich, wie viel ich einfach nicht verstand. Das philologische Material über den Text war überwältigend, Zeugnisse von wenig bekannten klassischen Quellen, literarische Konventionen und besondere Wortbedeutungen der Zeit, von denen ich keine Ahnung hatte.

Ich wußte, daß es ziemlich unverfroren wäre, so einfach aufs Geratewohl loszuarbeiten, ohne vorher intensive Studien über das Material zu betreiben. Eine Rückkehr zur Schule, diesmal für das Fach englische Literatur, wäre die einzige Lösung gewesen.

Als ich an dem Abend ins Bett ging, dachte ich ernsthaft daran, die Idee, ein solches Buch zu schreiben, als unrealistisch an den Nagel zu hängen. Aber in der Nacht hatte ich einen prophetischen Traum, der die Entscheidung brachte. Schon seit langem vertraue ich meinem Traum-Ich; es ist weiser als das Tages-Ich, das vollgestopft ist mit Vernunft und Sachzwängen. Weil es so beschäftigt ist, alles fest in der Hand zu haben, vergißt es oft, daß das Herz manchmal Gründe hat, die der Verstand nicht versteht. Wenn ich träume, glaube ich mir immer.

Um den Traum zu verstehen, muß man zweierlei über meine schriftstellerische Arbeit wissen. Das erste ist, daß viele Leser sich am meisten durch leicht hingeworfene Stücke angesprochen fühlen, Dinge, die ich so nebenbei zu meinem Vergnügen schreibe. Der *eschatologische Waschzettel* (womit ich diesen Epilog beschließe) ist so ein Stück, das einzige meiner Erzeugnisse, aus dem sogar jemand ein Poster, einen Gebrauchsgegenstand fürs tägliche Leben gemacht hat. Das zweite: ich habe ein anderes kleines Stück mit dem Titel »Leichte Wahl« geschrieben, das die Leute so nervös gemacht hat, daß keiner es publizieren wollte. Nachdem drei Verleger, die zwar interessiert waren, aber sich doch nicht so ganz wohl dabei fühlten, abgelehnt hatten, gab ich es auf, das Stück anzubieten. Statt dessen entschied ich mich dafür, mir selbst zu vertrauen, es photomechanisch zu vervielfältigen und es auf eigene Faust zu verteilen.

Der Traum begann damit, daß ich mir eine Mannschaft für einen Bankraub zusammensuchte. Wir waren alle schwarz gekleidet und trugen Handschuhe und Rollkragenpullover. Jeder war ein begnadeter Experte seines Faches, und wir hatten alle Spezialausrüstungen. Es sollte ein perfekter Bruch in der Topkapi-Machart werden. Wir schlichen in das mit Alarmanlagen und elektronischen Kontrollpunkten vollgestopfte Gebäude. Irgendwie erinnerte es mich gleichzeitig an ein Geheimdiensthauptquartier der obersten Geheimnisstufe und an mein altes Junior High School-Gebäude. Könnerhaft passierten wir alle Sicherheitseinrichtungen. Türen öffneten sich automatisch, ihre Kontrollinstrumente fügten sich unseren Werkzeugen.

Endlich waren wir in der innersten Tresorkammer. Und da, hinter einem undurchdringlichen Kunststoffschild, stand die Bank. Eine Datenbank! Keine Stahlkammer, sondern ein riesenhafter Computer, der eine ganze Wand einnahm; die Hauptader der Information, die universelle Datenbank.

Einer meiner Experten fütterte die Fragen ein. Die Maschine war betriebsbereit. Wenn wir sie jetzt nur zum Antworten bringen konnten! Die letzte Sicherheitsvorkehrung war ein elektronisch kontrollierter Schlitz, der nur aktiviert werde konnte, wenn man eine speziell präparierte Karte hineinsteckte. Ich war an die Kontrollautomaten bei der Chicago Democratic Convention erinnert, die man, wie eines Tages festgestellt wurde, mit gewöhnlichen Kreditkarten passieren konnte.

Ich griff in meine Tasche und holte die Karte heraus; ich zählte darauf, daß ich mit ihr den Computer zum Sprechen bringen konnte und schob sie kräftig in den Schlitz. Erst geschah gar nichts. Aber dann spielte die Maschine plötzlich verrückt. Schaltkreise klickten ein, Lichter blitzten, Signale ertönten. Ströme von Daten quollen aus der Maschine wie eine Lochstreifenparade. Wir hatten es geschafft! Der größte Bankraub aller Zeiten!

Ich hielt die magische Karte immer noch, und wurde jetzt abgelenkt, weil sie sich so seltsam weich und glatt anfühlte. Wie ein Stück von einer Photokopie. Ich schaute sie an, und da war es keine speziell behandelte Kreditkarte mehr, sondern etwas, was ich seit Jahren schon nicht mehr gesehen hatte: ein Abholschein einer chinesischen Wäscherei. Meine Mutter hatte mir immer gesagt, daß ich diese Scheine nie verlieren durfte, wenn ich meine gewaschenen Hemden wiederhaben wollte.

Ich wachte auf und wußte, daß ich bereit war, das Material, das ich für mein Buch brauchte, auszugraben, wenn ich mich nur an die Dinge in mir hielt, die es mir erlaubt hatten, den Waschzettel so mühelos zu schreiben und mir den Mut gegeben hatten, »Leichte Wahl« auf eigene Faust zu reproduzieren. An dem Morgen beschloß ich, »*Triffst du Buddha unterwegs...*« zu schreiben.

Traum zwei: Nichts wird jemals wirklich anders[1]

Ein herzlicher Brief von einem alten Tagungsfreund versetzte mich in Träume freudiger Erwartung der nächsten Tagung der American Academy of Psychotherapists. Diesmal sollte sie in Atlanta sein. Nach einigem Schwanken hatte ich mich im Vorjahr schließlich dazu entschlossen, an dem Westküstentreffen nicht teilzunehmen, da ich immer noch an den Folgen der Gehirnoperation im vergangenen Winter litt. Obwohl es eine Menge Männer und Frauen gibt, die ich sehr gern habe und die ich nur auf Tagungen treffe, war ich gern zu Hause geblieben. Nicht daß es mich befriedigt hatte, dieses Treffen mit ihnen zu versäumen, aber ich war froh, mir selbst verzeihen zu können, daß ich nicht hinging, »um meine Gefühle durchzuarbeiten«, sondern mich lieber im sicheren Heim ausruhte, still und ohne Verpflichtung.

Tagungserfahrungen waren in all den Jahren immer wertvoll geblieben. Und in letzter Zeit war Gott sei Dank das Pendel von meiner Sorge um die Zukunft mehr nach der Seite der Vorfreude auf eine Erfahrung ausgeschlagen, die sicherlich vergnüglich sein würde, wenn auch manchmal etwas erschreckend. Der Wert einer Tagung hat für mich nichts zu tun mit ihrem Thema oder mit den Strukturen, gegen die die Teilnehmer kämpfen und noch weniger mit den sozialen Aspekten des Treffens. Für mich ist das Herzstück einer Tagung die Offenheit und der persönliche Kontakt. Die Bewegung und das Sich-Treffen in den offenen Gruppen, jeden Tag etwas mehr aus seinem Versteck herauszukommen, berühren und berührt werden, das ist für mich die Tagung, und das war es, worüber ich den ganzen Abend phantasierte. Ich genoß die Träume, ohne an irgendeinem Punkt meine Furcht zu bemerken. Mein Bett war warm und gemütlich, und der Schlaf kam als eine Vertiefung der Freude.

In meinem Traum war ich schon in Atlanta. Die Tagung war ein kaleidoskopischer Wirbel von Erregung und Herzlichkeit; alte Freunde, neue Freunde, Weinen, Kämpfe, Liebe. Alles war so wunderbar gut. Die beste Tagung, die Tagung aller Tagungen.

Jeder kam zu mir; ich war lange weg gewesen und vermißt worden. Die dunkle Nacht meiner Krankheit war vorbei, und alle waren froh, mich lebend, gut beieinander und immer noch als derselbe wiederzusehen. Und ich war so glücklich, daß ich überlebt hatte. Ich sah sogar prächtig aus, jedermann sagte, wie gut die Gewichtsabnahme mir doch bekommen sei. Und dann war da noch mein Buch. (Am Abend des Traums war es noch nicht veröffentlicht, ich mußte immer noch ein paar Wochen durchschwitzen, bis ich sehen konnte, wie es aufgenommen wird. Insgeheim wünschte ich mir natürlich einen Untergrunderfolg, trotz aller Kritiken.) Im Traum war es schon erschienen und bedeutete wirklich alles, was ich zu hoffen gewagt hatte, besonders den Leuten, deren Resonanz für mich wichtig war. Plötzlich änderte sich alles. Es war Essenszeit, und das ist für mich bei der Tagung dasselbe wie bei jeder anderen Art von Treffen, die ich schon seit vielen Jahren meide. Überall weißes Leinen, Kristall, Metall, Porzellan. Das freie Spiel der Gruppen wich der Ordnung der langen Tische, Gabel auf Serviette, Teller mit Petersilie, Messer und Löffel; und Wasser, um das Warten auf das Essen zu verkürzen. Die Leute an meinem Tisch waren mir vertraut, aber jeder steckte zwischen zwei anderen, und man sah sich über den Tisch hinweg an. Sie lächelten und winkten mir, aber ich fühlte die alte schreckliche Beklemmung. Eben hatte ich mich doch noch so gut gefühlt; also gab ich mir einen Ruck, kam mir aber trotz ihrer

Gelöstheit und Herzlichkeit wie ein lästiger Eindringling vor. Durch Lächeln und leichtes Vorbeugen luden sie mich ein, an ihrer Konversation teilzunehmen. Ich versuchte zuzuhören, wirklich. Aber es war genau so wie immer; ich konnte einfach nicht verstehen, was sie sagten. Es war, als redeten sie in einer fremden Sprache. Ich habe nie diese kleine Konversation gelernt, die die Leute benutzen, um die Zeit zu verkürzen und um einfach freundlich zu sein.

Ich konnte es als Kind nicht, und ich kann es jetzt nicht. Diese so alte, so schrecklich schmerzvolle Schüchternheit war immer noch da und tat noch genau so weh wie immer. Ich war natürlich versucht, die alte Nummer abzuziehen, daß ihr Gerede oberflächlich und sinnlos sei, aber ich wußte, wie ich immer weiß, daß die Verwirrung und Leere in dem Augenblick auf meiner Seite war und nicht auf ihrer.

Aber dies war doch die wunderbare Tagung der Tagungen, meine Zeit aller Zeiten. Deshalb widerstand ich der Versuchung, meinen Sarkasmus auf sie loszulassen und zu versuchen, sie zu verletzen, weil sie irgendwo zusammen waren, wo ich nicht sein konnte. Ich versuchte auch nicht, das Gespräch auf etwas Wichtigeres zu lenken. Wenn ich abwartete, konnte bei *solch einer Tagung* vielleicht sogar *das* sich ändern. Ohne die Konversation (der ich immer noch nicht folgen konnte) zu unterbrechen, ging ein Joint herum und dann noch einer. Vor tausend Jahren (so kam es mir vor) hatte ich meinen Teil geraucht und mehr als das, wenn ich es bekommen konnte. Ich war fünfzehn, als ich zum ersten Mal Gras probierte, und hatte es dann einige Jahre beibehalten. Manchmal taumelten die Tage weich ineinander, ohne daß ich zwischendurch einmal nüchtern wurde. Eines Tages habe ich einfach aufgehört damit. Ich versuchte dann zu trinken, aber das brachte mich nur völlig aus allem heraus, ohne daß es mich jemals sonst irgendwohin gebracht hätte.

Seitdem gebe ich einen Joint oder eine Pfeife, die die Runde machen, einfach weiter, ohne Kommentar, ohne Bedauern. Aber diesmal rauchte ich, denn in dieser magischen Zeit würde alles anders sein. Eine Kleinigkeit genügte, und ich war high. Es war gut, und ich war erfüllt von Nostalgie, aber ich schaffte es trotzdem nicht. Ich hatte, wenn ich high war, nie mit irgend jemandem irgendwo hingehen können; es gab Augenblicke, aber sie waren meistens Illusion. Auch jetzt diggte ich es zwar, aber ich konnte ums Verrecken immer noch kein einziges Wort verstehen. Ich wußte nicht einmal, wie ich es ihnen sagen sollte, ich war einfach völlig draußen.

Dadurch kam ich dann schließlich darauf. So ist es halt einfach. Ich konnte fünfzig Pfund verlieren und prächtig aussehen, ich konnte das Buch der Bücher schreiben und einen Untergrunderfolg haben, ich konnte sogar sterben und wiedergeboren werden, aber egal was, ich würde bei diesen kleinen Gesprächen, durch die die Leute zusammenkommen, immer genau so schmerzhaft schüchtern und so verwirrt sein, wie ich es als Kind schon war. Ich wußte nicht, was man sagt, wenn man gehen will und niemanden verletzen möchte. Ich rückte einfach meinen Stuhl zurück, erhob mich linkisch und ging still weg.

Als ich aufwachte wußte ich, wieder wie zum ersten Mal, daß nichts sich jemals wirklich ändert. Ich bin eben schüchtern, ihr könnt es mögen oder nicht. Es ist das Beste und das Schlechteste von mir; nur das Zudecken, das Verstecken, das Weglaufen, das bin ich nicht. Doch, all das, was ich nicht bin, bin ich auch.

Traum drei: Meine nächste Operation

Es war der Traum, auf den ich gewartet, vor dem ich mich schon die ganze Zeit gefürchtet hatte. Vor dem qualvollen Alptraum meiner Gehirnoperation war der schlimmste Teil des Schreckens die Ungewißheit gewesen. Wie groß würden die Schmerzen sein? Würde ich danach psychotisch sein? Würde der Eingriff überhaupt Erfolg haben?

Jetzt ist alles vorüber und doch nicht ganz vorüber. Der Chirurg hatte den Tumor nicht vollständig entfernen können. Eine leichte Behinderung und Schmerzen werden bleiben, aber ich habe gute Aussichten, daß der Tumor nicht wieder wächst. Aber es kann auch sein, daß er doch wieder wächst, daß ein neuer Eingriff nötig wird. Das kann meine Zukunft sein.

Der Traum fing damit an, daß ich unterwegs zum Krankenhaus war. Von Anfang an wußte ich, daß ich nicht zur Nachbehandlung ging, sondern daß mir die *nächste* Operation bevorstand.

Diesmal wußte ich, welches Flugzeug ich nehmen mußte nach Boston, wo ich ein Taxi finden würde und welchen Eingang der Klinik ich benutzen mußte. Ein Wirbel vertrauter Eindrücke folgte. Administrative Prozeduren, Einschreiben, Zimmeranweisung, Untersuchungen, Operationsvorbereitung. Ich kannte alles. Ich hatte es alles schon durchgemacht.

Sehr bald bekam ich mein Operationshemd, wurde auf den Tisch geschnallt und in das Foyer des chirurgischen Theaters gerollt. Ich erkannte all die lebenserhaltenden medizinischen Apparate und wußte, wie sie arbeiten; auch die weiße, gleichmäßige Helligkeit der Deckenleuchten war mir vertraut. Ich war schon dagewesen und fühlte mich deshalb seltsam erleichtert.

Ich grüßte die Ärzte und Schwestern mit Namen, und alle erkannten mich und lächelten mir aufmunternd zu. Nur eins war anders, und darüber freute ich mich. Diesmal sollte den Eingriff ein chinesischer Neurochirurg vornehmen, der mich als einziger aus dem Ärzteteam nach meiner ersten Operation besucht hatte. Damals war ich bestürzt gewesen über meine Erschöpfung nach der Operation. Seine Erklärung war beruhigend einfach gewesen, und er hatte direkt zu meinem Herzen gesprochen: »Das ist so, weil Sie dabei sechsmal die Erde umrundet haben.« In den letzten Monaten hatte ich mich sehr intensiv mit alter chinesischer Literatur befaßt, und als er mir jetzt grüßend zulächelte, fühlte ich mich ihm nahe und wußte mich in seinen Händen sicher.

Plötzlich war es so weit. Sie rollten mich durch die doppelte Schwingtür in den Operationssaal. Ich wußte, was jetzt kam. Ich erkannte den Anästhesisten, als er sich meinem Tisch näherte. Und dann geschah es. Als er die Maske über mein Gesicht legte, wußte ich es plötzlich: Der Alptraum würde wiederkommen. Wieder eine Zeit des Schreckens. Ich wußte, wie man zur Klinik kommt und verstand alle Prozeduren, erkannte die Menschen wieder, fühlte mich meinem chinesischen Chirurgen verbunden, aber mir war auf einmal klar, es würde nichts ändern. Das Wissen half nicht. Ich würde wieder psychotisch erwachen, verwirrt, entsetzt, mit furchtbaren Schmerzen und einer ungewissen Zukunft.

Ich kann meinen Kopf noch so gut vorbereiten, es wird nichts nützen. Dieser Augenblick wird Gott gehören.

Ein eschatologischer Waschzettel
Auszug aus dem Register der 927 (oder waren es 928?) ewigen Wahrheiten.[2]

1. Dies ist es!
2. Es gibt keinen verborgenen Sinn.
3. Es gibt nur hier und jetzt und keinen anderen Ort, wo du hingehen kannst.
4. Wir sterben schon, und wir werden lange tot sein.
5. Nichts ist von Dauer.
6. Du kannst nicht alles bekommen, was du haben willst.

7. Du kannst nichts haben, solange du es nicht losläßt.
8. Du kannst nur behalten, was du weggibst.
9. Es gibt keinen besonderen Grund dafür, daß du einige Dinge, die du ersehnst, einfach nicht erreichst.
10. Die Welt ist nicht unbedingt gerecht. Gut zu sein zahlt sich oft nicht aus, und es gibt keine Entschädigung für Unglück.
11. Du hast die Verantwortung, trotzdem dein Bestes zu tun.
12. Es ist ein zufälliges Universum, dem wir da Sinn geben.
13. Du hast nichts wirklich unter Kontrolle.
14. Du kannst niemanden zwingen, dich zu lieben.
15. Keiner ist stärker oder schwächer als irgendein anderer.
16. Jeder ist auf seine Art verwundbar.
17. Es gibt keine großen Menschen.
18. Wenn du einen Helden hast, sieh noch mal hin: du hast dich selbst irgendwie kleiner gemacht.
19. Jeder lügt, betrügt, tut so als ob (ja, du auch, und höchstwahrscheinlich ich selbst).
20. Alles Böse ist potentielle Vitalität, du mußt es nur umsetzen.
21. Alles an dir ist etwas wert, wenn du es nur besitzt.
22. Fortschritt ist eine Illusion.
23. Man kann das Böse hierhin und dahin schieben, aber nie ausrotten, denn alle Lösungen brüten neue Probleme aus.
24. Trotzdem ist es notwendig, weiter zu kämpfen und auf die Lösung hin zu arbeiten.
25. Die Kindheit ist ein Nachtmar.
26. Aber es ist so schwer, ein selbständiger paß-auf-dich-selbst-auf-denn-es-gibt-keinen-anderen-der-es-für-dich-tut-Erwachsener zu sein.
27. Jeder von uns ist letztlich allein.
28. Die wichtigsten Dinge muß jeder für sich selbst tun.
29. Liebe ist nicht genug, aber sicher hilft sie.
30. Wir haben nur uns selbst und einander. Das ist vielleicht nicht viel, aber mehr gibt es nicht.
31. Wie seltsam, daß es so oft all das wert zu sein scheint.
32. Wir müssen in der Unsicherheit teilweiser Freiheit, teilweiser Macht und teilweisen Wissens leben.
33. Alle wichtigen Entscheidungen müssen auf der Basis unzureichender Daten gefällt werden.
34. Und doch sind wir verantwortlich für alles, was wir tun.
35. Entschuldigungen werden nicht angenommen.
36. Du kannst weglaufen, aber du kannst dich nicht verstecken.
37. Es ist sehr wichtig, alle Sündenböcke abzuschaffen.

38. Wir müssen die Kraft erkennen, die darin liegt, mit unserer Hilflosigkeit zu leben.

39. Dein einziger Sieg liegt in der Hingabe an dich selbst.

40. Alle wichtigen Schlachten trägst du in dir selbst aus.

41. Du bist frei, zu tun, was immer du willst. Du mußt nur bereit sein, die Konsequenzen zu tragen.

42. Was weißt du eigentlich ... sicher?

43. Lerne, dir selbst zu vergeben, wieder und wieder und wieder und wieder ...

Anmerkungen

Erster Teil: 1. Kapitel

1 *I Ging. Das Buch der Wandlungen,* aus dem Chinesischen übertragen und erläutert von Richard Wilhelm. Eugen Diederichs Verlag, Düsseldorf/Köln 1974, S. 36

2 Abraham Maslow: *Self-Actualisation and Beyond,* in: Challenges in Humanistic Psychology, ed. James F. T. Bugental MacGraw-Hill, New York 1967, S. 282

3 Robert C. Murphy jr.: *Psychotherapy Based on Human Longing* Pendle Hull Pamphlets, Wallingford, Pa. 1960, S. 3 f

4 Cary F. Baynes, trans.: *The I Ching or Book of Changes,* Princeton University Press, Princeton, N. J. 1950, S. XXXV

5 Clae Waltham, arranged from the work of James Legge: *I Ching: The Chinese Book of Changes,* Ace Publishing Corp., New York 1969, S. 22

6 Baynes, S. XXXIV

7 Laotse: *Tao te king, Das Buch vom Sinn und Leben,* aus dem Chinesischen übertragen und erläutert von Richard Wilhelm. Eugen Diederichs Verlag, Düsseldorf/Köln 1957, S. 41

8 Paul Reps, comp.: *Zen Flesh, Zen Bones, A Collection of Zen and Pre-Zen Writings,* Doubleday & Co., Anchor Books, Garden City, N. Y. 1961, S. 62

9 Hubert Benoit: *The Supreme Doctrine. Psychological Studies in Zen Thought,* The Viking Press, New York 1959, S. 153–160

10 ebd., S. 160

11 Samuel Clagget Chew: *The Pilgrimage of Life,* Yale University Press, New Haven and London 1962, S. 144

12 *Vanishing People of the Earth,* Foreword by Leonard Carmichael National Geographic Special Publications Division, Washington, D. C. 1968, S. 119 f (Hervorhebung von mir)

13 James Bissett Pratt: *The Pilgrimage of Buddhism and a Buddhist Pilgrimage,* The Macmillan Co., New York 1928, S. VII

14 J. J. Jusserand: *English Wayfaring Life in the Middle Ages (XIVth Century),* trans. Lucy Toulmin Smith G. P. Putnam's Sons, New York 1929, S. 341

15 ebd., S. 362

16 Chew, S. 147

17 Matthäus 7, 13–14

18 Laotse, S. 107

19 Jusserand, S. 367

20 C. G. Jung, Richard Wilhelm: *Das Geheimnis der goldenen Blüte. Ein*

chinesisches Lebensbuch, übersetzt und erläutert von R. W. mit einem europäischen Kommentar von C. G. J., Walter Verlag, Olten und Freiburg/Br. 1971, S. 15

Erster Teil: 2. Kapitel

1 *I Ging. Das Buch der Wandlungen,* S. 229
2 ebd., S. 210
3 Sheldon B. Kopp: *Guru, Metaphors from a Psychotherapist,* Science and Behavior Books, Palo Alto, Calif. 1971, S. 3
4 ebd., S. 5
5 Idries Shah: *The Way of the Sufi,* E. P. Dutton & Co., Inc., New York 1970, S. 207 f
6 Henry M. Pachter: *Paracelsus. Magic into Science,* Henry Schuman, New York 1951, S. 63
7 K. Rasmussen: *The Intellectual Culture of the Igulic Eskimos,* Kopenhagen 1929, S. 119
8 Kopp, S. 35
9 ebd., S. 42
10 ebd., S. 39
11 D. T. Suzuki: *Manual of Zen Buddhism,* Grove Press, New York 1960, S. 106
12 ebd., S. 106 f

Erster Teil: 3. Kapitel

1 *I Ging. Das Buch der Wandlungen,* S. 93
2 ebd., S. 28
3 Eli Wiesel: *The Gates of the Forest,* trans. Frances Frenaye Holt, Rinehart and Winston, New York, Chicago, San Francisco 1966. Nicht numerierte Seiten vor dem Text
4 Sam Keen: *Man & Myth. A Conversation with Joseph Campbell,* in: Psychology Today, Nr. 2 (Juli 1971), S. 35
5 Lionel Trilling: *Authenticity and the Modern Unconsciens,* in: Commentary 52, Nr. 3 (September 1971), S. 41
6 Andre Schwarz-Bart: *The Last of the Just,* trans. Stephen Becker, Bantam Books, New York 1961
7 ebd., S. 5
8 Sidney Jourard: *Self-Disclosure. An Experimental Analysis of the Transparent Self.* John Wiley & Sons, Inc., New York, London, Sydney, Toronto 1971, S. 108–122
9 Carl Whitaker, Psychiater und Freund. Aus einem persönlichen Meinungsaustausch.
10 Jourard, S. 180 ff
11 ebd., S. 184

Zweiter Teil: 1. Kapitel

1 *Das Gilgamesch-Epos.* Neu übersetzt und mit Anmerkungen versehen von Albert Schott, Stuttgart 1958 (Reclam Universal Bibliothek
Bd. 7235/35a)
2 ebd., S. 18
3 ebd., S. 19
4 ebd., S. 19
5 ebd., S. 21 f
6 H. R. Hays: *The Dangerous Sex. The Myth of Feminine Evil,* G. P.
Putnam's Sons, New York 1964
7 *Das Gilgamesch-Epos,* S. 31
8 ebd., S. 55
9 ebd., S. 56
10 ebd., S. 75
11 ebd., S. 87
12 ebd., S. 93
13 Sheldon B. Kopp: *Guru. Metaphors from a Psychotherapist,* Science
and Behavior Books, Palo Alto, Calif. 1971, S. 153 f
14 Kenneth Rexroth: *Classics Revisited,* Avon Books, Discus Books,
New York 1969, S. 7
15 ebd., S. 6

Zweiter Teil: 2. Kapitel

1 Genesis 3, 11
2 ebd., 3, 12
3 ebd., 3, 16
4 ebd., 1, 27
5 H. R. Hays: *The Dangerous Sex. The Myth of Feminine Evil,* G. P.
Putnam's Sons, New York 1964, S. 144
6 Robin Morgan, ed.: *Sisterhood Is Powerful. An Anthology of
Writings from the Women's Liberation Movement,* Random House,
Vintage Books, New York 1970

Zweiter Teil: 3. Kapitel

1 Hermann Hesse: *Siddharta. Eine indische Dichtung,* Frankfurt/M.
1975 (suhrkamp taschenbuch Nr. 182)
2 vgl. Theodore Ziolkowski: *Hermann Hesse,* Columbia University
Press, New York und London 1966, S. 14
3 Hesse, S. 9
4 ebd., S. 10
5 ebd., S. 11

6 ebd., S. 15

7 ebd., S. 20

8 ebd., S. 32

9 Mark Boulby: *Hermann Hesse. His Mind and Art,* Cornell University Press, Ithaca und London 1967, S. 136

10 Hesse, S. 49

11 ebd., S. 49f

12 ebd., S. 56f

13 ebd., S. 68f

14 Sheldon B. Kopp: *Guru. Metaphors from a Psychotherapist,* Science and Behavior Books, Inc., Palo Alto, Calif. 1971, S. 110

15 Boulby, S. 144

16 Hesse, S. 73

17 ebd., S. 79

18 Boulby, S. 147

19 Hesse, S. 87

20 ebd., S. 88

21 ebd., S. 88

22 Theodore Ziolkowski: *The Novels of Hermann Hesse. A Study in Theme and Strukture,* Princeton University Press, Princeton, N. J. 1965, S. 176

23 Boulby, S. 149

24 Hesse, S. 105

25 ebd., S. 113

26 Boulby, S. 150

27 Hesse, S. 121

28 Laotse, a.a.O., S. 85

29 ebd., S. 76

30 Dschuang Dsi: *Das wahre Buch vom südlichen Blütenland,* aus dem Chinesischen übertragen und erläutert von Richard Wilhelm, Eugen Diederichs Verlag, Düsseldorf/Köln 1972, S. 145 (Hervorhebung von mir)

Zweiter Teil: 4. Kapitel

1 Geoffrey Chaucer: *Canterbury-Erzählungen,* Manesse Verlag, Zürich 1971, S. 7

2 Marchette Chute: *Geoffrey Chaucer of England,* E. P. Dutton & Co., New York 1964, S. 204

3 Nevill Coghill: *The Prologue to »The Canterbury Tales«,* in: *Chaucer and his Contemporaries. Essays on Medieval Literature and Thought,* ed. Helaine Newstead, Fawcett Publications, Inc., Greenwich, Conn. 1968, S. 165

4 Chaucer, S. 22

5 ebd., S. 269

6 ebd., S. 282

7 ebd., S. 280, 281
8 Charles A. Owen: *The Crucial Passages in Five of the »Canterbury-Tales«*, in: *Discussions of The Canterbury-Tales*, ed. Charles A. Owen, D. C. Heath and Co., Boston, Mass. 1961, S. 84
9 Chaucer, S. 294
10 ebd. (Hervorhebung von mir)
11 ebd., S. 295
12 ebd., S. 299 (Hervorhebung von mir)
13 ebd., S. 299
14 ebd., S. 300
15 ebd., S. 300
16 ebd., S. 305
17 Kate Millett: *Sexual Politics*, Doubleday & Co., Inc., Garden City, N. Y. 1970

Zweiter Teil: 5. Kapitel

1 William Shakespeare: *Macbeth*, übersetzt von Dorothea Tieck, Stuttgart 1974 (Reclam Universal-Bibliothek, Bd. 17)
2 ebd., S. 17
3 ebd., S. 12 f
4 ebd., S. 13
5 ebd., S. 18
6 *Die Tagebücher der Anais Nin 1931–1934*, herausgegeben von Gunther Stuhlmann, übertragen von Herbert Zand, Christian Wegner Verlag, Hamburg 1966, S. 100
7 Sheldon B. Kopp: *Guru. Metaphors from a Psychotherapist*, Science and Behavior Books, Inc., Palo Alto, Calif., 1971, S. 154

Zweiter Teil: 6. Kapitel

1 Miguel de Cervantes Saavedra: *Leben und Taten des Don Quijote. Die seltsamen Abenteuer des Ritters von der traurigen Gestalt*. Arena Verlag, Würzburg 1970
2 ebd., S. 8
3 Jose Ortega y Gasset; *Meditations on Don Quijote*, W. W. Norton & Co., Inc., New York 1961, S. 51
4 Joseph Wood Krutch: *Five Masters. A Study in the Mutations of the Novel*, Indiana University Press, Bloomington, Ind. 1959, S. 81
5 ebd., S. 98
6 Cervantes, S. 33
7 Krutch, S. 78
8 Sheldon B. Kopp: *Guru. Metaphors from a Psychotherapist*, Science and Behavior Books, Inc., Palo Alto, Calif., 1971, S. 163 f

9 Donald D. Lathorp, M. D. Mit freundlicher Genehmigung zitiert nach einem persönlichen, unveröffentlichten Brief

10 Cervantes, S. 340

11 Samuel Putnam, trans. and ed.: *The Portable Cervantes*, Viking Press, New York 1951, S. 34

12 Salvador de Madariaga: *Don Quijote. An Introductory Essay in Psychology*, Oxford University Press, London 1961, S. 185

Zweiter Teil: 7. Kapitel

1 Dante Alighieri: *Die Göttliche Komödie*, übersetzt von Hermann Gmelin, Stuttgart 1972 (Reclam Universal-Bibliothek, Bd. 796 bis 800 a)

2 Francis Fergusson: *Dante's Dream of the Mind. A Modern Reading of the Purgatorio*, Princeton University Press, Princeton, N. J. 1953, S. 5

3 T. S. Eliot: *Dante*. In: *The Sacred Wood. Essays on Poetry an Criticism*, Methuen & Co., Ltd., London, S. 170f

4 Dante, S. 14

5 ebd., S. 15

6 ebd., S. 16

7 C. G. Jung: *Gesammelte Werke*, Bd. 10, S. 170

8 Dante, S. 26

9 ebd., S. 30

10 ebd., S. 72

11 C. G. Jung: *Gesammelte Werke*, Bd. 10, S. 195

12 vgl. *Psychological Reflections. An Anthology of the Writings of C. G. Jung*, ed. Jolande Jacobi, Harper and Row, New York 1961, S. 73

13 Laotse, a.a.O., S. 105

Zweiter Teil: 8. Kapitel

1 Franz Kafka: *Das Schloß*, Frankfurt/M. (Fischer Taschenbuch Bd. 900)

2 Thomas Szasz: *Psychotherapy. A Socio-Cultural Perspective.* Vortrag, gehalten auf der zehnten Jahreskonferenz der American Academy of Psychotherapists, Washington, D. C. 1965

3 Hobart F. Thomas: *Encounter – The Game of No Game*, in: *Encounter. The Theory and Practice of Encounter Groups*, ed. Arthur Burton Jossey-Bass, San Francisco 1969, S. 69–80

4 Robert Abbott: *Abbott's New Card Games*, Funk & Wagnalls, New York 1963

Zweiter Teil: 9. Kapitel

1 Henri A. Talon: *John Bunyan,* Longmans, Green & Co., London, New York, Toronto 1965, S. 9
2 John Bunyan: *Grace Abounding to the Chief of Sinners,* SCM Press, Ltd., London 1955, S. 12
3 John Bunyan: *Pilgerreise zur seligen Ewigkeit,* Verlag der St.-Johannis-Druckerei C. Schweickhardt, Lahr-Dinglingen 1975
4 ebd., S. 23
5 ebd., S. 23
6 ebd., S. 24
7 ebd., S. 31
8 ebd., S. 32
9 ebd., S. 33
10 ebd., S. 36f
11 Talon, S. 24
12 Marshall McLuhan: *Understanding Media. The Extensions of Man,* McGraw-Hill, New York, London, Sydney, Toronto 1965, S. 13
13 Sheldon B. Kopp: *Guru. Metaphors from a Psychotherapist,* Science and Behavior Books, Inc., Palo Alto, Calif., 1971, S. 97
14 McLuhan, S. 7 (Hervorhebung von mir)
15 ebd., S. 23

Zweiter Teil: 10. Kapitel

1 Joseph Gaer: *The Legend of the Wandering Jew,* The New American Library, New York 1961
2 ebd., S. 105
3 Matthäus 16, 28
4 Paul Tillich: *Der Mut zum Sein,* Furche Verlag, Hamburg 1965
5 Albert Camus: *Der Mythos von Sisyphos. Ein Versuch über das Absurde,* Hamburg 1959 (rowohlts deutsche enzyklopädie, Bd. 90), S. 9
6 Hiob 3, 20–26
7 Sheldon B. Kopp: *Guru. Metaphors from a Psychotherapist,* Science and Behavior Books, Inc., Palo Alto, Calif. 1971, S. 43
8 Colin M. Turnbull: *The Forest People. A Study of the Pygmies of the Congo,* Simon and Schuster, New York 1968, S. 93

Zweiter Teil: 11. Kapitel

1 Joseph Conrad: *Herz der Finsternis,* in: *Jugend, Herz der Finsternis, Das Ende vom Lied,* S. Fischer Verlag, Frankfurt/M. 1968
2 ebd., S. 119
3 zitiert in: *Bullfinch's Mythology.* A modern abridgement by Edmund Fuller, Dell Publishing Co., New York 1959

4 Arthur Miller: *After the Fall*, Viking Press, New York 1964, S. 128

5 Conrad, S. 180

Dritter Teil: 2. Kapitel

1 Der erste Abschnitt dieser Geschichte erschien ursprünglich unter dem Titel *A Mother's Love*, in: Voices 2, Nr. 1 (Frühling 1966), S. 102–103

Dritter Teil: 3. Kapitel

1 Eine leicht unterschiedliche Version dieser Geschichte erschien zuerst in: Voices 2, Nr. 4 (Winter 1967), S. 88–94

Vierter Teil: 1. Kapitel

1 *I Ging. Das Buch der Wandlungen*, S. 64

2 Zwei Basistexte des Zen sind: *Mumon Kan: Die Schranke ohne Tor*, Grünewald Verlag, Mainz 1975 und *Bi-Yän-Lu: Niederschrift von der Smaragdenen Felswand*, Carl Hanser Verlag, München 1964

3 Basistexte über den Yaqui-Weg des Wissens sind die Bücher von Carlos Castaneda (siehe Literaturverzeichnis)

4 Castaneda: *Die Lehren des Don Juan*, S. 70

5 ebd., S. 88

6 ebd., S. 143 f

7 Castaneda: *Eine andere Wirklichkeit*, S. 70

8 ebd., S. 75

9 ebd., S. 73

10 ebd., S. 74

11 Martin Buber: *Die Schriften über das dialogische Prinzip*, Lambert Schneider, Heidelberg 1954, S. 125 f

12 ebd., S. 126 f

13 Hubert Benoit: *The Supreme Doctrine. Psychological Studies in Zen Thought*, Viking Press, New York 1955, S. 175

14 Elie Wiesel: *A Beggar in Jerusalem*, Avon Books, New York 1970, S. 15 (Hervorhebung von mir)

15 Christmas Humphreys: *The Wisdom of Buddhism*, Harper and Row, New York und Evanston 1960, S. 36

16 ebd., S. 21

17 ebd., S. 22

18 Albert Camus: a.a.O., S. 101

19 Arthur Waley: *The Way and its Power. A Study of the Tao Te Ching and Its Place in Chinese Thought*, Grove Press, New York 1958, S. 100

20 Melvin Maddock: *A 49-Year-Old With a Future, review of Harding Lemay's Inside, Looking out, Life Magazine,* 16. 4. 1971, S. 12
21 Wiesel, S. 15 (Hervorhebungen von mir)

Vierter Teil: 2. Kapitel

1 *I Ging. Das Buch der Wandlungen,* S. 39 f
2 Norman Mailer: *The White Negro,* City Lights Books, San Francisco 1970
3 ebd.
4 Allen Ginsberg: *Das Geheul,* Limes Verlag, Wiesbaden 1959, S. 8
5 Bruce Cook: *The Beat Generation,* Charles Scribner's Sons, New York 1971
6 Theodore Roszak: *The Making of the Counter Culture. Reflektions on the Technocratic Society and Its Youthful Opposition,* Doubleday & Co., Garden City, N. Y. 1969

Vierter Teil: 3. Kapitel

1 *I Ging. Das Buch der Wandlungen,* S. 119
2 ebd., S. 105
3 Sheldon B. Kopp: *Guru. Metaphors from a Psychotherapist,* Science and Behavior Books, Inc., Palo Alto, Calif., 1971, S. 40
4 ebd., Epilogue, S. 159–166
5 Colin M. Turnbull: *The Forest People. A Study of the Pygmies of the Congo,* Simon and Schuster, New York 1961, S. 93

Epilog

1 *Traum zwei* erschien ursprünglich in: Voices 8, Nr. 2 (Herbst 1971), S. 48–49
2 Der *Waschzettel* erschien ursprünglich in: Voices 6, Nr. 2 (Herbst 1970), S. 29

Literatur

Die Geschichten der Pilgerschaft

Bunyan, John: *Pilgerreise zur seligen Ewigkeit*, Verlag der St.-Johannis-Druckerei, Lahr-Dinglingen 1975

Cervantes Saavedra, Miguel de: *Leben und Taten des Don Quijote*, Arena Verlag Georg Popp, Würzburg 1970

Chaucer Geoffrey: *Canterbury-Erzählungen*, Manesse Verlag Conzett & Huber, Zürich 1971

Conrad, Joseph: *Herz der Finsternis*, in: *Jugend, Herz der Finsternis. Das Ende vom Lied*, S. Fischer Verlag, Frankfurt/M. 1968

Dante Alighieri: *Die Göttliche Komödie*, Philipp Reclam jun., Stuttgart (Universal-Bibliothek Bd. 796–800 a)

Genesis. (Bibel. Das erste Buch Mose)

Das Gilgamesch-Epos, neu übersetzt und mit Anmerkungen versehen von Albert Schott. Philipp Reclam jun., Stuttgart (Universal-Bibliothek Bd. 735/35a)

Hesse, Hermann: *Siddharta*, Frankfurt/M. (suhrkamp taschenbuch Nr. 182)

Kafka, Franz: *Das Schloß*, Frankfurt/M. (Fischer Taschenbuch Bd. 900)

Shakespeare, William: *Macbeth*, Philipp Reclam jun., Stuttgart (Universal-Bibliothek Bd. 17)

Führer für den Weg

Buber, Martin: *Die Erzählungen der Chassidim*, Manesse Verlag Conzett & Huber, Zürich 1949

Camus, Albert: *Der Mythos von Sisyphos* (rowohlts deutsche enzyklopädie Bd. 90)

Castaneda, Carlos: 1) *Die Lehren des Don Juan. Ein Yaqui-Weg des Wissens* (Fischer Taschenbuch Bd. 1457); 2) *Eine andere Wirklichkeit. Neue Gespräche mit Don Juan* (Fischer Taschenbuch Bd. 1616); 3) *Die Reise nach Ixtlan. Die Lehren des Don Juan* (Fischer Taschenbuch Bd. 1809); 4) *Der Ring der Kraft. Don Juan in den Städten* (Fischer Taschenbuch Bd. 3370)

Chang, Chung-yuan: *Tao, Zen und schöpferische Kraft*, Eugen Diederichs Verlag, Düsseldorf/Köln 1975

Dschuang Dsi: *Das wahre Buch vom südlichen Blütenland*, aus dem Chinesischen übertragen und erläutert von Richard Wilhelm, Eugen Diederichs Verlag, Düsseldorf/Köln 1972

I Ging. *Das Buch der Wandlungen*, aus dem Chinesischen übertragen und erläutert von Richard Wilhelm, Eugen Diederichs Verlag, Düsseldorf/Köln 1974

Jung, C. G.: *Mensch und Seele. Aus dem Gesamtwerk 1905–1961*, Walter Verlag, Olten und Freiburg/Br. 1973

Laotse: *Tao te king. Das Buch vom Sinn und Leben*, aus dem Chinesischen übertragen und erläutert von Richard Wilhelm, Eugen Diederichs Verlag, Düsseldorf/Köln 1974

Shah, Idries: *Die Sufis*, Eugen Diederichs Verlag, Düsseldorf/Köln 1976

»Ich betreibe Psychotherapie nicht, um andere von
ihrem Wahnsinn zu befreien, sondern
um mir die Reste meines eigenen Verstandes zu
bewahren.« Dieses provozierende
Bekenntnis steht zu Beginn des neuen Buches von
Sheldon B. Kopp. Er beschreibt darin
seine eigene Lebenserfahrung, sehr anschaulich,
sehr präzis. Und er lehrt uns, die
»Schatten« des Ich als wichtigen Bestandteil der
Persönlichkeit zu sehen und uns selbst
als ganzen Menschen anzunehmen. »Ich möchte
mich und meine Patienten auf jene
unbewußten, dunklen Tiefen unseres Selbst lenken,
die unter Wissenschaft und Zivilisation
fast ganz verschwunden sind.«

Eugen Diederichs Verlag